Für Liv, Viggo, Charlie & Nomi

Eure Welt ist weiter als die meine, eure
Gedanken sind größer und eure Worte
klarer. Was bei euch geschieht, ist schön
und ehrlich. Was ich alles lernen durfte!

Sofia Vusir Jansson

NORDISCHE BASTEL-FANTASIEN

Nostalgische Ideen für zauberhafte Kreativnachmittage

CV

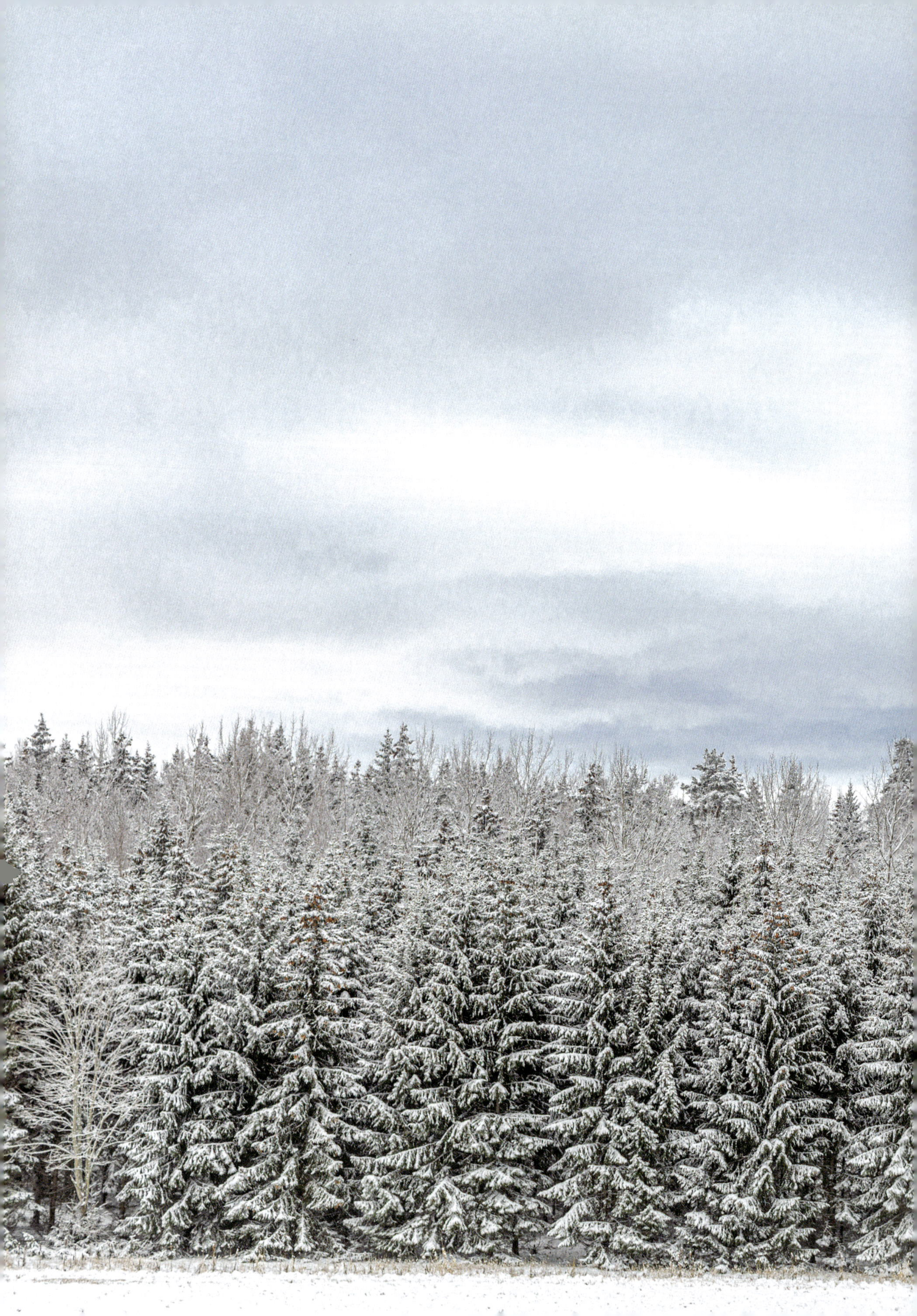

Vorwort

In meiner Familie waren wir uns immer einig, dass wir den Winter lieben. Den tiefen Schnee und die hell funkelnden Eiskristalle. Die Ruhe und die gemeinsame Zeit. Das nicht besonders Aufregende, das einfache Miteinander in einer entschleunigten Zeit.

Schon als Kind habe ich begriffen, dass der Winter die magischste Jahreszeit im Norden ist. Die Sterne leuchten heller. Die Luft ist klarer. Und der Schnee erst! Näher kommt unsere Welt an pure Magie einfach nicht heran, oder? Und auch die Tatsache, dass die Tage kürzer werden, ist geradezu eine Wohltat für Körper und Geist. Vielleicht ist es genau das, worum es beim Winter geht. Er ist eine Zeit, um zur Ruhe zu kommen, eine Zeit des Heilens, der Langsamkeit und wohliger Dunkelheit.

Doch dann starb mein Papa, an einem Dezembertag vor nun fast zwei Jahren. Mitten im Winter und unmittelbar vor Weihnachten. Plötzlich, mitten in der Zeit dieser zärtlichen Umarmungen. In jenem Winter kroch die Kälte durch unser Haus. Kroch durch die Holzwände und biss sich fest, als ob sie aus meinem eigenen Inneren herauskäme. Die Temperatur draußen ging auf zwanzig Grad minus zu, und ich sank tiefer und immer tiefer. Draußen schien die Sonne in der klirrenden Kälte, und die Menschen sagten: »Das ein wirklich schöner Winter, den wir da haben.« Ich empfand es nicht so. Alles war hart, schroff und leer. Die Dunkelheit setzte mit jedem Tag noch früher ein. Ich starrte hinaus in die Winternacht und dachte: »Winter – du und ich, wir werden wohl nie mehr Freunde sein.«

Als ich ein Jahr später die Anfrage für dieses Buch erhielt, wusste ich, was dies mit sich bringen würde. Ich würde dem Winter nicht länger ausweichen können. Ich würde gezwungen sein, das Schöne an ihm wieder neu zu entdecken. Das Wunderland des Winters.

Doch dann kamen sie, die kalten Monate – und unsere unbeholfenen Versuche, ein Weihnachten zu feiern nach Papas Tod. Es war, als würden allein schon die Minusgrade meine Aufmerksamkeit auf jene Zeit fixieren, in der Papa gestorben war. Jeder noch so kleine Teil von mir erinnerte sich daran. Die dunklen Tage machten mir Angst. Wir zündeten überall Kerzen an – drinnen und draußen und an Papas Grab –, doch ihr Schein war so schwach, kaum spürbar. Wenn ich fror, fühlte ich mich wie gelähmt, und fürchtete erneut, dass der Winter für immer für mich verloren sei.

Der Winter, in dem Papa starb, war der kälteste seit Langem. Ein Winter, wie Papa ihn liebte. Er liebte es, wenn das Eis bis zum Frühjahr hielt, stapfte über die zugefrorene Seenlandschaft, mit seinen Angelsachen und dem Eisbohrer auf dem Rücken. Und auf der Eisbahn stützte er mit seinen starken Armen die unsicher wackelnden kleinen Enkelkinder, bis sie sich aus eigener Kraft aufrecht halten konnten. Genauso, wie er es mit mir und meinen Schwestern gemacht hatte. Und dann das Weihnachtsfest! Zusammen mit Mama erschuf er das Fest meiner Träume, und das war es auch noch, als ich meine eigene Familie gegründet hatte. Da waren die Guglhupfformen voller Wasser, das sich in Eislaternen verwandelte. Da waren die Christbäume, die wir schlugen. Da waren die Familien, die mein Papa als Weihnachtsmann besuchte. Da waren die geschäftigen Tage vor dem Fest, wenn wir alle zusammensaßen. Und da war Papa im Shuttle-Service, wenn er die Zutaten für das Festmahl zu uns nach Hause schaffte.

Könnte Papa uns den hellsten aller Winter schicken, so würde er es tun, da bin ich mir sicher. Gäbe es irgendeine Möglichkeit für ihn, uns an die Schönheit der Welt zu erinnern, so würde er diese wählen, das weiß ich.

Und so zog ich an einem strahlenden Wintertag im Januar, exakt ein Jahr und einen Monat, nachdem Papa von uns gegangen war, meine allerwärmste Kleidung an. Ich schnappte mir die Kamera und fuhr geradewegs zu jenem Ort, den ich mit nahezu allen Sommern meiner Kindheit verbinde. Ich stapfte durch den Schnee zu der Bucht, die so sehr zu uns – meiner Familie – gehört. Und zu Papa. Wo Papa immer geangelt hat. Wo wir immer gebadet haben. Wo das Ufer steil abfällt. Als Kinder hatten wir uns immer vorgestellt, dass hier Schiffe aus der weiten Welt anlegen würden, dass der See Tisnaren der Beginn des Ozeans war.

Ich ging über das dicke Eis – so weit hinaus, dass ich das Ufer nicht mehr sehen konnte. Die ganze Welt war blendend weiß, doch nach einer Weile erkannte ich den Platz, an dem Papas Boot immer an einer Boje vertäut gelegen hatte. Ich sah den Wald, der sich für mich immer so unberührt und geheimnisvoll angefühlt hatte. Ich sah das Schilf, in dem die Hechte manchmal angebissen hatten und manchmal nicht. Ich sah in der Ferne die Landzunge, die wir umrundet hatten, um zu einer anderen Bucht zu gelangen, in der die Fischadler ihre Nester bauen. Die Welt war ganz still, als ob alles ruhte. Und auch ich wurde ruhig. Ruhte in dem Gedanken, dass Papa zwar in einem Winter gestorben war, aber in allen anderen gelebt hatte. Alle anderen Winter waren schön. Da war der Schnee voller Zauber und die Dunkelheit samtweich. In allen anderen Wintern war die Zeit unendlich.

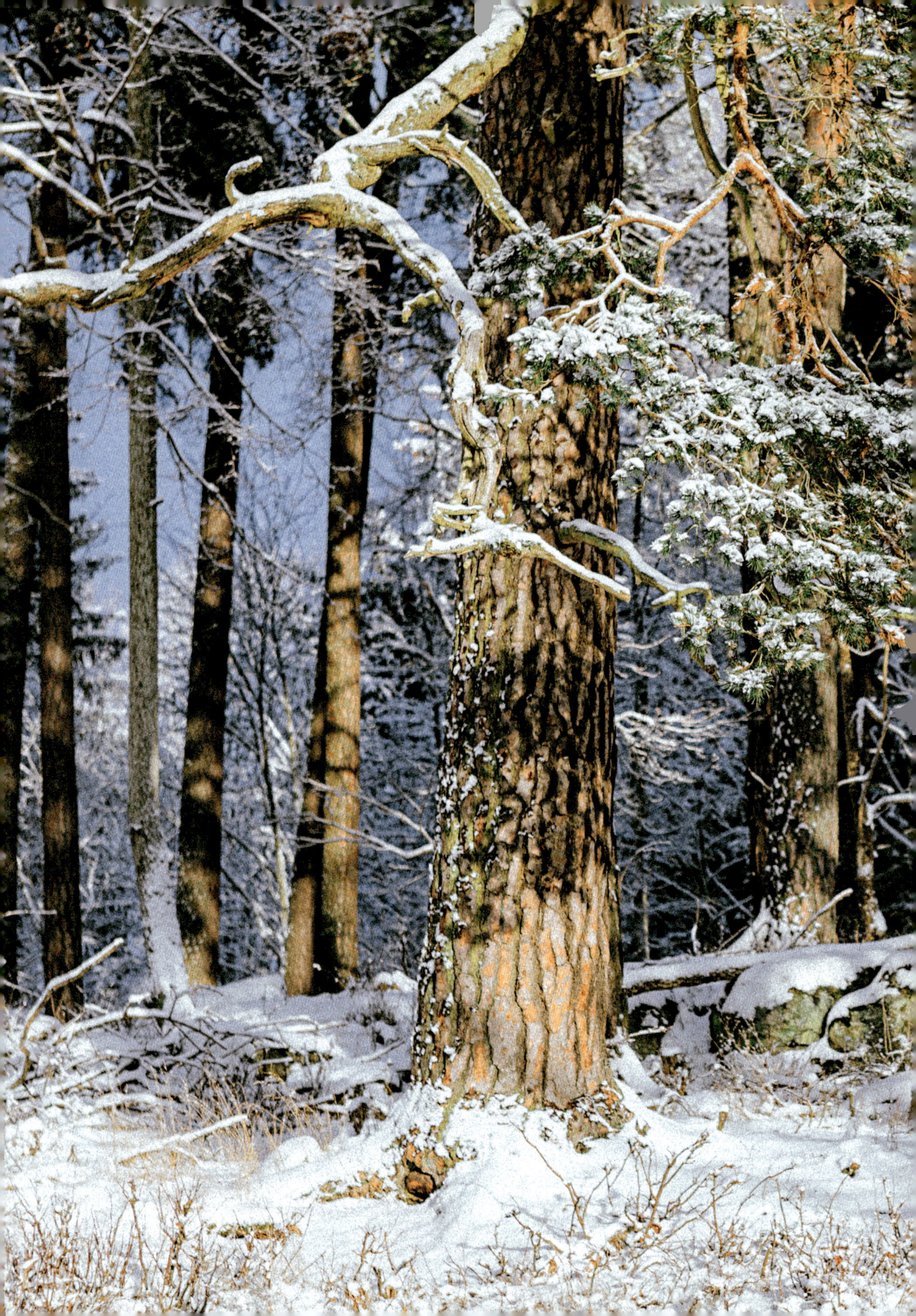

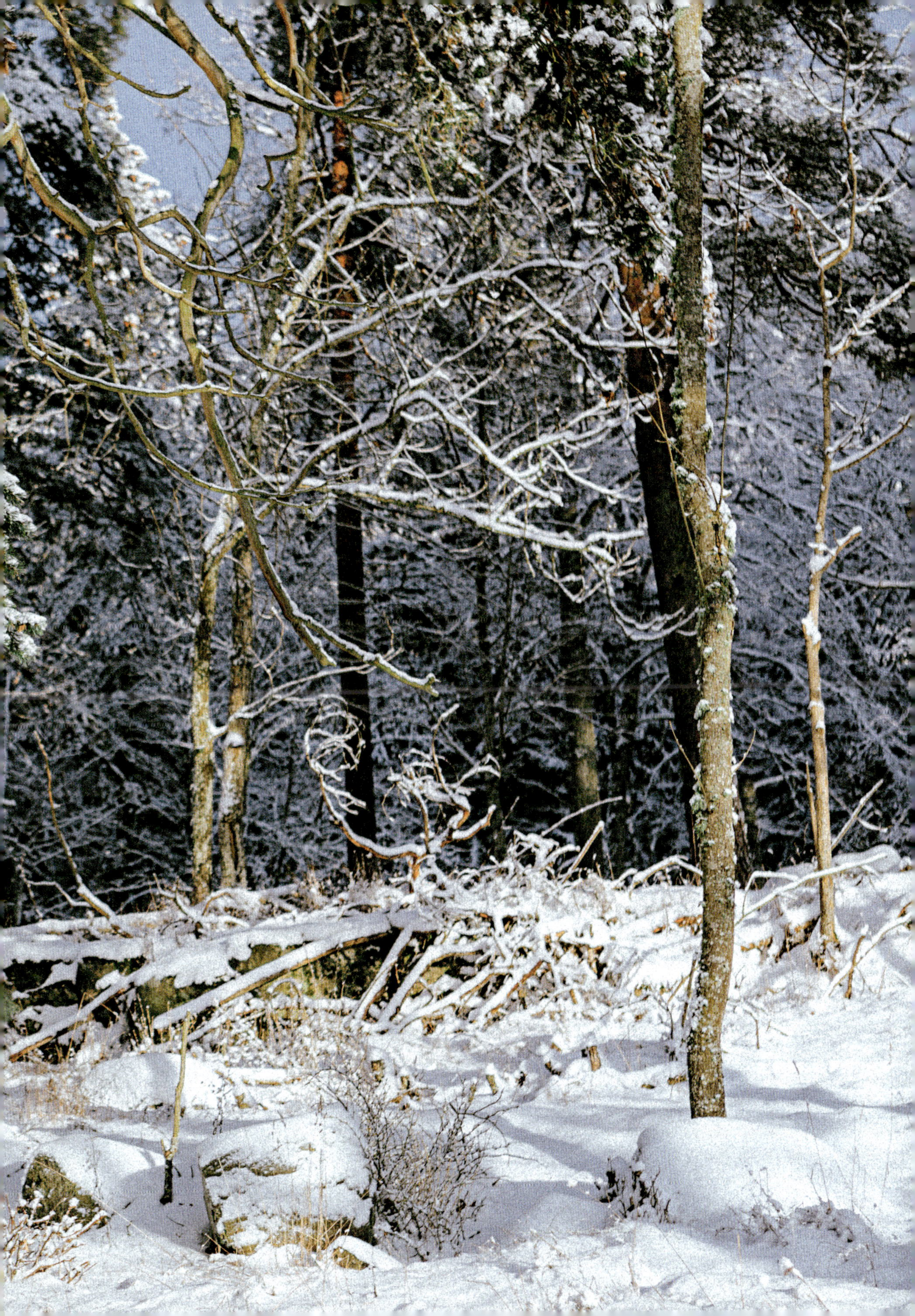

Inhalt

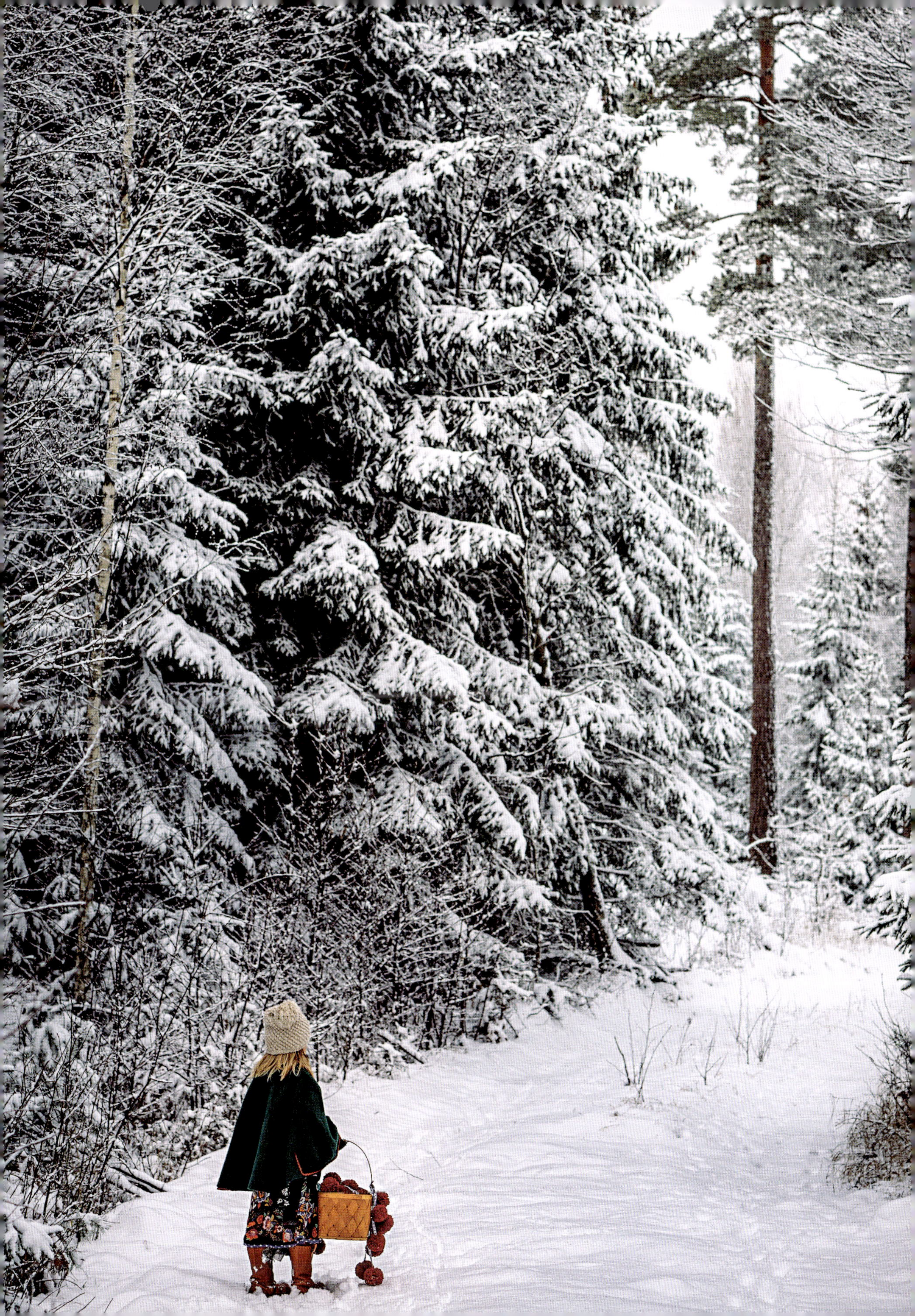

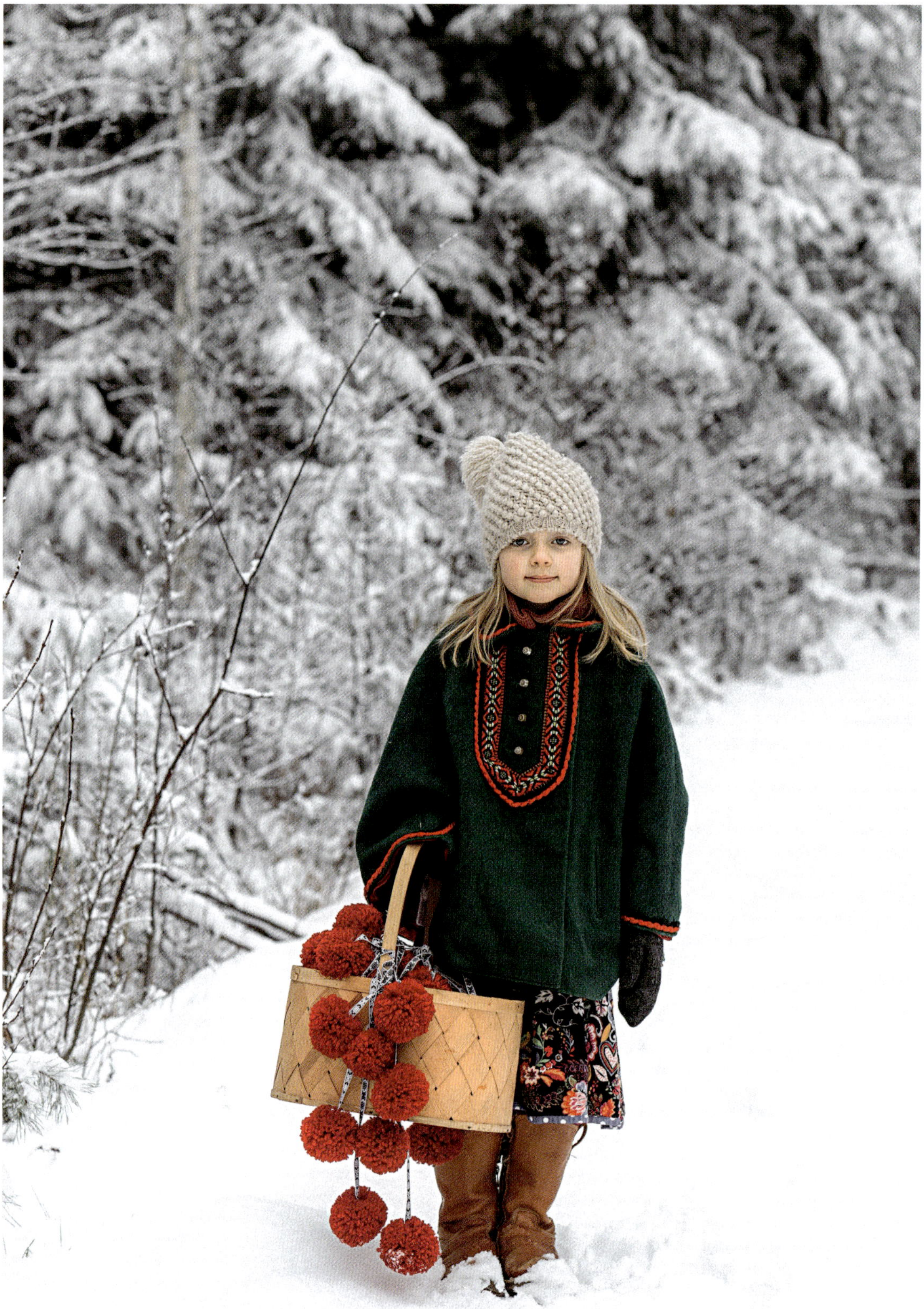

Das rätselhafte Volk

Das Volk der Kinder wohnt in einem fremden Land,
Mit Meeren aus Pfützen und Piratenschiffen bis zum Rand.
Da geht ein Mädchen und sammelt Steine,
Ein Junge sucht Tannenzapfen und gibt ihr seine,
Ein König aus Holz sitzt still zwischen Ästen
Und gibt einen hölzernen Witz zum Besten.

Da geht ein Junge über den Schnee, er lacht,
Da hat ein Mädchen aus Kissen eine Insel gemacht.
Da verwandelt ein Junge alles in Eiscreme, was er streift,
Was jeder Bürger dieses Volkes sofort begreift.

Das Volk der Kinder wohnt in einem fremden Land,
Da findet ein Junge das neue Samarkand.
Da gleitet ein Mädchen über Wiesen und durch den Sturm
Und fliegt auf einem schwebenden Turm.

Da geht ein Junge, der wurde Detektiv,
Verborgen in den Schatten, durch die er lief.
Da zieht ein Mädchen eine lustige Grimasse
und trinkt aus einer unsichtbaren Tasse.

Das Volk der Kinder wohnt in einem fremden Land,
Da steigen Ritterfeste am laufenden Band.
Und wenn der Mond am Himmel steht,
Die Eisprinzessin tanzen geht.

Da wird eine wertlose Sache zum Schatz
und der Ruf eines Vogels zum Zaubersatz.
Ein Bett wird zur Rakete für eine Reise ins All,
Solch' Abenteuer lohnen auf jeden Fall.

Alle sind Kinder und gehören zum rätselhaften Volk.

Frei ins Deutsche übertragen nach dem schwedischen Kinderliedklassiker »Det gåtfulla folket«

Kreativität und Schaffensfreude

Ich bin einmal gefragt worden, was Kunst und Schaffensfreude für mich bedeuten. Ich sagte, dass es sich damit vielleicht ein wenig wie mit der Zauberei verhält, wo sich auch etwas in etwas anderes verwandelt, in etwas Unerwartetes. Ich sagte, dass der Prozess den gesamten Weg bestimmt. Und dass man vielleicht nicht einmal als Künstler ein klares Ziel vor Augen hat. Dass die Kunst wandelbar ist, sogar durch den Betrachter, der das Kunstwerk selbst mit Bedeutung füllt und seine persönliche Erfahrung mit einfließen lässt. Und das hat für mich etwas mit Magie zu tun. Trotzdem ist die Schaffensfreude in meinem Beruf nicht einfach nur ein Spiel. Oder wenn, dann ein sehr ernsthaftes. Es ist ja nicht so, dass ich jeden Morgen aufwache und auf Knopfdruck loslegen kann. Ich muss etwas dafür tun, und das macht mich kreativ. Für mich bedeutet Kreativität Neugier und Mut. Eine Art, sich zu entwickeln und zu verstehen, und eine Möglichkeit, etwas zu erzählen. Manches Mal denke ich, dass der Weg viel zufriedenstellender ist als das eigentliche Ziel. Ich bin überzeugt davon, dass jeder lernen kann, kreativ zu sein. In jedem schlummert diese Fähigkeit. Kreativität kann so vieles sein. Es geht dabei nicht nur darum, beispielsweise ein Bild zu malen. Mathematik kann ebenso kreativ sein wie das Formen einer Skulptur. Die Kreativität ist das stärkste Werkzeug des Menschen, um sich weiterzuentwickeln, und ich glaube, dass sie zu den bedeutendsten Eigenschaften der Zukunft gehören wird. Von einer übergeordneten Perspektive aus betrachtet, wird das, was vor uns liegt, uns zwingen, neu zu denken und uns außerhalb unserer Komfortzone und jenseits bekannter Muster zu bewegen. Wir Menschen müssen zum Wohle unserer Existenz auf diesem Planeten zu scharfsinnigen Problemlösern werden. Ein rasant fortschreitender Klimawandel erfordert neue Lösungen, auch die Corona-Krise hat die Notwendigkeit aufgezeigt, die Dinge weiterzudenken.

Ich sehe es als eine meiner Aufgaben, Impulse für Kreativität und Schaffensfreude zu setzen. Und dabei sollten wir uns viele Freiheiten lassen und nicht zu perfektionistisch an die Sache herangehen. Meine Vision ist es, dazu zu inspirieren, zu experimentieren und Dinge aus einem anderen

Blickwinkel heraus zu betrachten. Der Rest kommt dann ganz von selbst. Ich finde es immens wichtig, diese verflixten gewohnten Sichtweisen über Bord zu werfen – sich immer wieder zu einem frischen Blick zu entschließen. Es gibt so vieles jenseits all dessen, was wir als Erwachsene zu wissen glauben. Fantasie, Abenteuer und magische Plätze. Sie alle liegen in uns verborgen und müssen nur wieder hervorgelockt werden.

Kreativität und Schaffensfreude haben viele positive Effekte. Die Forschung zeigt, dass sie hohe Relevanz für die Entwicklung von Motorik, kognitiven Fähigkeiten, sozialer Kompetenz und emotionaler Intelligenz bei Kindern haben – neben der Experimentierfreude, die dadurch gefördert wird. Kreatives Schaffen stärkt das Selbstbewusstsein von Kindern und Jugendlichen und regt außerdem dazu an, eigene Ansichten infrage zu stellen und zu reflektieren. Diese Eigenschaften wiederum sind fundamental für die Bildung der eigenen Identität. Etwas mit den eigenen Händen zu erschaffen, kann sogar bei Stress, Trauer und psychischer Erkrankung heilsame Wirkungen haben und wird gezielt in der Therapie eingesetzt.

Auch für mich selbst bildete das kreative Schaffen eine Form des Trostes bei der Trauerarbeit, als mein Papa ohne jegliche Vorwarnung gestorben war. Ich empfand eine schreckliche Leere. Es war, als wäre alles, was ich je gewesen war, verschwunden. Ich sah keinen Weg nach vorne. Zu keinem Schritt nach vorne fähig, zu keinem wohltuenden Atemzug. Es war, als müsste ich das Leben wieder komplett neu erlernen.

In dem Winter, als die Welt am dunkelsten war, nur wenige Wochen nach Papas Tod, begann ich zu sticken. Während ich das tat, wurden die dunklen Gedanken für eine kleine Weile verscheucht. Ich spürte, dass die Betätigung heilsam war, wenn auch nur für den Moment. Einige Monate später nahm ich einen großen Auftrag an. 132 Tage lang bastelte ich Tausende von Blumen in je neun Schritten. In all den Momenten, in denen ich keine Gesellschaft hatte, in den dunklen Nächten, als es Winter wurde, war es nur still um mich herum. Aber irgendetwas passierte. Irgendwie fand ich dabei vage einen kleinen Teil meiner selbst wieder.

Mein kreatives Tun wurde für mich zu einer Möglichkeit, Schritt für Schritt nach vorne zu gehen und das Leben neu zu erlernen. Mich den Erinnerungen zu stellen, während eigentlich alles wie immer war – und gleichzeitig ein Verständnis dafür zu entwickeln, dass alles nun anders war. Jede einzelne Sekunde glich dem Herbst zuvor, als mein Papa in jeder einzelnen Blume seine Spuren hinterließ, die er faltete. Es war eine Zeit, in der ich versuchte, zu dem zurückzufinden, was meine Hände beherrschten, und mir ein wenig des Gefühls zurückzuerobern, dass ich immer noch die Fähigkeit hatte, etwas zu schaffen, an mich zu glauben und meinen Weg heraus aus dem sich drehenden Gedankenkarussell zu finden.

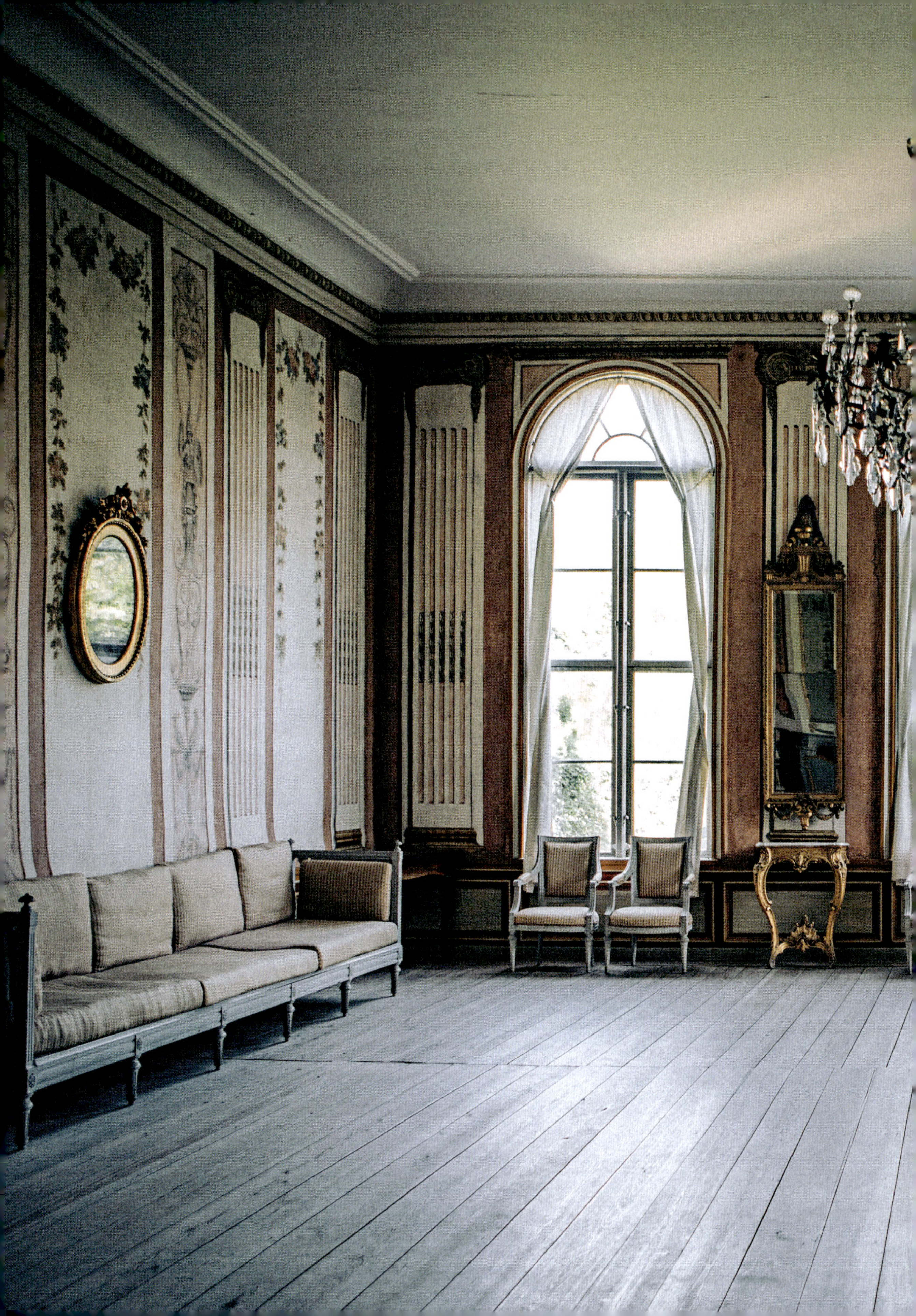

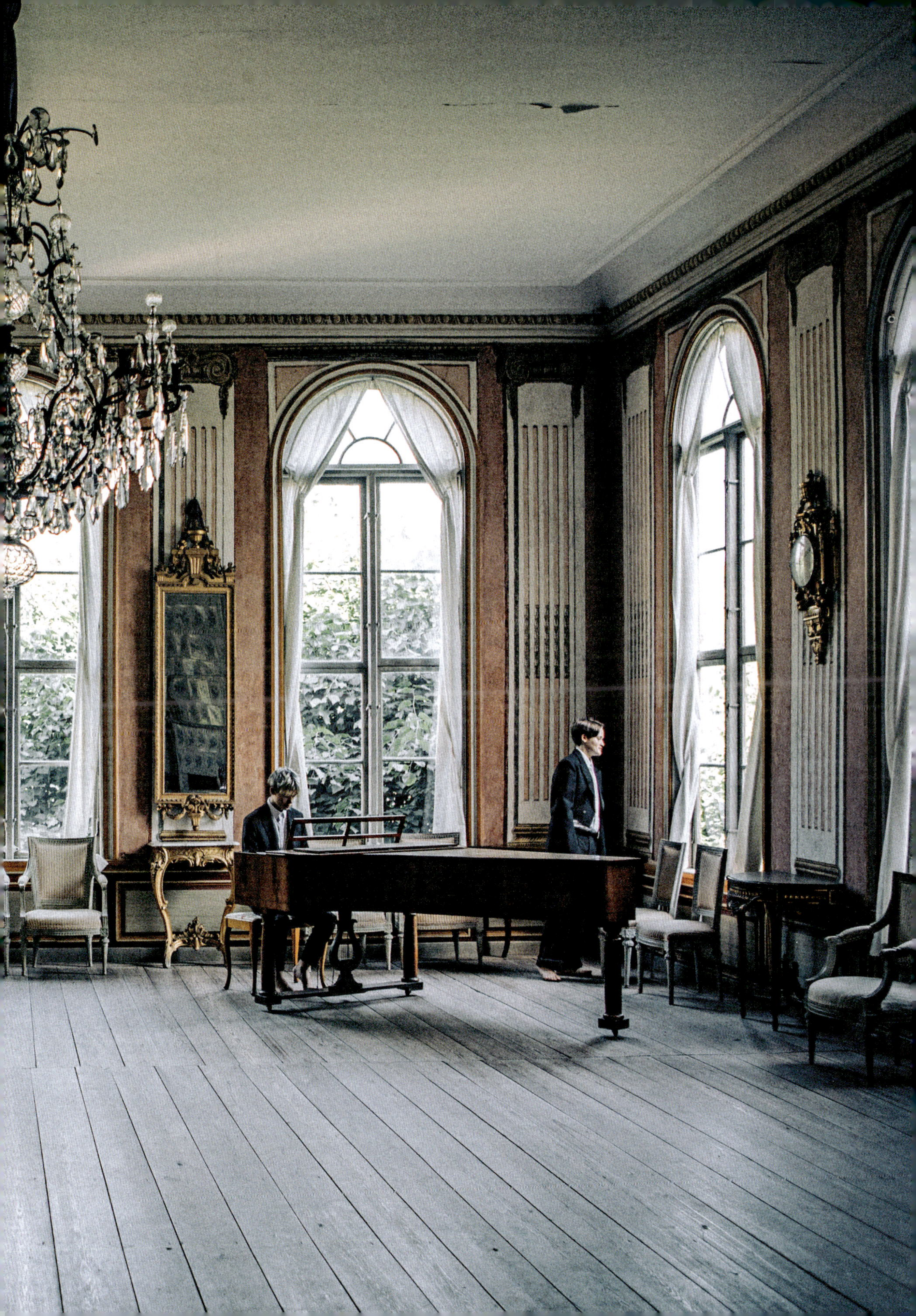

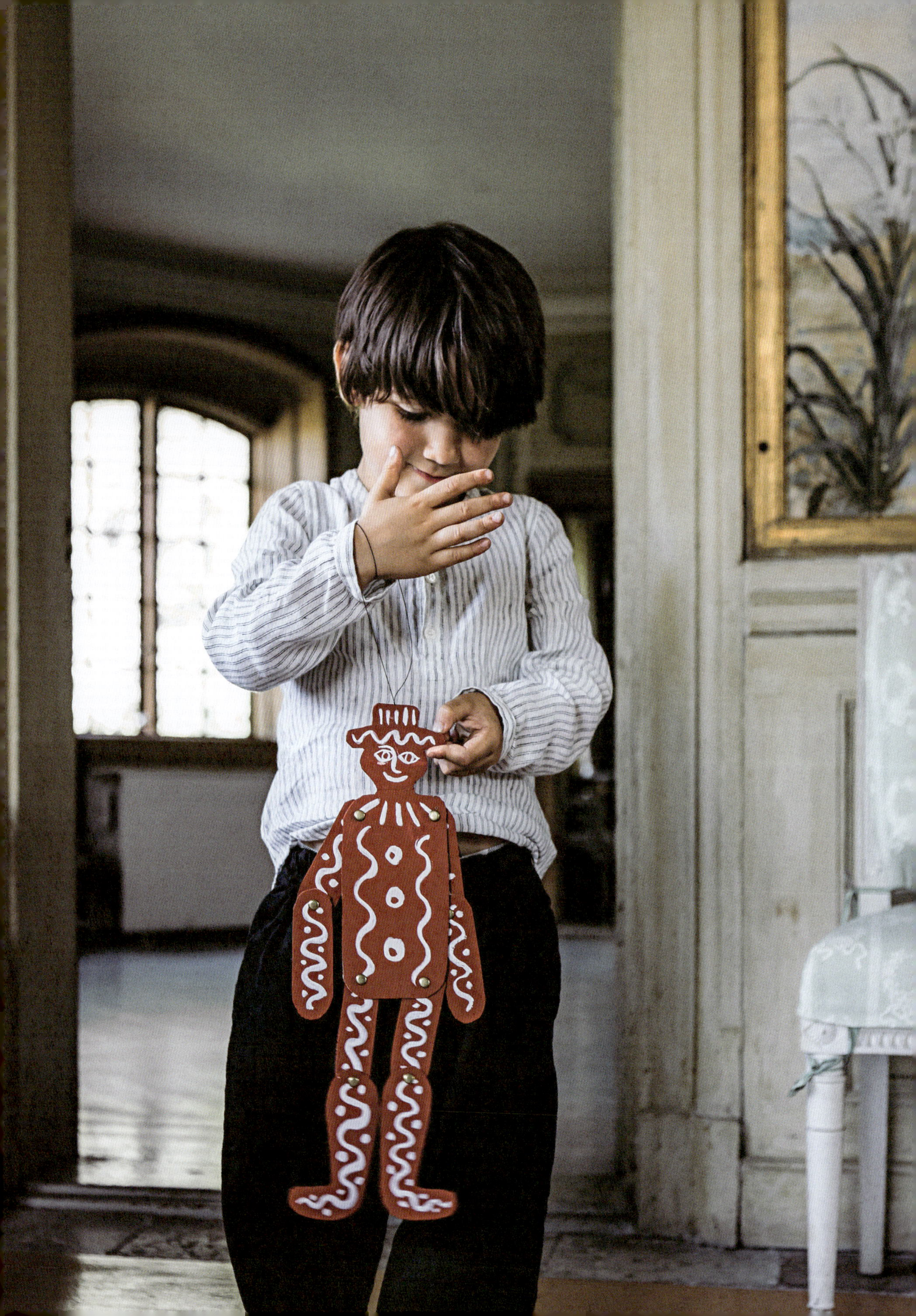

Hampelmann

Hampelmänner sind überaus charmant in ihrer Einfachheit und allein schon als Deko eine feine Sache. Vor allem, wenn man sein eigenes kleines Männchen gestaltet, das mit ein paar Gelenken an der richtigen Stelle ein Eigenleben erhält. Sich anzugewöhnen, etwas aus Recyclingmaterial herzustellen, tut dem Erfindungsreichtum ebenso gut wie dem Planeten. Karton gehört zu den Materialien, die wir alle oft stapelweise zu Hause haben. Er lässt sich leicht bearbeiten und ist porös, sodass man ihn gut anmalen und verkleben kann.

Das wird benötigt:
Schablone (siehe Seite 174)
1 Stück Karton
Stift
Schere
Farbe
Musterbeutelklammern
Nadel
Garn

So funktioniert es:

1. Mithilfe der Schablone alle Teile des Hampelmanns auf ein Stück Karton zeichnen. Man kann seiner Fantasie auch freien Lauf lassen und die einzelnen Teile frei Hand zeichnen.
2. Alle Einzelteile aus dem Karton ausschneiden.
3. Die Einzelteile anmalen und trocknen lassen.
4. Arme und Beine unter dem Korpus platzieren. Den Markierungen in den Schablonen entsprechend Löcher in den Karton machen.
5. Die Musterbeutelklammern durch die Löcher stechen und die »Flügel« auf der Rückseite auseinanderbiegen.
6. Mithilfe einer Nadel das Garn anhand der Markierungen in den Schablonen für Arme und Beine durch den Karton stechen. Ein Stück Garn zwischen den Armen und eines zwischen den Beinen laufen lassen und an den jeweiligen Armen bzw. Beinen festknoten.
7. Darauf achten, dass das Garn gespannt ist.
8. Nun ein weiteres Stück Garn senkrecht zwischen die beiden waagrecht verlaufenden Garne spannen und festknoten. Das restliche Garn herunterhängen lassen, damit daran gezogen werden kann.
9. Einen Aufhänger aus Garn machen und oben am Hampelmann befestigen.
10. Ziehen und den Hampelmann zum Leben erwecken.

Schneewolke

Was wäre ein Himmel ohne Wolken? Und ist es nicht hübsch, mit einer Wäscheklammer eine kleine Wolke zu befestigen, wo immer man möchte? Im Winter muss diese natürlich schneien.

Das wird benötigt:
Schablone (siehe Seite 175)
Schere
Karton
Nadel
Fäden
kleine Wattekügelchen

So funktioniert es:
1. Mithilfe der Schablone eine Wolke ausschneiden.
2. Die Wattekügelchen mit einer Nadel auf Fäden ziehen. Dann die Nadel durch den Karton fädeln und die Fäden mit den Wattekügelchen daran an der Wolke befestigen.
3. Die Wolke mithilfe von Wäscheklammern aufhängen.

Tipp: Wer Regentropfen an seiner Wolke haben möchte, kann kleine Prismen aus Glas auffädeln. Sie sorgen für wunderschöne Regenbogeneffekte. Tolle Prismen in den unterschiedlichsten Formen findet man mit etwas Glück auf dem Flohmarkt.

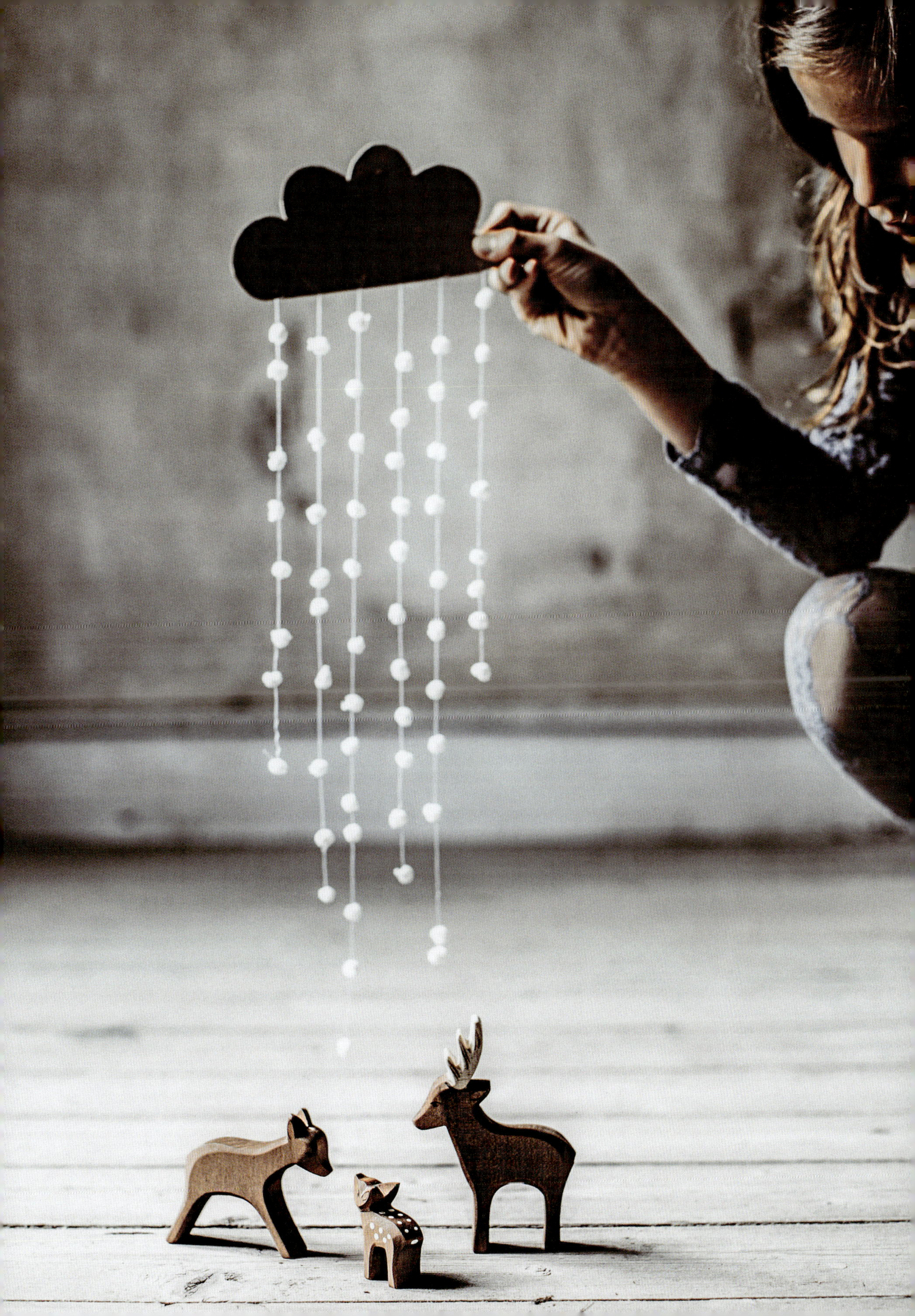

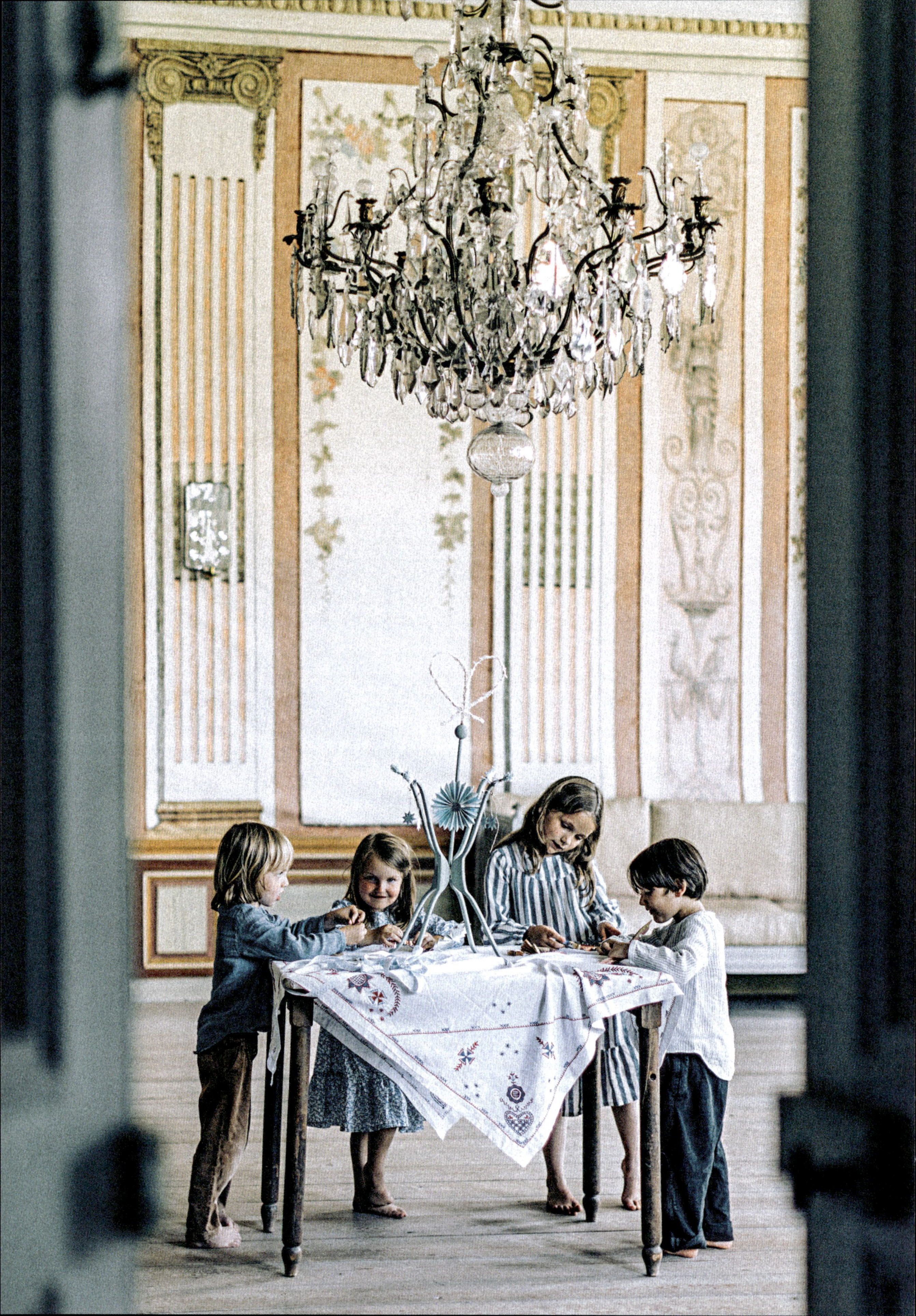

Weihnachtsstab

Weihnachtsstäbe sind eine festliche Sache. Vor mehreren Hundert Jahren erlebten sie ihre Blüte und einer war fantasievoller als der andere. Vermutlich waren diese Gebilde die Vorgänger des Weihnachtsbaums. Möglicherweise entstanden sie zunächst als eine Art Kerzenständer, als die Verwendung von Stearinkerzen üblicher wurde. Sie wurden mit Blumen, Sternen, Figuren, Tannenzapfen, Äpfeln und Kerzen geschmückt. Zwischen die einzelnen Arme wurden Girlanden gehängt. Und nicht selten durfte ein Vogel die Spitze schmücken, während eine Horde Pferde den Fuß des Ständers bildete. Freilich war eine gehörige Portion Aberglaube im Spiel, die in die unterschiedlichen Verzierungen und Symbole hineininterpretiert werden kann. Ich meine, dass man sie gestaltete, wie man wollte, und dafür verwendete, was man eben hatte. Deshalb ist die eigene Fantasie das beste Werkzeug für dieses Projekt. Dann braucht es nur noch ein gutes Grundgerüst und der Rest ergibt sich von alleine. Weihnachtsstäbe zu machen, soll sich ein wenig wie ein Spiel gestalten!

Der Witz an der Sache ist, dass dieser märchenhaft schöne Gegenstand nicht nur an Weihnachten Verwendung finden muss. Wenn man das Gerüst erst einmal zusammengebaut hat, kann man es für Ostern, Mittsommer und alle anderen Feiertage umdekorieren. Was für ein schönes Schmuckstück für zu Hause, das im Jahresverlauf immer wieder neue Formen annimmt.

Das wird benötigt:

Holzkleiderbügel mit Hosenstegen (vorzugsweise Flohmarktschnäppchen)
Schleifpapier
Feinsäge
Leim
Holzkugel
Hammer und dünne Nägel
Seitenschneider
Farbe, z. B. gut deckende Kalkfarbe
Bohrmaschine oder Handbohrer für Holz
kleine Schraubhaken
Magnet
starker Klebstoff
Material zum Verzieren

So funktioniert es:

1. In das Holz der alten Bügel kann problemlos gebohrt werden, man kann sie verleimen und außerdem sind sie stabil. Zunächst die Metallhaken der Bügel abschrauben. Auch die Hosenstege entfernen.
2. Bügel mit oben abgerundeter Form mit Schleifpapier bearbeiten, um die Oberfläche etwas gerader zu machen, sodass die Bügel zusammengeleimt werden können (siehe Skizze).
3. Einen Hosensteg auf die gewünschte Höhe des Ständers absägen und eine Holzkugel an das obere Ende leimen.

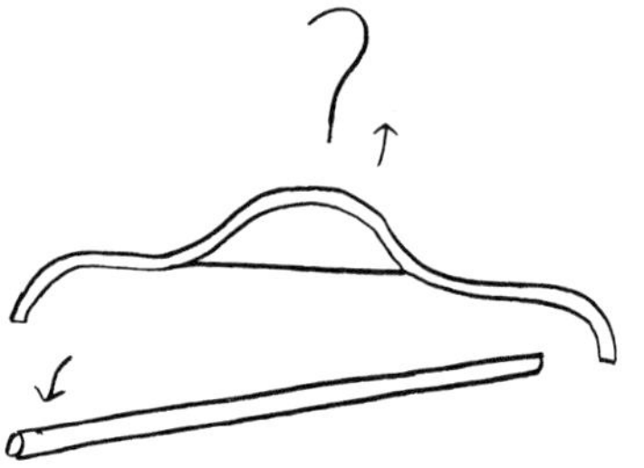

4. An der Stelle, an der der Hosensteg als Stab an die Bügel geleimt werden soll, zunächst 4 dünne Nägel kreuzweise in den Stab hämmern. Die Nagelköpfe mit einem Seitenschneider abknipsen.
5. Die Bügel zusammenleimen und am Stab befestigen. Dazu die geraden Enden an je zwei gegenüberliegenden Seiten auf den Stab stecken. Zunächst mit zwei Bügeln beginnen und dann die übrigen zwei Bügel am Stab fixieren.

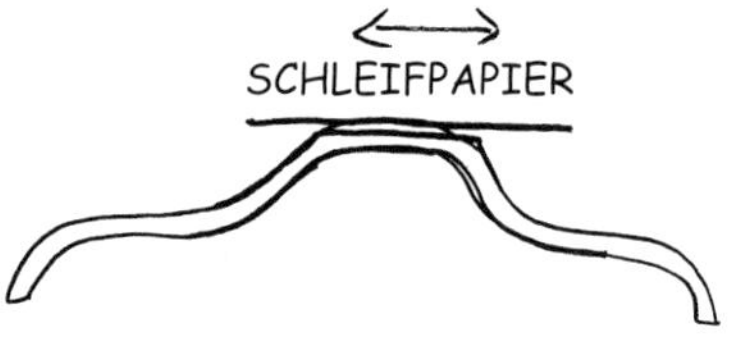

6. Anmalen! Wir haben hier eine Kalkfarbe mit guter Deckkraft verwendet, weil wir uns das Grundieren sparen wollten.
7. Kleine Löcher in die oberen spitzen Enden der Bügel bohren, damit dort später die Verzierungen befestigt werden können.
8. Kleine Schraubhaken auf der Unterseite aller 4 Spitzen eindrehen. Dazu möglichst vorbohren.

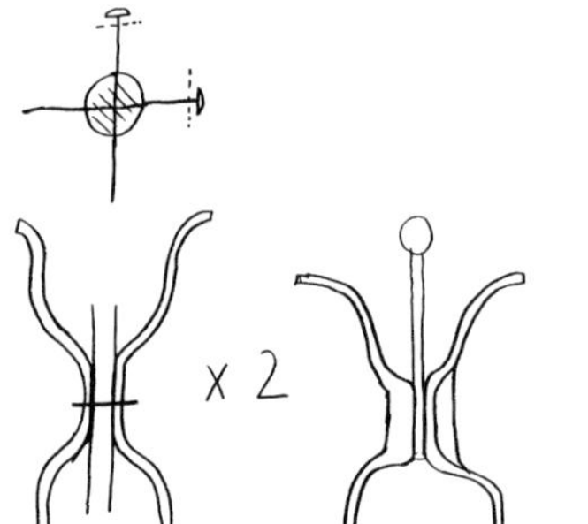

9. Als Halterung für weiteren Schmuck auf halber Höhe der Stange den Magnet kleben. Dazu starken Klebstoff verwenden, damit der Magnet auch gut hält.
10. Den Weihnachtsstab schmücken. Gut eignen sich dazu Papierblumen, Sterne und Girlanden (dass Vogelbeeren auf Draht gefädelt so schön sein können!). Für die Befestigung des Schmucks an den Enden der Bügel und an der Spitze der Stange Grillspieße verwenden. Und natürlich können auch Kerzenhalter an dem Ständer befestigt werden. Sie müssen allerdings aus Metall sein.

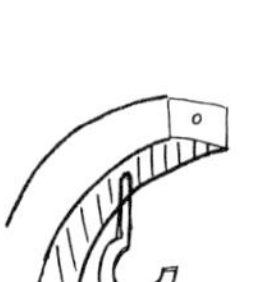

Tipp: Als Schmuck z. B. ein Herz oder eine andere Form aus umwickeltem Draht herstellen (siehe Punkte 1–4 auf Seite 109).

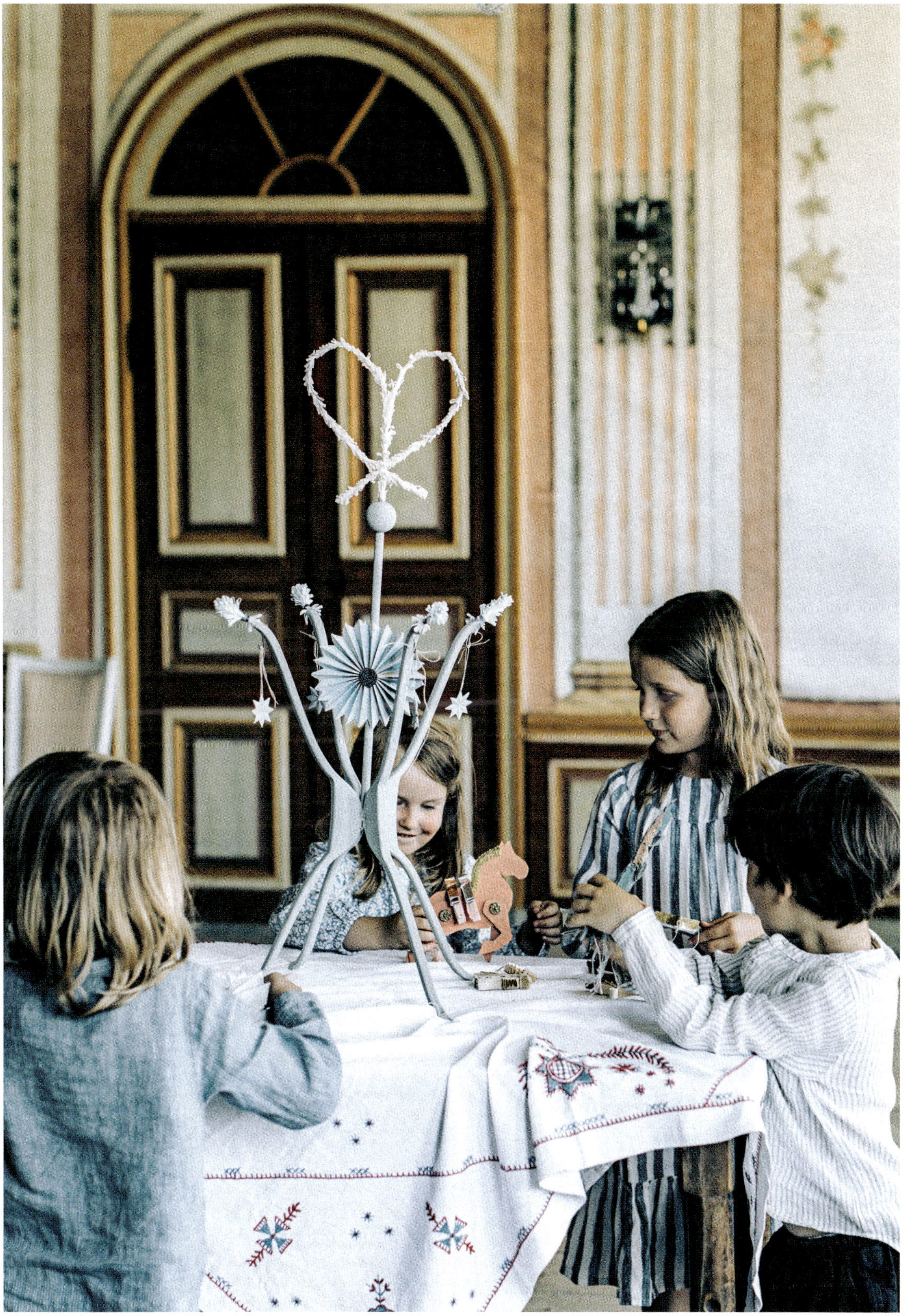

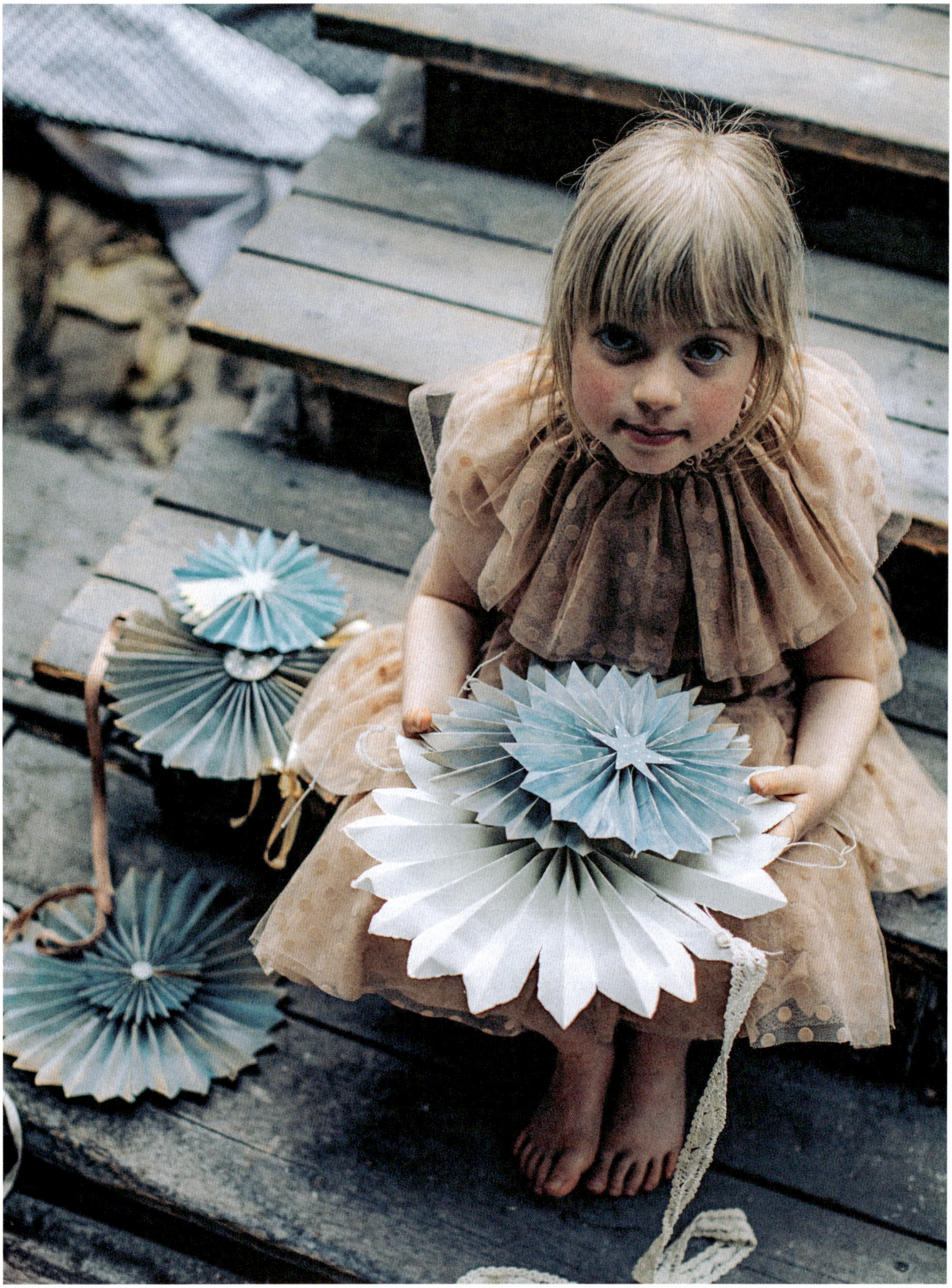

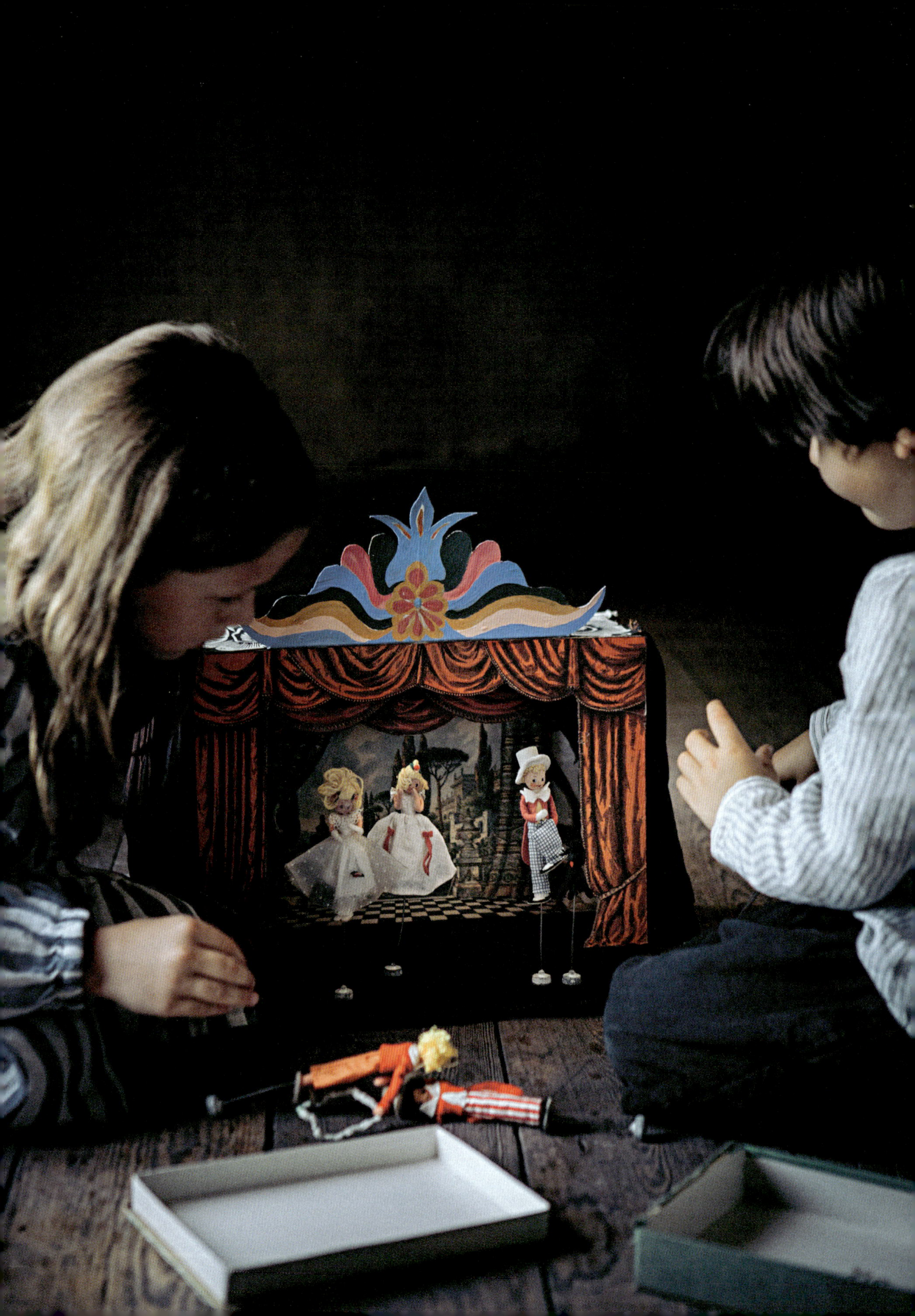

Minitheater

Mit diesem Projekt kann man Theatermagie im Miniformat erschaffen, und zwar aus Papier oder Holz gleichermaßen. Es kann sehr einfach gestaltet sein, aber auch ein detailgetreues Abbild eines weltberühmten Theaterhauses ist denkbar. Die aufwendigsten unter den Minitheatern sind eigene kleine Welten, mit Lampen, Licht, Raucheffekten und mechanischen Kurbeln, die gemalte Wellen eines Meeres in Bewegung versetzen. Zeitschriften aus dem späten 19. Jahrhundert enthielten oft Teile eines Theaters, das man sich dann nach und nach mit jeder weiteren Ausgabe zusammenbauen konnte. Da konnte es durchaus sein, dass man ein Jahresabonnement eingehen musste, um ein komplettes Theater fertigzustellen. Oft taten sich auch ganze Dörfer zu diesem Zweck zusammen, und nach einem Jahr konnte man die kleine Bühne in Betrieb nehmen.

Das Theaterspielen hat viele positive Eigenschaften. Die Fantasie wird angeregt, und es stärkt, unabhängig davon, auf welchem Niveau gespielt wird, das Selbstbewusstsein und das Selbstvertrauen von Kindern. Körper und Geist werden benutzt und die kreativen Fähigkeiten sind immer Teil des Spiels. Mit einem kleinen Puppentheater zu beginnen, in dem Handpuppen ihre Rollen spielen, ist ganz klar eine gute Möglichkeit, sich der Theaterwelt anzunähern. Und noch ein Hinweis: Man ist nie zu alt, um Theater zu spielen! Meine Mama hat damit begonnen, als sie auf die 70 zuging.

Es kann ein guter Trick sein, die Kinder sich selbst als Handpuppen gestalten zu lassen, denn so können sie sich mit der Vorstellung vertraut machen, vielleicht selbst einmal auf der Bühne zu stehen. Und dabei geht es nicht darum, ein weltberühmter Schauspieler zu werden – es reicht völlig aus, sich auf die Rollen einzulassen und sich zu trauen, einmal jemand völlig anderes oder auch nur ganz man selbst zu sein. Wenn die Kuscheltiere im Kinderzimmer die einzigen Zuschauer sind, muss ja auch niemand Lampenfieber haben.

Eine kleine Bühne zu bauen, muss keine besonders aufwendige Sache sein. Das Schaffen von eigenen kleinen Welten gehört zu unseren Lieblingsbeschäftigungen. Wenn wir sie fertig und mit allem Zubehör ausgestattet kaufen, berauben wir uns unserer eigenen Fantasie. Deshalb ist es ratsam, sich lieber selbst ans Werk zu machen. Für das Spektakel braucht man nur ein paar Bogen starken Karton und etwas Kleber. Die Skizzen hier veranschaulichen die Konstruktion. Hinsichtlich Maßen und Dekoration kann man der Fantasie freien Lauf lassen.

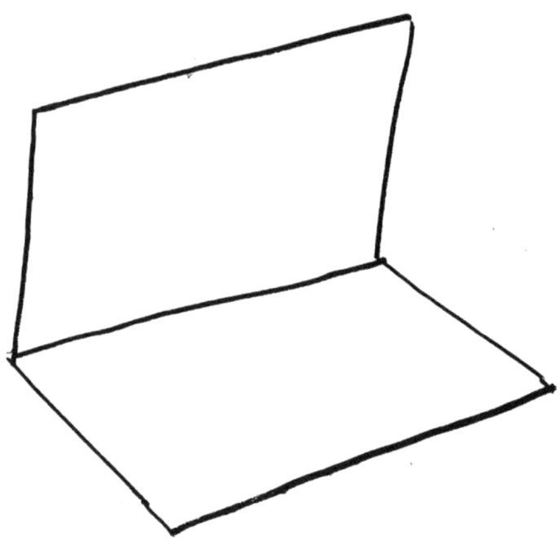

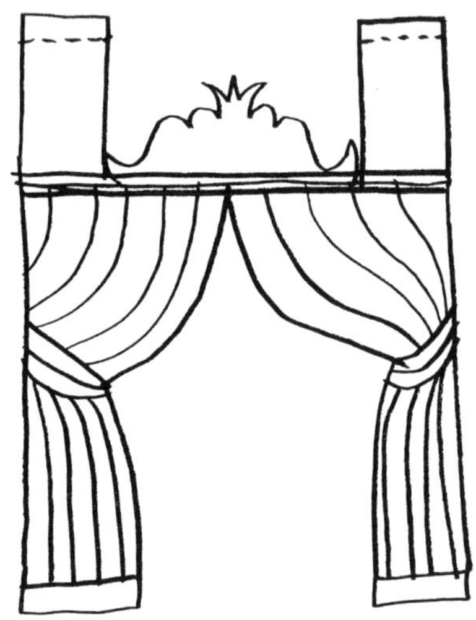

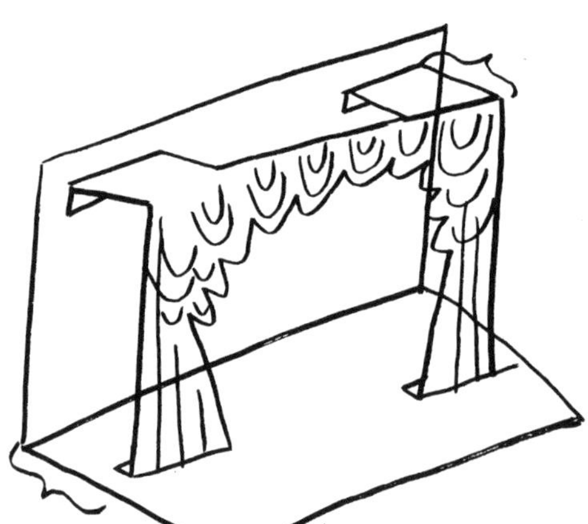

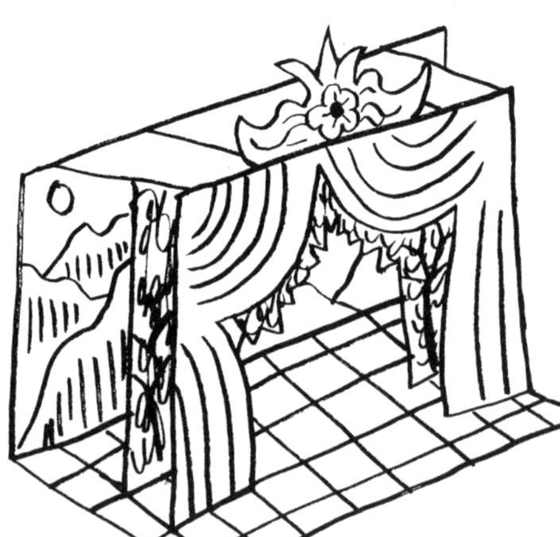

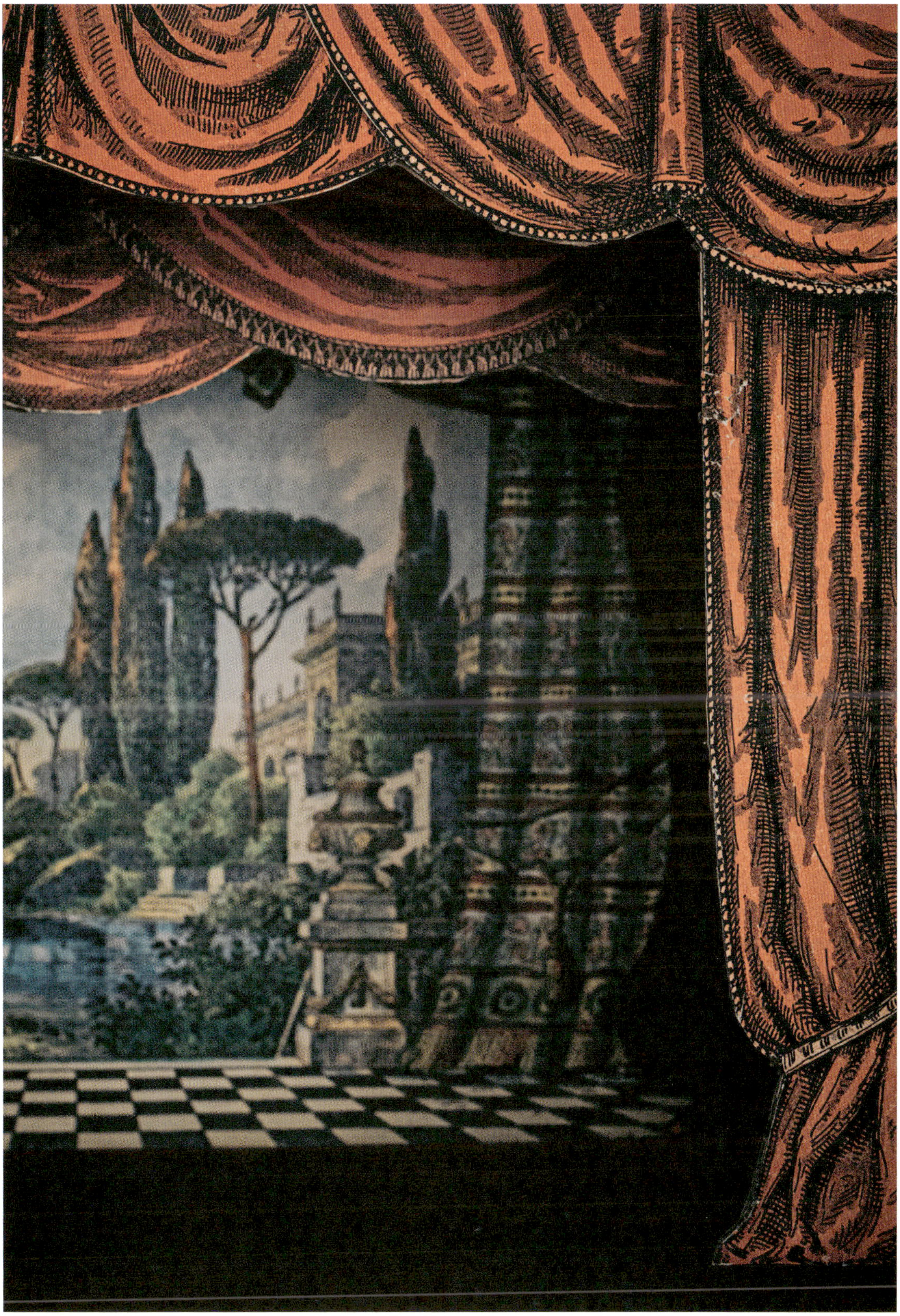

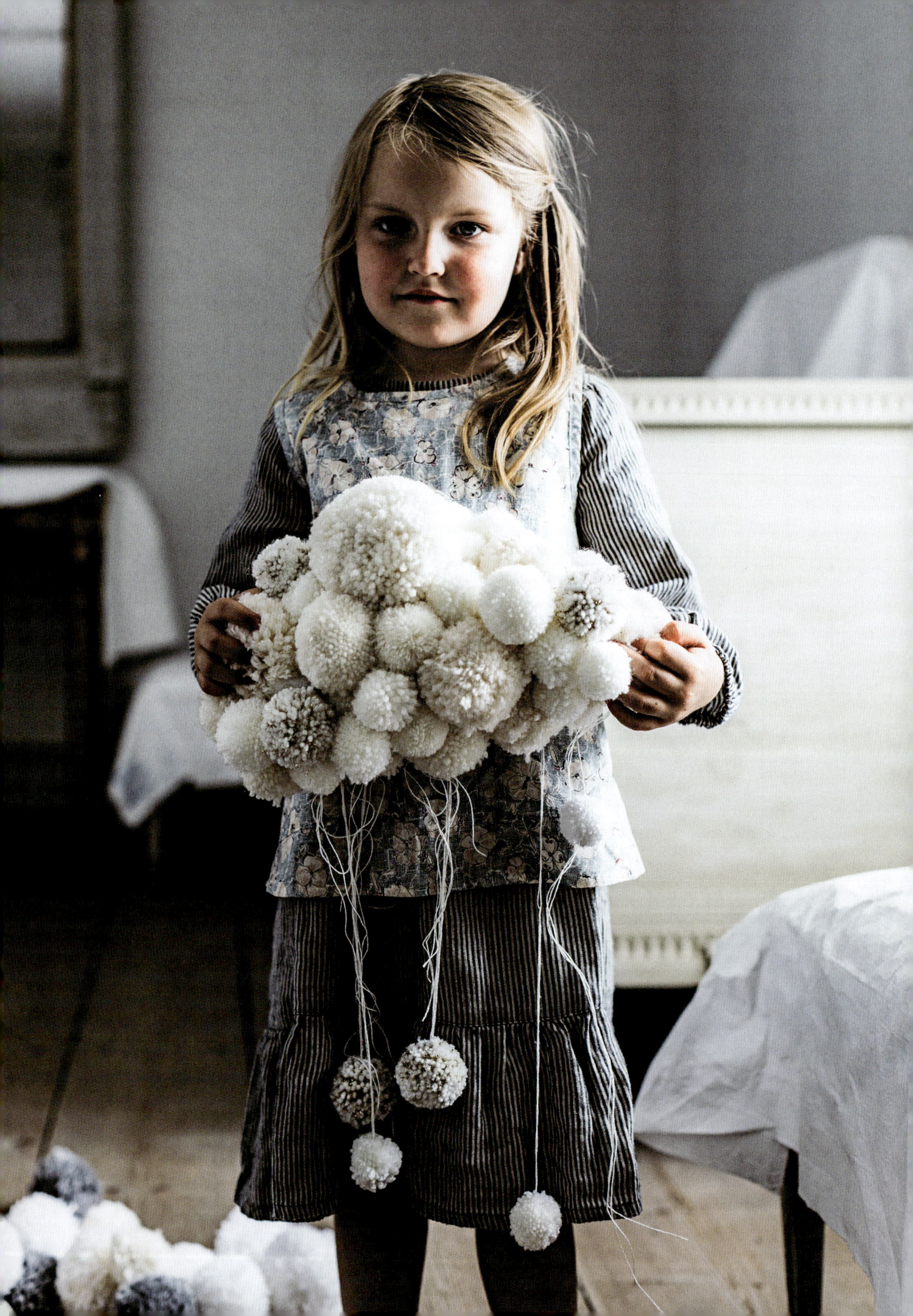

Pompons

Dieses »kinderleichte« Projekt befreien wir jetzt mal vom Staub der Vergangenheit. Bastelprojekte, bei denen die Kinder keiner Hilfestellung bedürfen, sind gut für das Selbstbewusstsein. Für Pompons gibt es generell keine Altersgrenze nach unten. Sobald die Kinder eine Schere halten können, schaffen sie es spielend, einen Pompon zu basteln. Man kann Pompons verwenden, um Kleider, Mützen oder Schals aufzuhübschen – oder eine Brosche daraus kreieren.

Das wird benötigt:
1 Stück Karton
Schere
Wollgarn (vorzugsweise Flohmarktschnäppchen)

So funktioniert es:

1. Zwei gleich große Kreise aus Karton ausschneiden. Je größer die Kreise, desto größer die Pompons.
2. Runde Löcher in die Mitte schneiden und die Kreise übereinanderlegen.
3. Das Garn durch das Loch fädeln und die Kartonringe einige Male umwickeln. Weiterwickeln, bis die Ringe dick mit Wolle bedeckt sind. Das Geheimnis der schönsten Pompons ist, dass sie dicht und mit sehr viel Wolle gewickelt wurden. Das Garn abschneiden
4. Die Spitze der Schere zwischen die beiden Kartonkreise schieben, was ein wenig knifflig sein kann, und dann einmal rundherum schneiden. Vorsicht, damit das Garnbündel einem nicht aus den Händen rutscht!
5. Einen doppelten Garnfaden zwischen den beiden Kartonringen um den Pompon führen und fest verknoten.
6. Einen Schlitz in die Kartonringe schneiden und sie entfernen. Mithilfe einer Schere gleichmäßig runde Pompons formen.

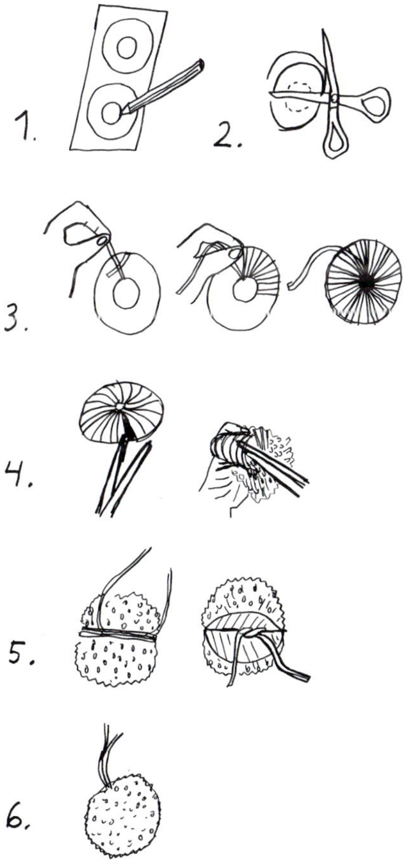

Tipp: Heutzutage gibt es im Bastelbedarf gute Hilfsmittel, um solche Pompons zu machen. Sie können unterschiedliche Namen haben, üblich ist aber der Begriff »Pompon Maker«.

Pomponwolke

Das wird benötigt:
1 Stück Karton
Schere
Stoff
Wattevlies und Füllwatte
Klebstoff
Wollgarn (vorzugsweise Flohmarktschnäppchen)
kräftiger Faden (vorzugsweise Leinengarn)
lange Stopfnadel
Aufhängung

So funktioniert es:

1. Eine Wolke aus dem Karton ausschneiden. Beachten, dass die Wolke am Ende etwas größer als die ausgeschnittene Form sein wird.
2. Ein Stück Stoff zuschneiden, das die Form der Wolke hat, aber etwas größer als der Karton ist. Rundherum 4 cm als Zugabe einplanen. Dann ein Stück Wattevlies zuschneiden und darauf achten, dass es ebenfalls über den Rand des Kartons hinausragt.
3. Den Stoff, das Wattevlies und ganz zum Schluss den Karton aufeinanderlegen. Die Ränder der Wolke mit Klebstoff einstreichen und dann den Stoff über die Ränder falten, um ihn am Karton zu fixieren. Die Stoffseite wird später die Rückseite der Wolke bilden.
4. Pompons auf die Vorderseite der Wolke, auf der der Karton zu sehen ist, kleben. Rundherum die Ränder der Wolke mit Klebstoff einstreichen und darauf achten, dass ein paar der Pompons über den Karton hinausragen, um ihn zu verdecken.
5. Ist der ganze Rand der Wolke mit Pompons beklebt, einen großen Berg Watte als Füllung in der Mitte verteilen. Weil Watte schnell zusammenfällt, ruhig eine große Menge davon verwenden und auf dem Karton festkleben. Natürlich spricht nichts dagegen, auch zum Auffüllen Pompons zu verwenden, doch der Wattetrick funktioniert prima und sorgt dafür, dass die Wolke voluminös aussieht, ohne dass eine große Menge Pompons dafür hergestellt werden muss.
6. Jetzt mit Pompons auffüllen und diese mithilfe der Stopfnadel mit Fäden kreuz und quer auf der Watte und der untersten Lage Pompons festnähen.
7. Fäden mit hängenden Pompons am unteren Rand des Kartons befestigen.
8. Zum Schluss eine Aufhängung am Stoff auf der Rückseite der Wolke festnähen.

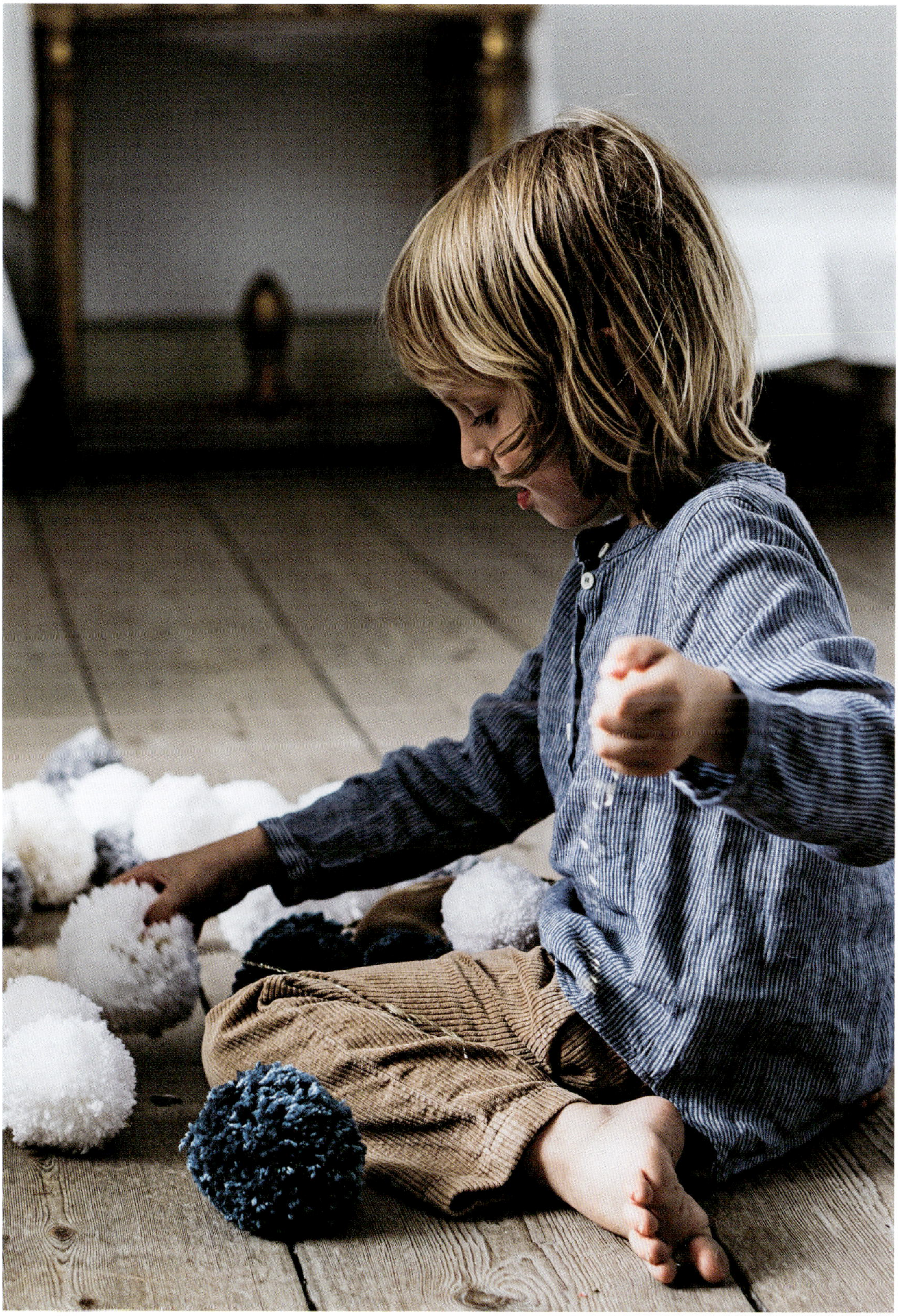

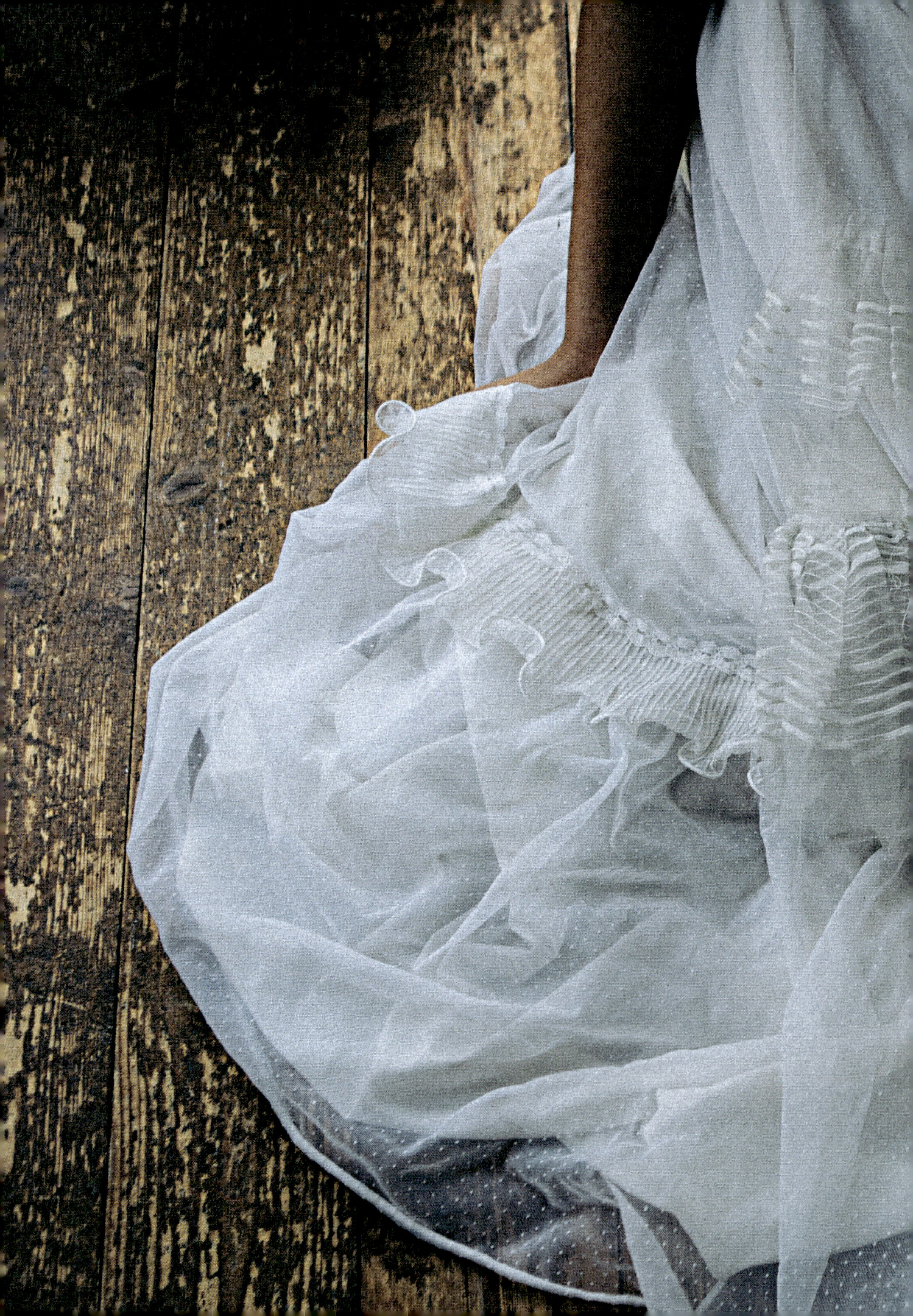

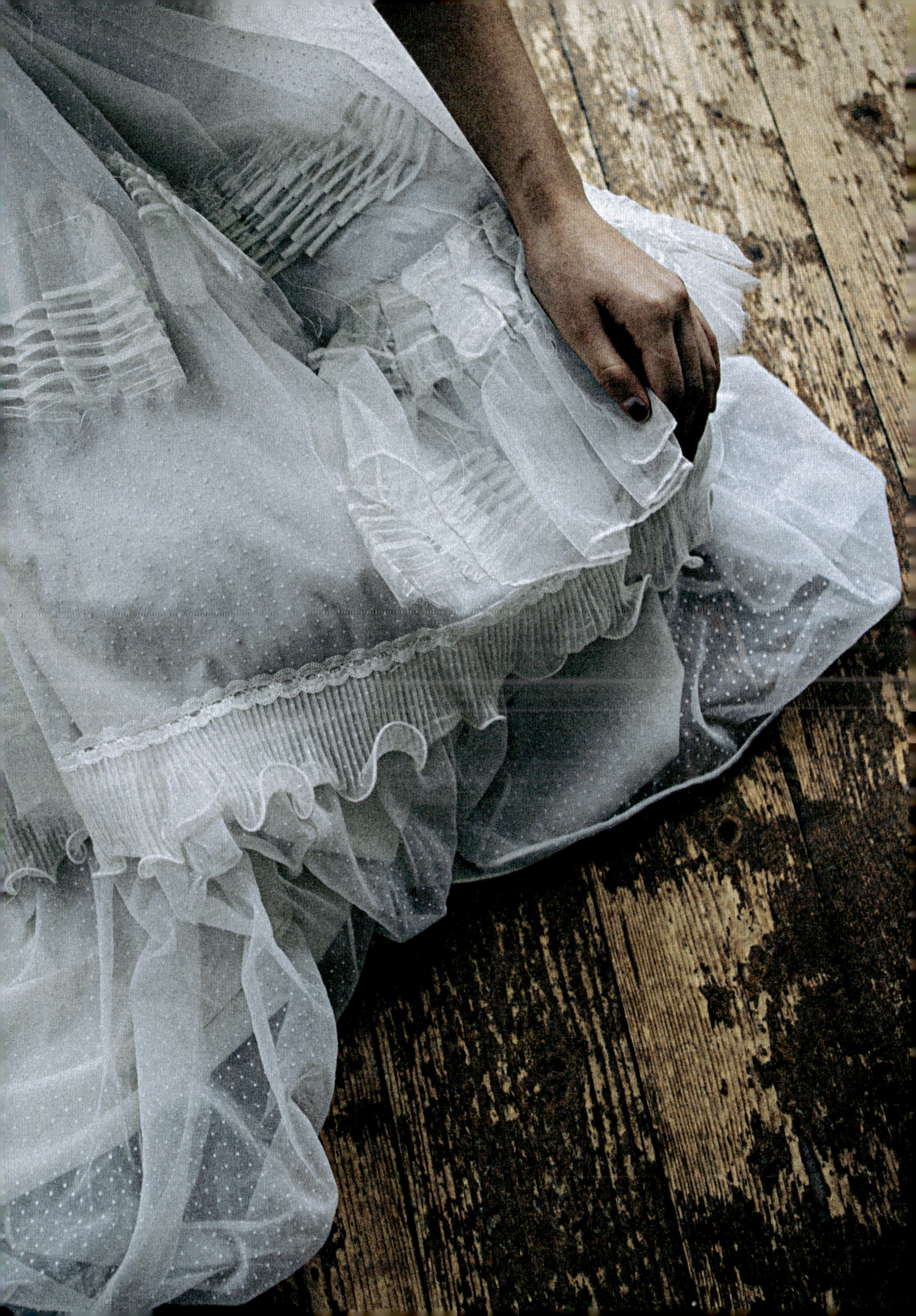

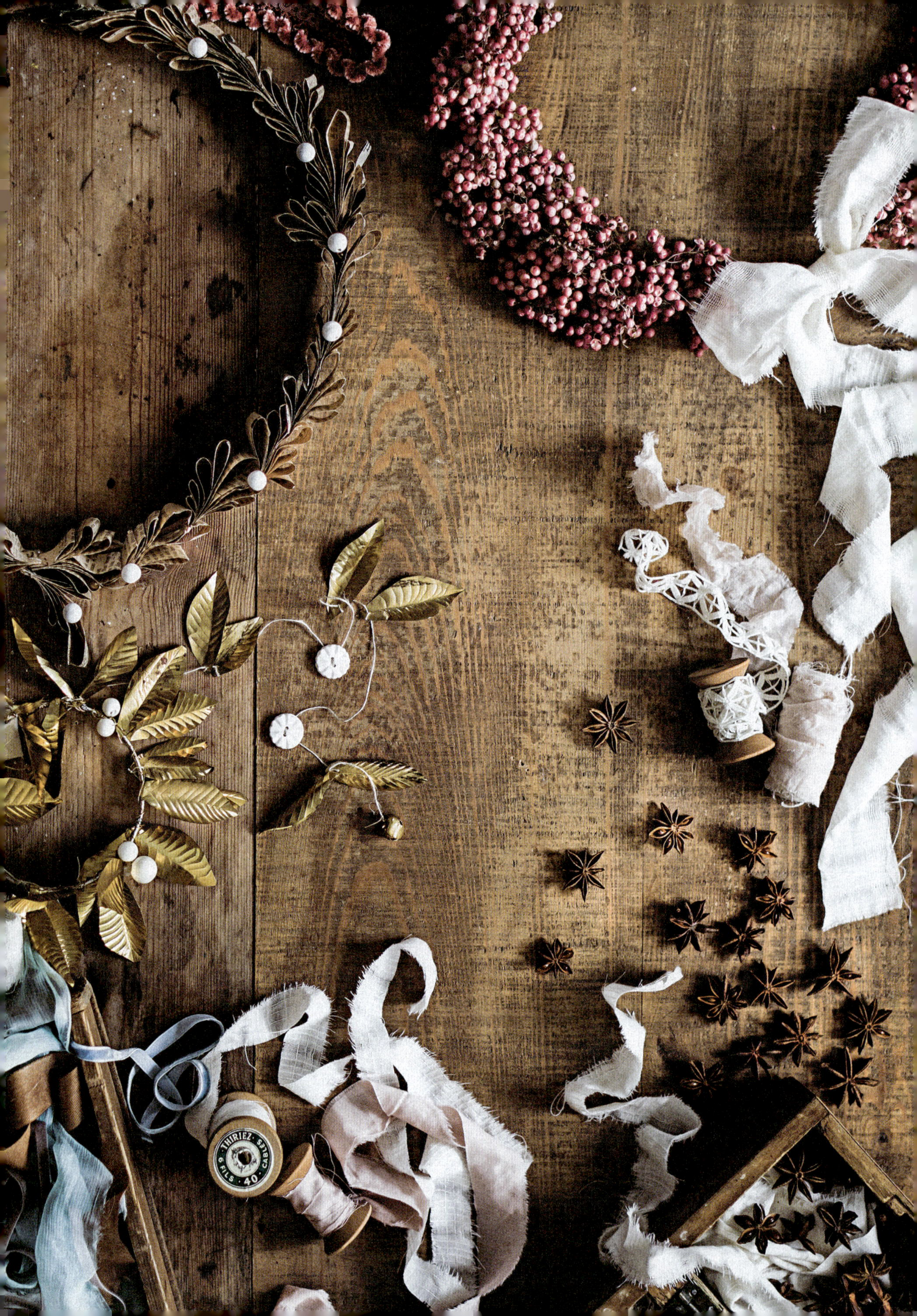
THIRIEZ
6 FILS 40 CABLES

Kranz

Der Kranz ist ein Symbol für Ewigkeit und Glück. Wir binden Kränze zu Festen, glücklichen Stunden und sogar in Trauerfällen. Manchmal findet der Adventskranz auch als Jahresrad Erwähnung – durch ihn werden wir an das vergangene Jahr und an das Licht erinnert, das bald wiederkehren wird. Die Wintersonnenwende wenige Tage vor Weihnachten ist der kürzeste und dunkelste Tag des Jahres, doch dann geht es wieder in die andere Richtung. Daran erinnert uns der kreisförmige Kranz. Kränze sind immer schön. Auf dem Tisch, an der Wand, an der Tür oder als Kronleuchter von der Decke hängend. Ein Monogramm oder eine Jahreszahl als Kranz zu binden, ist besonders festlich. Mit Draht oder Blumennadeln kann man Buchstaben oder Zahlen formen und diese dann wie einen Kranz binden. Wir machen hier ganz einfache Kränze, weil wir sie am schönsten finden.

Das wird benötigt:
Basteldraht: Durch das Wickeln einiger Runden mit Basteldraht entsteht eine stabile Basis für den Kranz. Für eine runde Form den Draht um einen Topf wickeln. Draht mit einer Stärke von 0,6 mm eignet sich üblicherweise gut dafür. Er lässt sich gut handhaben, ist aber gleichzeitig stabil. Silber-, Messing- oder Kupferdraht dürfen ruhig ein wenig zu sehen sein, das macht sich oft hübsch.

Karton: Man kann auch einen Ring aus Karton zuschneiden. Das ist praktisch, wenn man heften oder kleben möchte.

Biegsame Zweige: Geeignete Holzarten sind Haselnuss, Palmweide, Weide oder Birke. Manchmal ist es sinnvoll, die Zweige eine Weile in Wasser einzuweichen, ehe man sie verwendet.

Tipp: Einen Kranz aus Sternanis machen, indem man dünnen Basteldraht 3-mal um eine Samenkapsel wickelt, ein wenig Abstand lässt und dann mit der nächsten Kapsel weitermacht. Beide Drahtenden miteinander verdrehen, sobald die richtige Länge erreicht ist. Für diesen Kranz braucht es keinen Kranzring, und man kann ihn sogar als Girlande verwenden.

Kranz aus Altpapier

Das wird benötigt:
Blätter aus alten Büchern
Schere
Heftklammern
Metallring oder Stickrahmen
Tacker
Perlen
Klebstoff

So funktioniert es:
1. Blätter aus alten Büchern in Streifen von etwa 3 cm Länge und 2 cm Breite schneiden.
2. Die Streifen wie auf dem Bild anordnen und am unteren Ende mit einer Heftklammer fixieren.
3. Die Streifen nach Belieben und Geschmack an einen Metallring bzw. einen Stickrahmen kleben.
4. Wo es als Verzierung passt, Perlen ankleben.

Kranz aus Metall

Das wird benötigt:
leere Tomatenmarktuben
Schere
Seitenschneider
Basteldraht oder andere Basis für den Kranz
Klebstoff
optional Ahle

So funktioniert es:
1. Aus den Tomatenmarktuben Schmuck für den Kranz herstellen (siehe Seite 79).
2. Den Schmuck an die Kranzbasis kleben. Alternativ kleine Löcher in den Schmuck machen und mit Basteldraht kleine Stiele daran knüpfen. Diese dann an der Ringbasis befestigen.

Tipp: Auf Seite 109 schmücken wir einen Stern mit einer Technik, mithilfe derer früher Verzierungen für den Weihnachtsschinken hergestellt wurden. Dieselbe Variante eignet sich auch gut, um Kränze damit zu schmücken. Man kann Krepppapier oder auch Seidenpapier dafür verwenden und die Fransen wie Schlaufen geschlossen lassen oder aufschneiden. Man kann auch mit doppelten Papierbögen experimentieren.

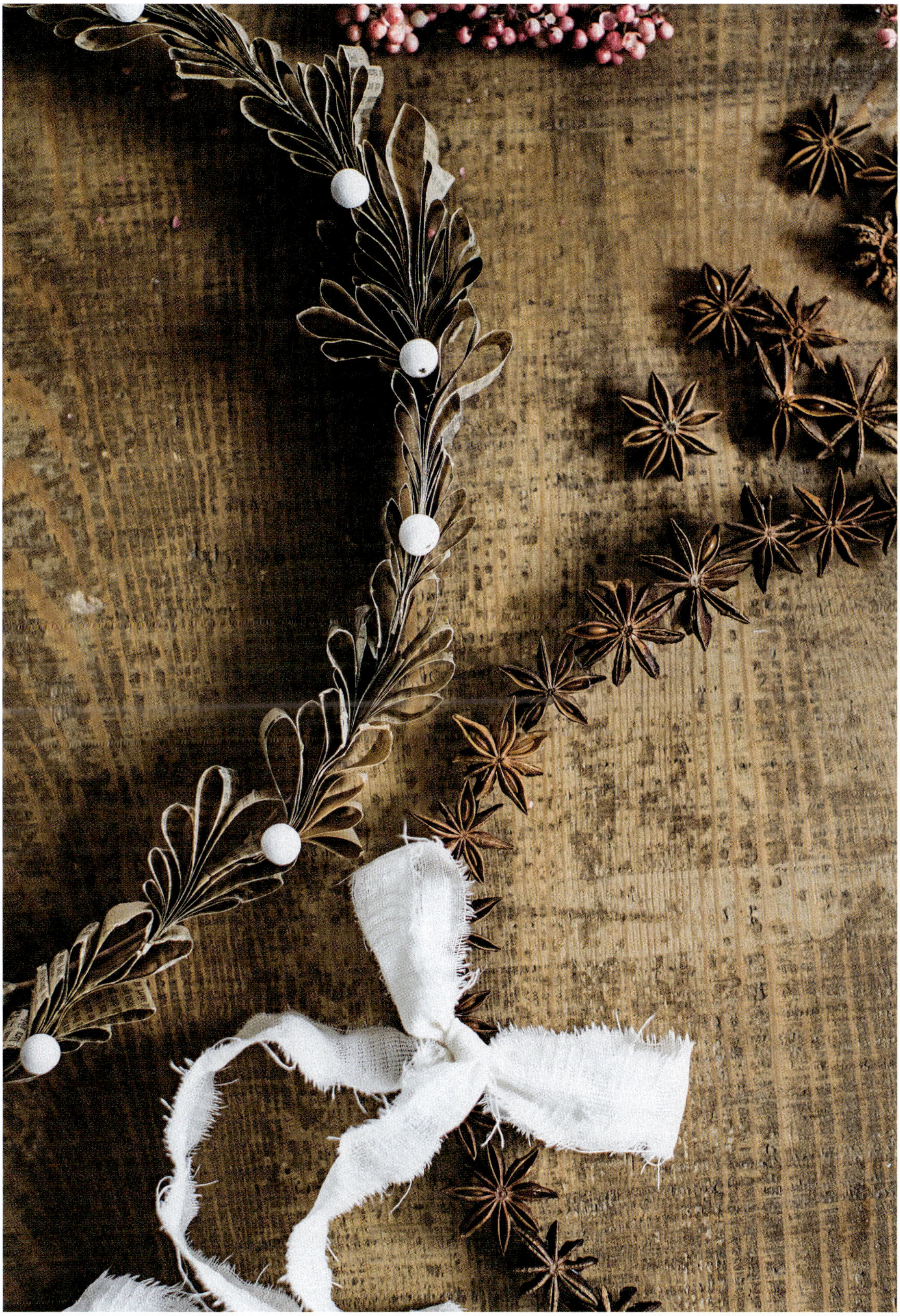

Morgenstern

Ich habe schon so viele Male vergeblich auf den Märkten in Paris nach diesen antiken Sternen gesucht – kleine Schönheiten, deren Farbe abgeblättert ist, aus Blech oder altem rissigem Holz. Schließlich beschloss ich, meine eigenen zu machen. Es zeigte sich jedoch, dass ich mich schon mit der kniffligen Zeichnung schwertat – mein Mann aber nicht. Er erstellte Schablonen und sägte die benötigten Einzelteile zurecht. Es mag unmöglich erscheinen, dass die zehn Teile sich zu einem Stern zusammenfügen, aber es ist ganz einfach – wenn man die richtigen Schablonen hat zumindest. Wenn man die Einzelteile entsprechend größer oder kleiner macht, kann man dieselbe Technik auch für andere Materialien benutzen, wie etwa Papier oder vielleicht sogar Metall.

Das wird benötigt:
Schablone (siehe Seite 176)
Sperrholz
Feinsäge
kräftiges, aber wieder ablösbares Klebeband
Heißklebepistole
Farbe

So funktioniert es:
1. Mithilfe der Schablone 10 Teile aus Sperrholz aussägen.
2. 5 Strahlen auf der Vorderseite mit Klebeband zusammenkleben.
3. Die Teile auf der Rückseite mit Heißkleber zusammenkleben.
4. Die 5 Paare mithilfe von Klebeband auf der Rückseite zu einem Stern zusammenfügen. Ebenso wie bei Schritt 2 und 3 auf der Vorderseite mit Klebeband und der Rückseite mit Heißkleber arbeiten. Nach dem Trocknen das Klebeband entfernen.
5. Anmalen.

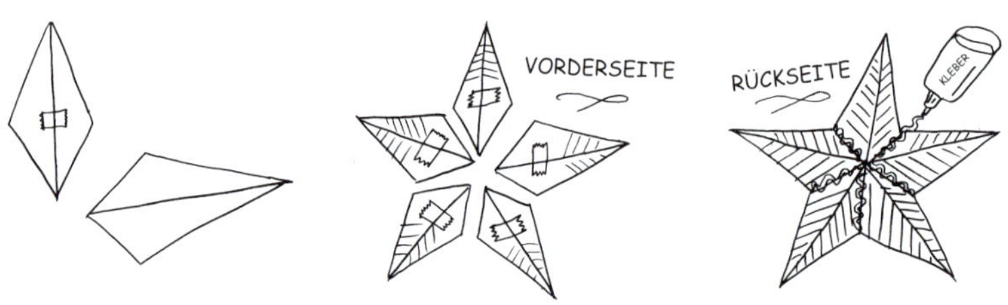

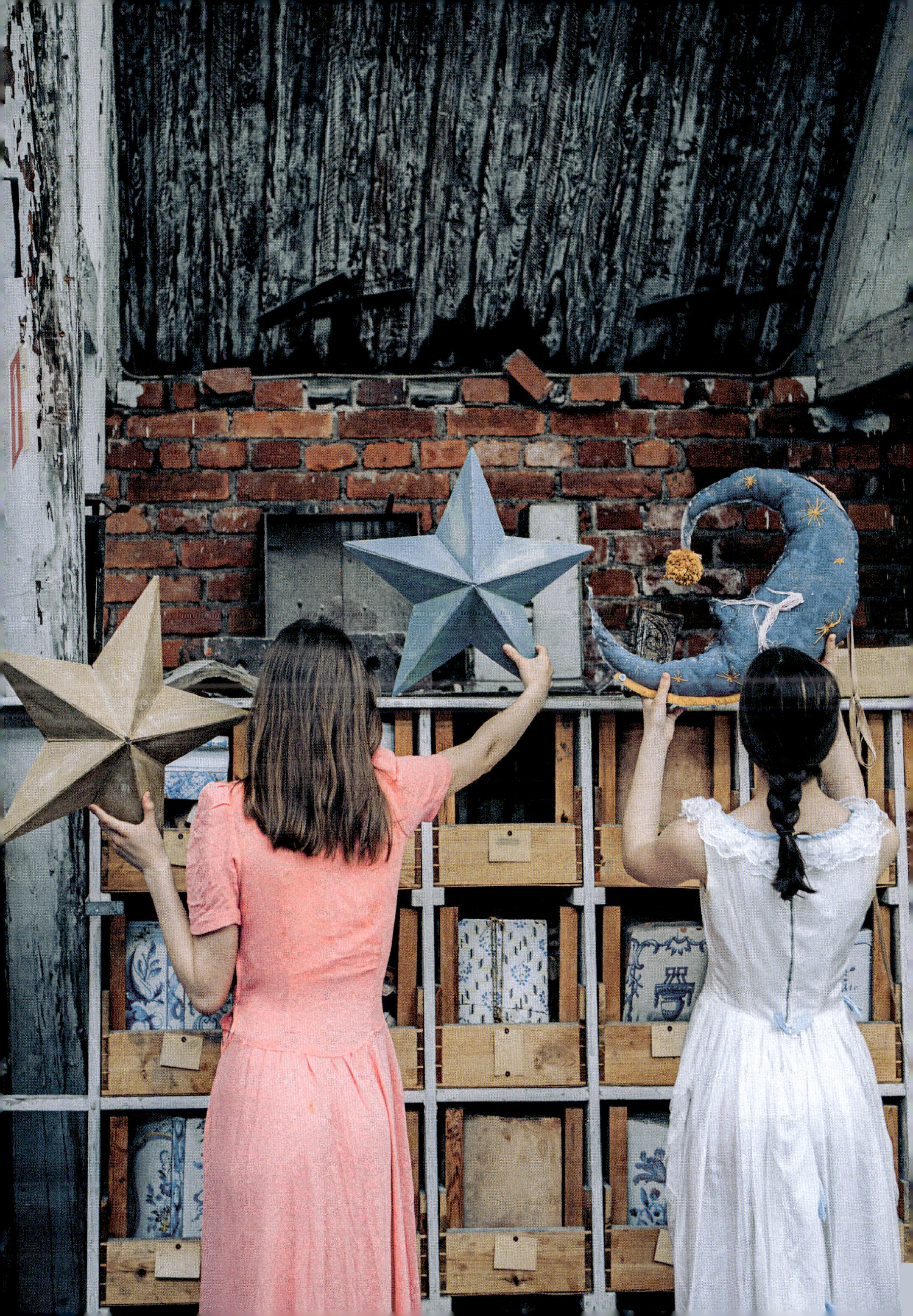

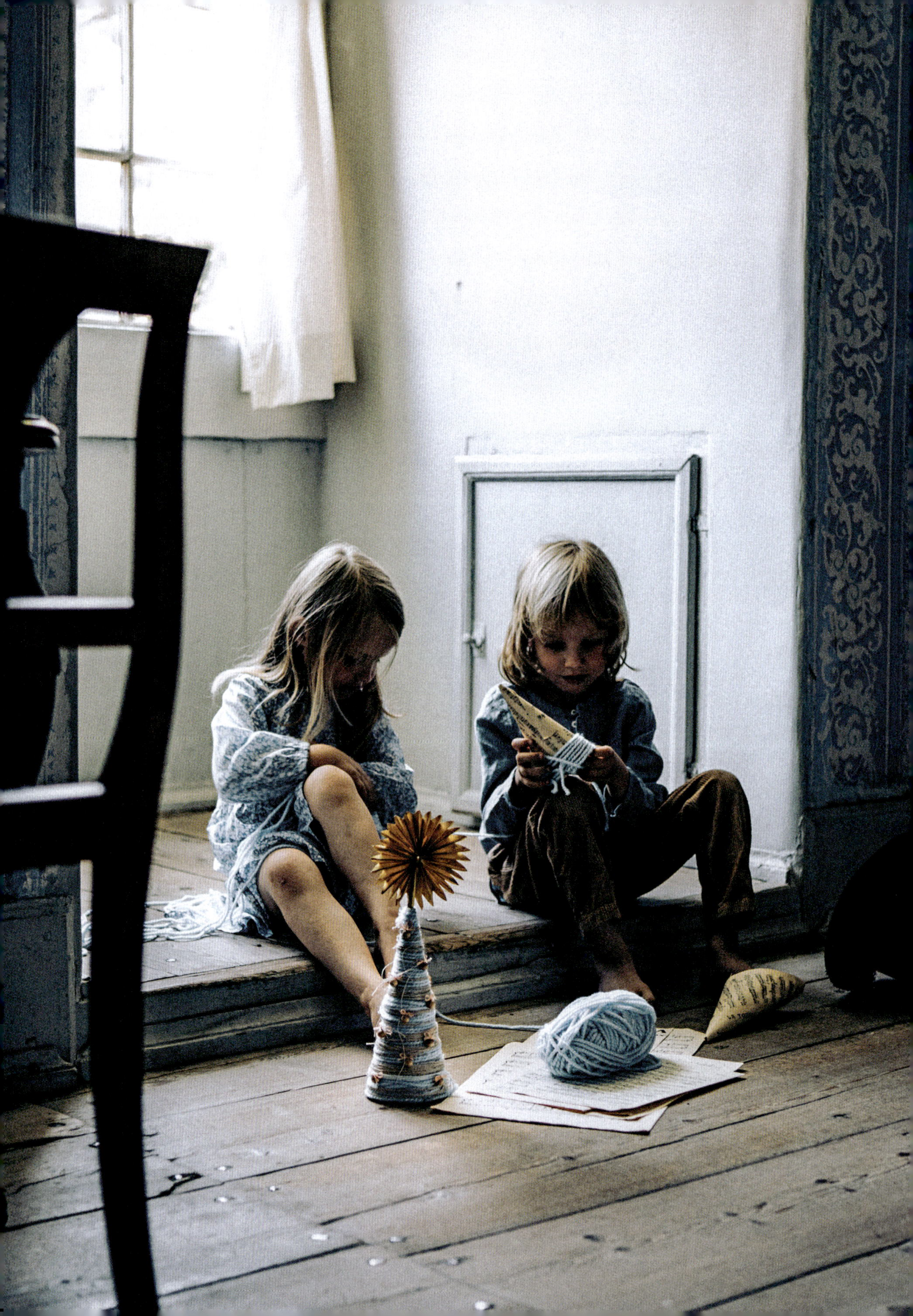

Tanne

Ist das eine Tanne oder ein festlicher Hut? Das bleibt der Fantasie überlassen! Dieses Bastelprojekt ist so einfach zu bewerkstelligen, dass man einen ganzen Tannenwald oder Hüte für alle machen kann.

Das wird benötigt:
Papier
Klebstoff
Wollgarn in unterschiedlichen Farben
Holzkugeln
Faltstern (siehe Seite 102)

So funktioniert es:
1. Das Papier zu einer Spitztüte biegen. Zusammenkleben, sodass sie stabil steht.
2. Die Spitztüte von unten bis oben mit Wolle umwickeln. Gerne unterschiedliche Farben verwenden. Überall dort, wo man wickelt, Klebstoff auf dem Untergrund verteilen.
3. Kurze Wollstränge durch die Holzkugeln fädeln, etwas Klebstoff in das Loch geben und dann mit den Enden kleine Schleifen binden.
4. Die Kugeln an die Tanne kleben.
5. Einen Stern aus Papier falten und ganz oben an der Tanne befestigen.

Adventsstern

Wenn wir die Milchstraße am dunklen Winterhimmel sehen, blicken wir auf unglaubliche 400 Milliarden Sterne. Früher dachten die Menschen, dass sich an Sternen Prophezeiungen ablesen lassen, und man hielt Ausschau nach Sternschnuppen oder besonders hell leuchtenden Exemplaren, um Prognosen in Sachen Wetter oder Glück zu erstellen. Sah man zur Weihnachtszeit etwa besonders zahlreiche Sterne, fiele, so dachte man, die Blaubeer- und Himbeerernte im nächsten Jahr besonders üppig aus. Und egal, ob man nun an die Sterndeutung glaubt oder nicht – diese Sterne hier kann man sogar tagsüber bewundern. Man kann Stricknadeln als Stäbe verwenden und einen Zauberstab daraus basteln oder sie als Tortendekoration auf Grillspieße stecken, oder sie an einer Schnur aufhängen und zur Girlande binden. Besonders schön sind sie, wenn sie bemalt und mit Glitzer versehen werden. Nur ein paar einfache Faltschritte ergeben einen ansehnlichen Stern – und ich vermute, dass es nicht bei einem einzigen bleiben und eine ganz einzigartige Milchstraße entstehen wird.

Das wird benötigt:

Vorlage (siehe Seite 177)
Papier (einfaches Druckerpapier funktioniert prima)
Stift
Schere
Lineal und Falzbein

So funktioniert es:

1. Mithilfe der Vorlage einen Stern abpausen. Die Sterne auf dem Bild sind liegend 4,9 und 18 cm groß.
2. Auch alle gestrichelten Linien markieren, denn sie zeigen an, wo gefaltet werden soll. Die gestrichelten Linien mit einem Falzbein vorfalzen. Das ist besonders wichtig, wenn das Papier etwas kräftiger ist.
3. Darauf achten, dass alle Linien ringsherum von der Spitze bis zur Mitte reichen.
4. Mit dem Falten beginnen. Hat man erst einmal angefangen, ergeben sich alle weiteren Schritte von selbst.

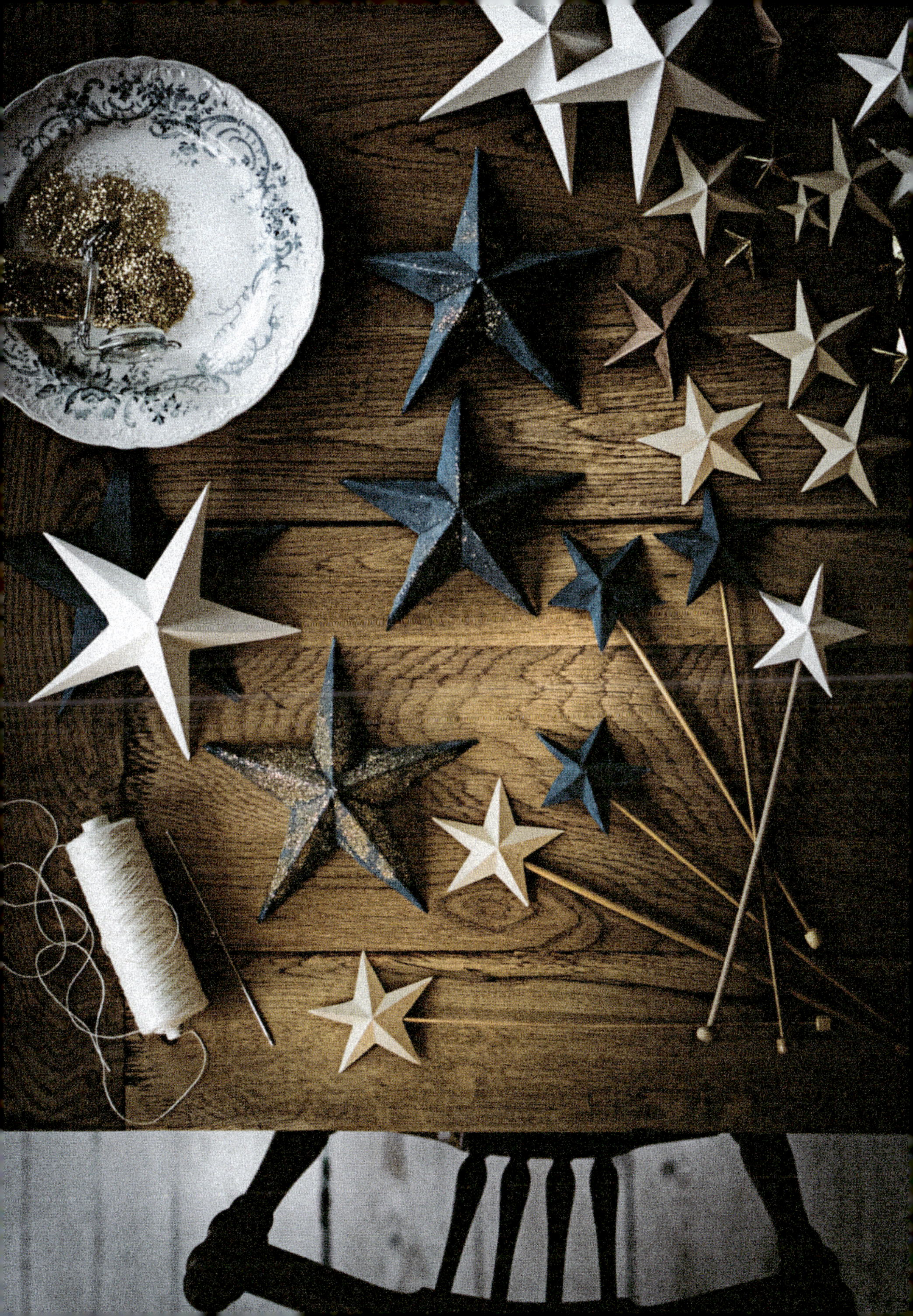

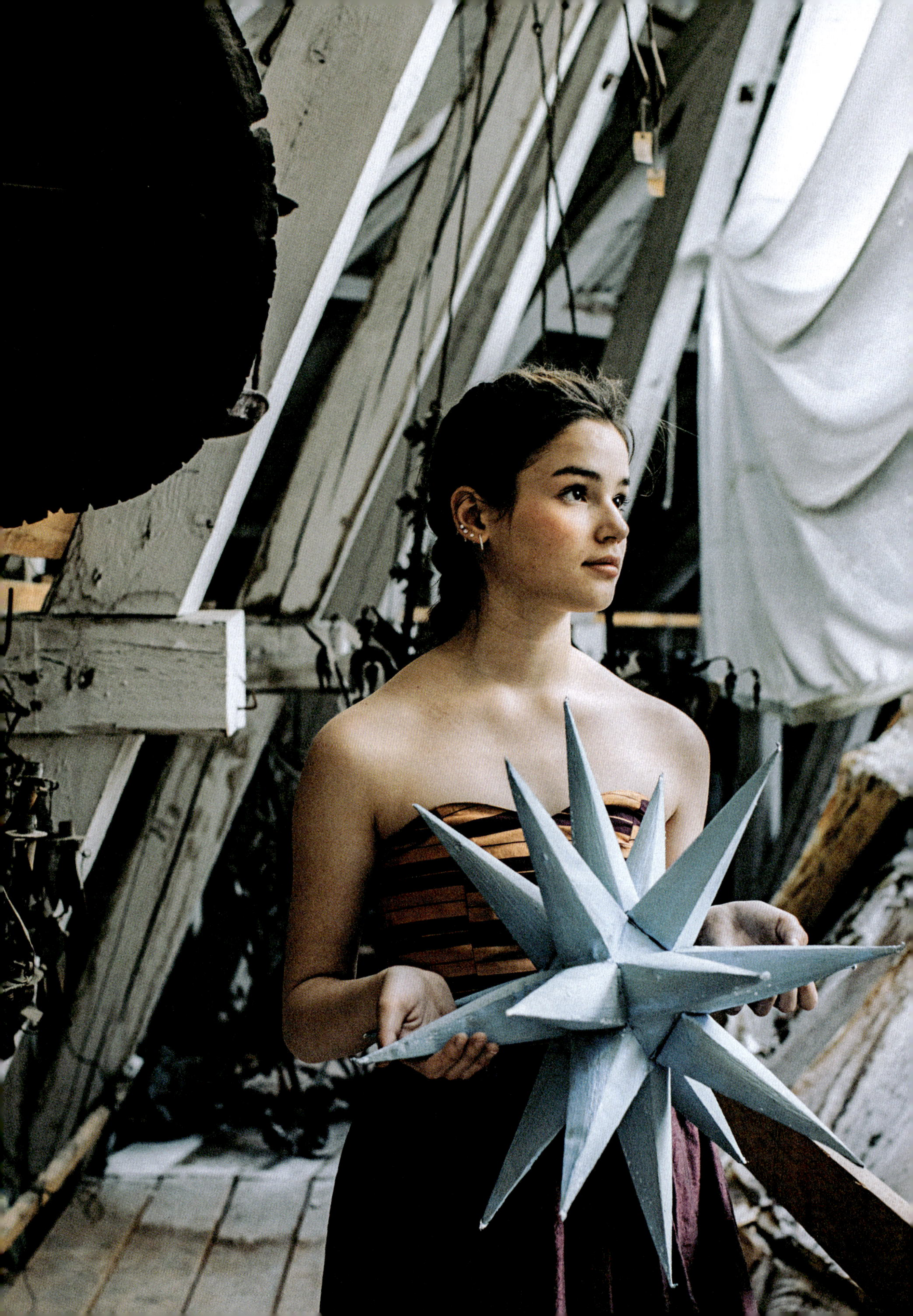

Weihnachtsstern

Dieser Stern ist nicht im Handumdrehen gemacht, aber wenn man sich konzentriert, kommt man gut zurecht. Hinter diesem Stern steckt mathematische Berechnung, und vielleicht ist das Basteln ein wenig so, als würde man etwas aus Lego zusammenstecken. Obwohl ich ja immer finde, dass im Krummen und Schiefen eine besondere Schönheit liegt, bietet dieser Stern nicht so recht Raum dafür, schief zu kleben. Obwohl – jetzt habe ich meine Meinung doch geändert: Was ist denn eigentlich ein normaler Stern? Ein richtiger? Ein schöner oder ein hässlicher? Das kann ja niemand wirklich wissen. Wie gut!

Das wird benötigt:

Vorlage (siehe Seiten 178–181)
Kartonpapier
Stift
Schere
doppelseitiges Klebeband
Klebstoff oder Heißklebepistole
Lineal und Falzbein
Nadel und Faden (oder Basteldraht)
Farbe (oder dünnes Dekorpapier und Sprühkleber)

So funktioniert es:

1. Mithilfe der Vorlagen die Formen auf Kartonpapier nachzeichnen. Benötigt werden 18 Spitzen sowie ein Teil, welches das mehreckige Zentrum als Korpus bildet.
2. Alle Teile ausschneiden.
3. An den gestrichelten Linien gemäß Vorlage falzen und falten. Die Spitzen mithilfe von Klebeband zusammenkleben. Je nach gewähltem Papier kann man auch Klebstoff dazu verwenden. Einfach ausprobieren.
4. Den Korpus entsprechend der Skizze zusammenkleben, ich verwende dazu gerne eine Heißklebepistole.
5. Jetzt alle Spitzen um den Korpus herum anbringen. Dazu Klebstoff verwenden und sich kreisförmig von unten nach oben vorarbeiten.
6. Für die Aufhängung einen Faden oder Basteldraht durch eine der Spitzen fädeln.
7. Den Stern anmalen oder mithilfe von Sprühkleber in hübsches Dekorpapier hüllen.

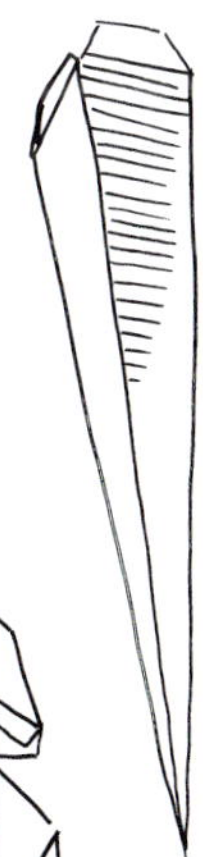

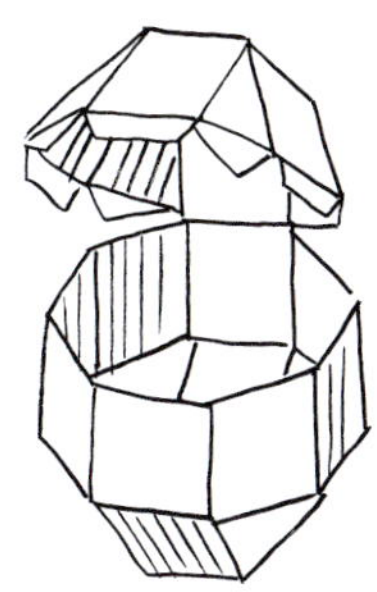

Tipp: Es hilft, mit Papier zu arbeiten, das eine Stärke von etwa 170 g hat. Gröberes Papier lässt sich manchmal schwerer falten, aber auch Tapete ist denkbar, wenn genau gearbeitet wird.

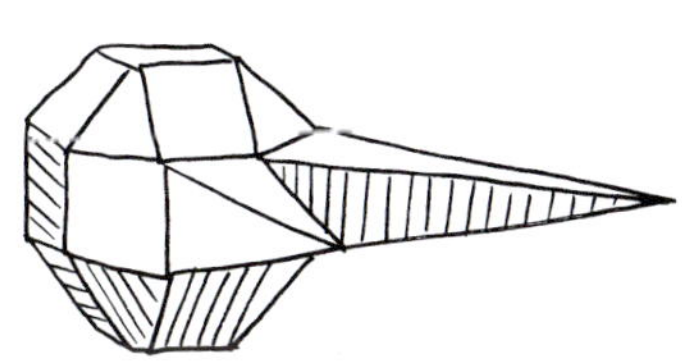

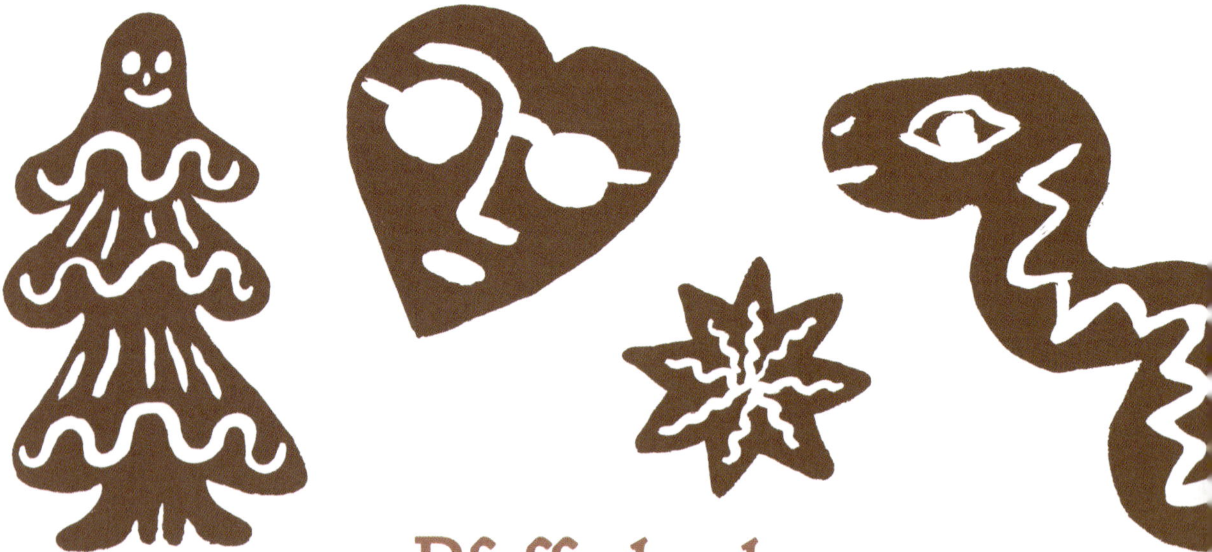

Pfefferkuchen

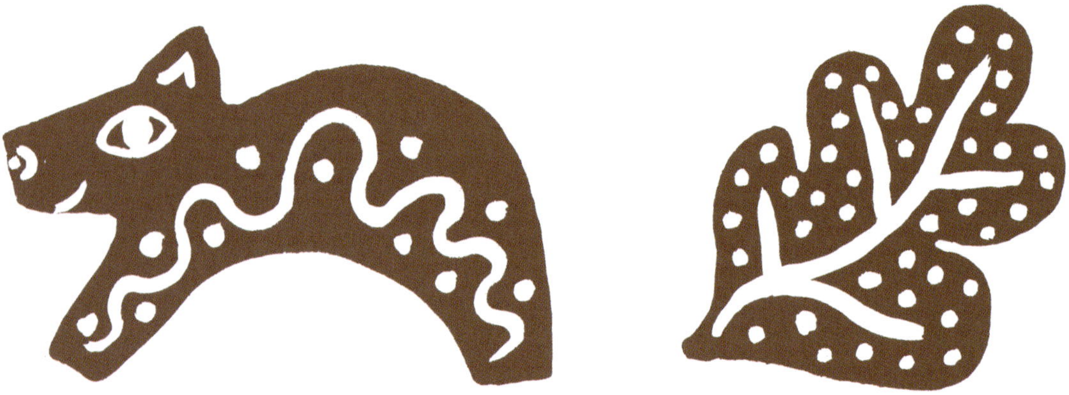

Als ich ein Kochbuch meiner Großmutter aus dem Jahr 1944 aufschlug, eröffnete sich mir eine ganz neue Welt. Kein modernes Kochbuch hatte bis zu diesem Zeitpunkt meine Gedanken so sehr in Schwung gebracht wie dieses. Die beinahe 700 Seiten waren wie eine Reise in eine Zeit, in der das Essen einfach und die Zutaten wenige waren – aber die Formen und Verzierungen waren wirklich ein Traum. Ich hatte noch nie einen so wunderschönen pochierten Lachs gesehen – oder einen Pfefferkuchen, der aussah, als wäre er einem Märchen entsprungen. Und nun hat die Illustratorin Maja Sten ebensolche Pfefferkuchen für dieses Buch hier entworfen.

Ansonsten ist der Tipp aus dem *Stora Kokboken* von 1944 immer noch der Hit: »Am besten macht man eine große Menge Teig und lässt diesen einen oder mehrere Tage ruhen. Möchte man frische Pfefferkuchen haben, kann man dann immer wieder ein paar Bleche backen. Man kann den Teig auch zu Rollen formen, einfrieren und später backen.« Ein anderes Zitat aus dem Buch erscheint ebenso wahr: »Von anderen Keksen isst man oft nur einen, aber von Pfefferkuchen isst man meist mehrere direkt nacheinander.«

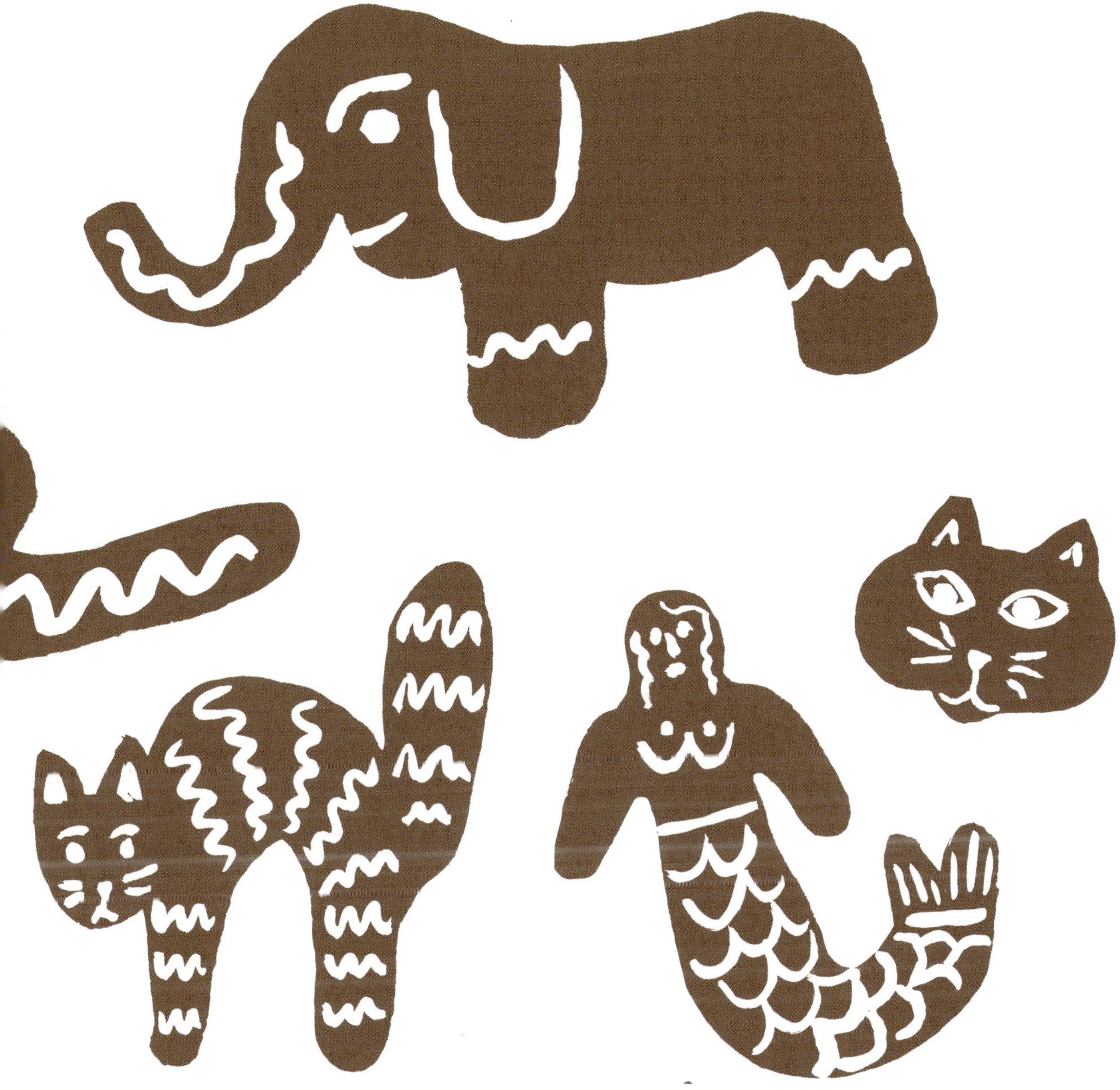

Das wird benötigt:

600 g Zucker
420 g Zuckerrübensirup
500 g Butter
1,5 kg Weizenmehl Type 405
2 EL Natron
2 TL Zimt
2 TL gemahlener Ingwer
2 TL gemahlene Gewürznelken

So funktioniert es:

1. Alle Gewürze zusammen mit dem Zucker, dem Sirup und 300 ml Wasser in einem Topf aufkochen.
2. Die Butter zerlassen und zum Gewürzsirup geben.
3. Das Mehl in einer Schüssel mit dem Natron vermengen.
4. Mit der Gewürz-Butter-Mischung vermengen.
5. Für mindestens einen Tag in den Kühlschrank stellen.
6. Im vorgeheizten Backofen bei 175 Grad etwa 10–12 Minuten backen.

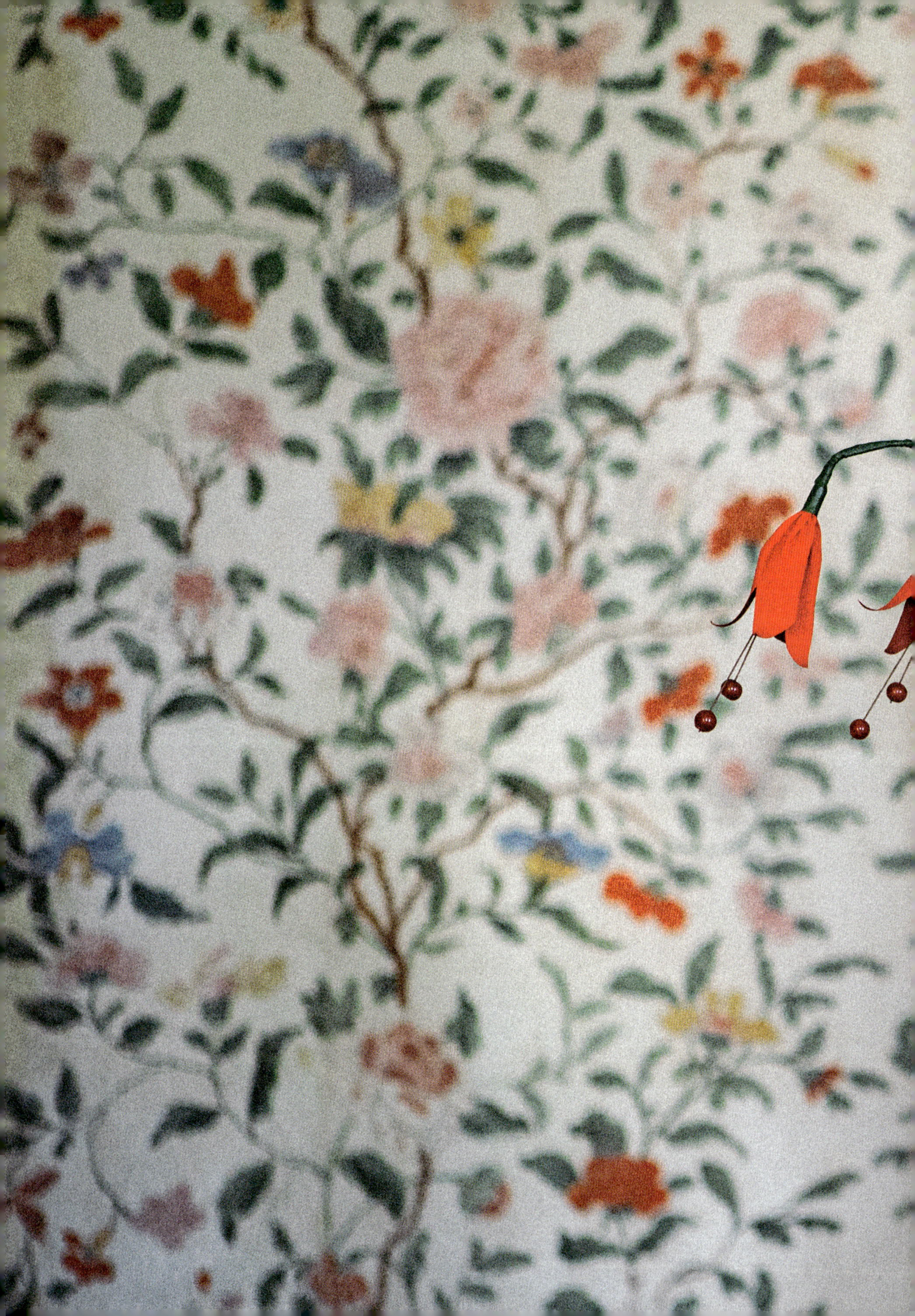

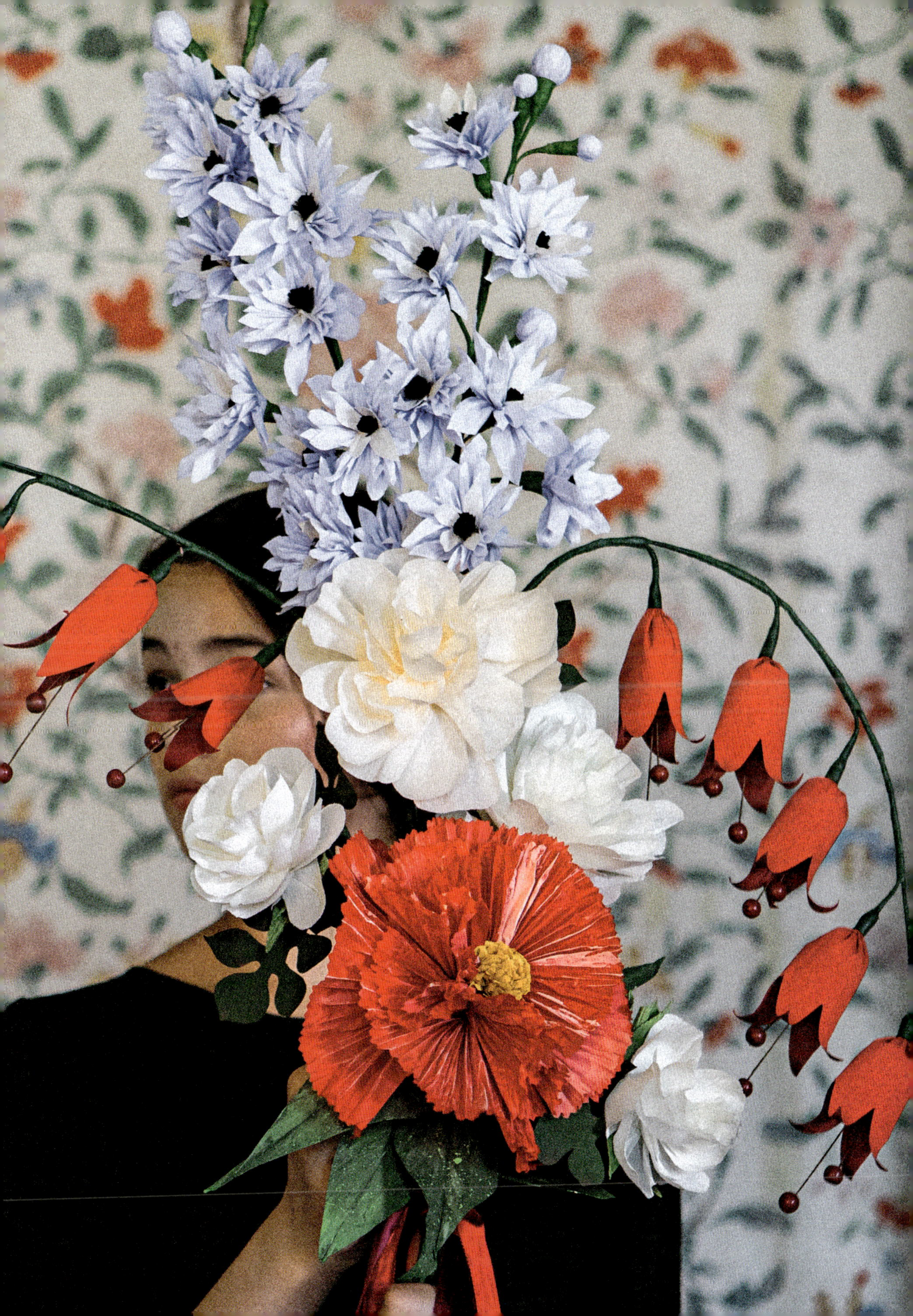

Papierblumen

Grund dafür, dass ich zum ersten Mal eine Papierblume gebastelt habe, war, dass ich eine exorbitant große Blüte für ein Fotoshooting brauchte, wie sie nur aus der Fantasie erwachsen kann. Zu diesem Zeitpunkt wusste ich nicht viel über die Geschichte der Papierblumen oder überhaupt über Papierkunst. Es zeigte sich aber, dass Papierblumen nichts Neues oder Modernes sind. Auch nichts spezifisch Schwedisches. Kulturhistorisch betrachtet sind sie traditionell fast überall auf der Welt zu finden, heutzutage und bis zurück ins 19. Jahrhundert. Zu Beginn gab es Kunsthandwerker, die auf Papierkunst spezialisiert waren. Sie arbeiteten in den größeren Städten, und ihre Blumen waren so kostbar, dass man sie sogar zur Wartung und Reparatur brachte. Doch parallel dazu gab es auf dem Land, von wo aus es zu weit in die Stadt war, auch einfachere Blumen.

Im späteren 19. Jahrhundert wurden Anleitungen für Blumen in Wochenzeitungen und Büchern üblich. Auf der Rückseite eines Buches aus dem Jahr 1858 kann man lesen: »Die schöne Kunst, Blumen aus Papier und Stoff herzustellen, ist zu einer Lieblingsbeschäftigung bei den jungen Damen geworden und verdient es, allgemein bekannt zu werden, zumal das Häkeln und das Knüpfen aus der Mode gekommen sind.«

In einer Ausgabe von *Allers Familj* von 1915 wird beschrieben, wie man eine Rose aus Seidenpapier macht. Das Kapitel wird von einem Text darüber eingeleitet, dass man, auch wenn die menschliche Hand sich niemals mit der Natur messen kann, mit etwas Fingerfertigkeit doch ein beinahe »lebendiges« Kunstprodukt erschaffen kann. Ungefähr so sehe ich das auch. Mir ist klar, dass die Blume nicht echt ist. Für mich handelt es sich um eine einzigartige Kunstform, mit derselben Sinnlichkeit wie das Lebendige und Organische des Pflanzenreichs, die die Wirklichkeit sogar manchmal übertrifft.

Papierblumen hatten früher dieselbe Aufgabe wie es heute Blumen für uns haben – als Schmuck für Feiertage, Feste, Hochzeiten, Taufen oder Beerdigungen. Am beliebtesten waren sie in den Jahreszeiten, zu denen frische Schnittblumen teuer und schwer zu bekommen waren. Außerdem dauerten festliche Veranstaltungen oft mehrere Tage. Da waren Papierblumen einfach die haltbarere Alternative. Außerdem gab es nicht im selben Ausmaß wie heute Beete für Zierpflanzen, und wenn man sich zusammentat, konnte man ansehnliche Mengen an Papierblumen herstellen, wie wir sie noch heute in den Volkskundemuseen betrachten können, darunter sogar anspruchsvolle Varianten mit bis zu hundert Teilen.

In dem Buch von 1858 werden Rezepturen für Kleister und die Farben Karmesinrot, Himmelblau oder sogar für eine Flasche Königswasser genannt. Man kann auch lesen, dass »Couleur de lilas« besonders haltbar ist. Alle anderen Farben würden dagegen »ganz und gar verblassen, wenn man sie vor dem Feuer und nicht an der Luft trocknen« ließe. Es findet sich in dem Buch sogar die Darstellung einer Rose, die in einer Minute gemacht sein sollte. Doch da die nachfolgende Anleitung drei Seiten umfasst, handelt es sich dabei wohl um eine dramatische Untertreibung.

In musealen Sammlungen lassen sich Papierblumen sowohl in Brautkränzen als auch in Trauergebinden finden. In einem Brief von 1922, der im Heimatmuseum in Jönköping aufbewahrt ist, ist von Trauerkränzen zu lesen, die in der Kirche an den Wänden aufgehängt wurden. Die Kränze waren aus Papierblumen gefertigt, mit einer Gedenkschrift und den Initialen der Verstorbenen in der Mitte. Das ist doch eine schöne Form der Ehrerbietung für ein Leben, finde ich. Dieser Brauch ging schließlich in die Verwendung von Perlen- und Metallkränzen über, die im Sommer auf die Gräber gelegt wurden. Im Winter nahm man sie mit nach Hause, wo sie die Wände des Heims schmückten, bis sie im Frühjahr wieder zu den Gräbern gebracht wurden. Dieses Ritual wurde Jahr für Jahr wiederholt. Kränze aus echten Blumen wurden erst ab der Mitte des 20. Jahrhunderts üblich und entsprechend zu einem zeitlich begrenzten Schmuck, der so lange hält, wie die Blumen schön sind.

Nicht zuletzt für den Weihnachtsbaum wurden Papierblumen verwendet. Sie gehören zu unserem ältesten Weihnachtsschmuck. Der Legende nach erblühten die Winterblumen in der Nacht vor Weihnachten. Oftmals bot ein Weihnachtsbaum den Anblick einer Mischung aus verschiedenen Farben und Formen – wie eine Blumenwiese im Winter.

Für mich ist bei der Papierblumenkunst das Gefühl am wichtigsten. Es sind nicht die kompliziertesten Blüten, die ich am schönsten finde, oft ist es genau umgekehrt. Unter den Blumen, die ich für dieses Buch entworfen habe, sind sehr einfache und auch etwas fortgeschrittenere Modelle. Man sollte die Anleitungen als groben Rahmen für die Erschaffung seiner eigenen Blumenwelt betrachten – und die Fantasie als Werkzeug nutzen – ganz im Sinne der Überlegungen des Architekten Josef Frank zu Formgebung und Fantasieflora.

Was nun folgt, kratzt nur an der Oberfläche, weckt aber hoffentlich das Interesse für die Papierblumenkunst. Wer mehr wissen möchte, kann gerne an einem meiner Workshops teilnehmen.

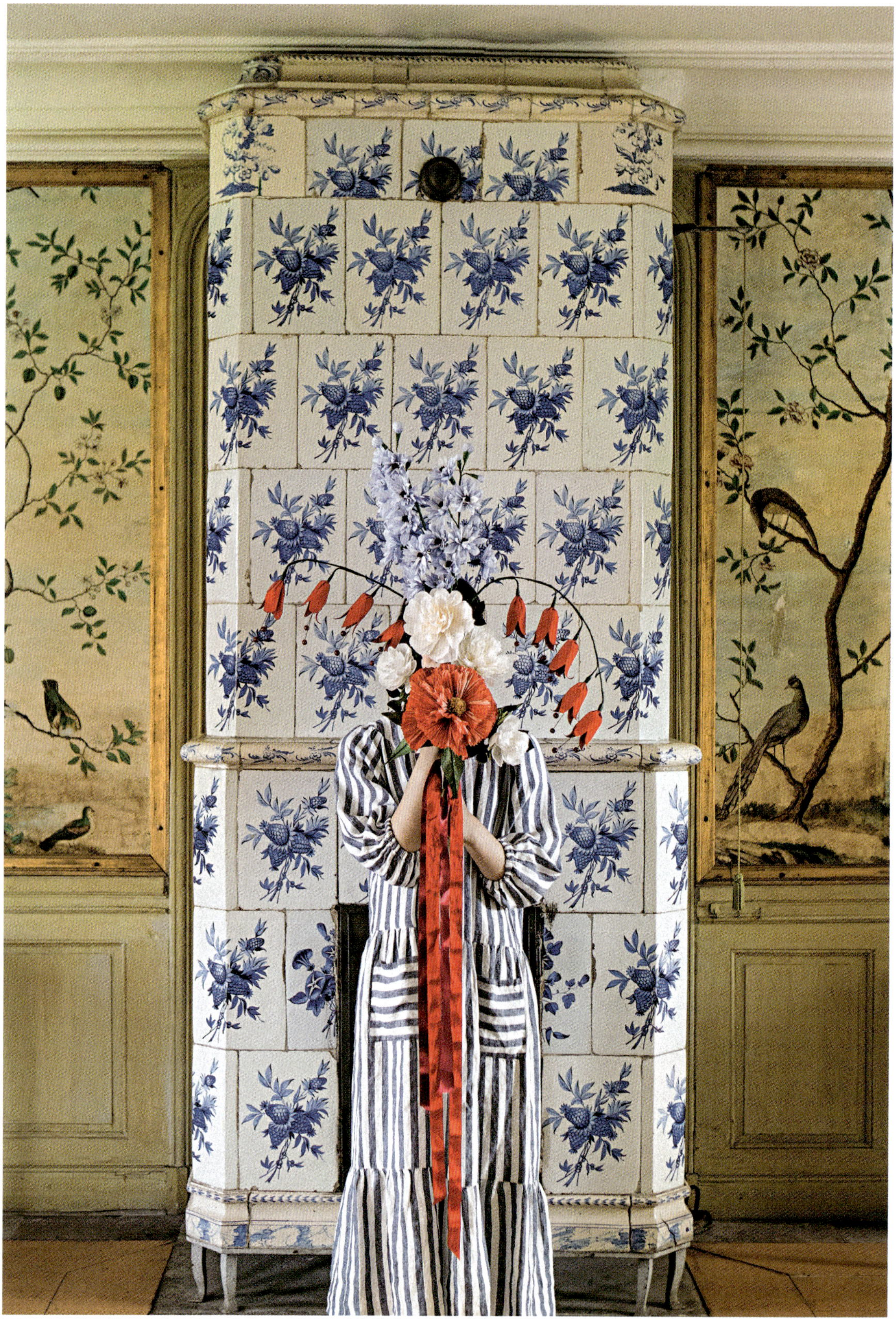

Werkzeug, Draht und anderes Material

WERKZEUG

- Früher gab es spezielles Werkzeug für die Blumenherstellung. Für die Blumen in diesem Buch kommt man aber gut mit den einfachen Werkzeugen aus, die hier aufgelistet sind.
- Scheren: Papierschere (17 cm, z. B. von Fiskars) und Nähschere (13 cm)
- Zickzack-Schere
- Seitenschneider
- Lineal
- etwas, worauf man Papier wickeln kann – vielleicht ein Trinkhalm für kleinere Details und ein Klebestift oder Rundstab für größere. Mein bestes Werkzeug, abgesehen von meinen Scheren, ist ein alter Holzkochlöffel. Damit will ich sagen, dass man immer seine Favoriten findet – und was am ungewöhnlichsten erscheint, kann sich als die beste Wahl erweisen.

DRAHT

Für die Herstellung von Papierblumen braucht man Draht in unterschiedlichen Stärken und Längen, je nachdem, welche Blume man machen möchte. Blumendraht sollte nicht auf Rollen aufgewickelt sein, sondern aus einzelnen Strängen bestehen. Für eine Blume von normalem Gewicht verwende ich ihn meistens in einer Stärke von 1–1,2 mm. Für Details und Blätter nehme ich dünneren Draht. Im Englischen misst man in der Einheit *Gauge*: 1–1,2 mm sind 18 *Gauge* und je dünner der Draht, desto höher die *Gauge*-Nummer. Ich bevorzuge reinen Blumendraht, den man selbst umwickelt. Es gibt aber auch Steckdraht zu kaufen, der bereits mit Papier ummantelt ist. Wenn man nach Blumendraht sucht – er heißt auch »Elefantendraht« oder »Floral wire«.

KLEBEMITTEL

Um gut arbeiten zu können, empfehle ich den Bastelkleber Aleene's Original Tacky Glue, weil er sehr schnell trocknet. Manchmal verwende ich eine Heißklebepistole, vor allem bei großen Objekten. Ihr Vorteil besteht darin, dass der Klebstoff schneller trocknet und keine Lösungsmittel enthält. Bei einigen Projekten habe ich bewusst keinen Klebstoff verwendet. Das macht andere Techniken erforderlich und ist sehr viel zeitintensiver. Eine Alternative zum Klebstoff ist, alles mit Kreppband zu fixieren, doch das funktioniert nur mit Seidenpapier und dünnen Sorten Krepppapier.

VORGEFERTIGTES

In der Blumenherstellung gibt es eine Vielzahl von vorgefertigten Bestandteilen wie etwa Blütenstempel oder Staubgefäße. Ich verwende solche Produkte nie, denn ich möchte den Materialaufwand möglichst minimieren. Ich möchte so weit als möglich die Kontrolle darüber behalten, wie die Materialien hergestellt wurden. Die Papiersorten, die ich verwende, kommen aus Betrieben in Deutschland und Italien, wo Nachhaltigkeit sogar bei der Art und Weise, wie das Papier handgefärbt wird, im Fokus steht. Der Dialog ist sehr offen und die Transparenz hinsichtlich der Herstellung hoch. Deshalb versuche ich immer, auch die Einzelteile selbst zu machen. Dasselbe gilt für Wattekugeln: Ich mache stattdessen Kugeln aus gewöhnlichem Haushaltspapier oder Pappmaché.

PAPIER

Krepp- und Seidenpapier

Für mich sind Krepp- und Seidenpapier zwei völlig verschiedene Dinge. Ich verwende sie für ganz unterschiedliche Zwecke, je nachdem, welches Ziel und welche Haltbarkeit ich erreichen möchte. Krepppapier ist robuster als Seidenpapier und deshalb in vielen Fällen vorzuziehen. Wenn meine Priorität auf der Textur der Blätter liegt, finde ich ebenfalls, dass Krepppapier die richtige Wahl ist, auch für die überdimensionierten Blumen. Aber ich habe auch schon sehr große Exemplare aus Seidenpapier gebastelt, und manche Fantasieblumen sollten nach Möglichkeit rein aus Seidenpapier gemacht werden.

Altpapier

Hier im Buch ist keine Blume abgebildet, die explizit aus Altpapier gemacht ist, aber Papier gibt es überall um uns herum. Häufig sind es Tüten, die zur Verfügung stehen, ebenso wie Kuverts, Zeitungen und Seidenpapier, das zum Schutz der Waren in Verpackungen verwendet wird. Die meisten Papiere kann man problemlos anmalen, um die gewünschte Farbe zu erhalten.

Einfaches Briefpapier (80 g)

Einfaches Briefpapier ist jederzeit verfügbar und gewährleistet immer Schaffensfreiheit, besonders vielseitig ist es, wenn man es anmalt.

Seidenpapier (etwa 20 g)
Es kann knifflig sein, größere Bogen Seidenpapier in zarteren Farben zu bekommen. Wenn man in kleineren Stapeln gefaltetes Seidenpapier kauft, ist es ratsam, es vor der Verwendung zu bügeln, um die gröbsten Falten zu entfernen.

Italienisches Krepppapier
180 g: Sehr dickes und vielseitiges Papier, das überdimensioniertes Arbeiten erlaubt, sich aber auch für kleine Details eignet. Das Papier ist sehr elastisch und daher ideal zum Formen.
140 g: Es ist genauso, wie das Papier mit 180 g, hat jedoch etwas weniger Textur und die maschinellen Linien sind nicht so deutlich wie auf dem gröberen Papier, es ist auch weniger elastisch. Mit diesem Papier lassen sich kleinere Blumen einfacher und komfortabler basteln. Weil seine Textur nicht so dominant ist, eignet es sich besser für Details wie Blütenstempel und Staubgefäße.
90 g: Ein sehr dehnbares Papier. Ich mag es sehr gerne, doch gerade wegen der ausgeprägten Elastizität kann es etwas dauern, bis man sich daran gewöhnt hat. Kommt man dann aber damit zurecht, verleiht es den Blumen eine Zartheit, die mit gröberem Papier kaum zu erreichen ist.
60 g: Dieses Papier ist weich, dünn und ergibt eine zarte Blume, die je nach Nuance beinahe transparent aussieht. Die Elastizität ist viel geringer ausgeprägt, weshalb es ein wenig dauern kann, bis man dahintergekommen ist, wie das Papier sich formen lässt. Wenn man aber lernt, vorsichtig damit umzugehen, wird es zu einem Lieblingspapier. Es fühlt sich an wie Seidenpapier, lässt sich aber leichter formen und sorgt für eine exakte und haltbare Struktur. Und es ist unschlagbar, wenn es gefärbt oder mit Trockenpastell bemalt werden soll. Ich finde, dass es außerdem am besten für kleine Details geeignet ist. Nur für dieses Papier verwende ich Klebestifte, weil zu viel Klebstoff es sehr fragil macht und es dann leicht kaputtgeht.

Doppelseitiges Krepppapier (Doublette)
Doppelseitiges Krepppapier ist 90-g-Papier, bei dem zwei dünnere Bogen miteinander verschmolzen wurden. Die beiden Seiten haben oft unterschiedliche Farben. Das Papier ist wenig elastisch und kann deshalb als eher fest wahrgenommen werden. Die fertige Blume erhält ein stabiles textilartiges Finish. Das Papier wird häufig nicht als Rolle, sondern in kleinen gefalteten Bogen verkauft, was möglicherweise ihre Verwendung einschränkt.

TECHNIKEN

Dehnen
Um Krepppapier zu dehnen, hält man es jeweils an den Enden und zieht daran. Man kann auch nur bestimmte Teile eines Blattes auseinanderziehen. Das Papier wird durch das Dehnen weicher, dünner und bisweilen sogar etwas weniger farbintensiv. Ob man diese Technik vor oder nach dem Zusammensetzen verwendet, ist von Blume zu Blume unterschiedlich. Eine Faustregel (mit Ausnahmen) ist vielleicht, dass man das einzelne Blatt vor dem Zusammensetzen der Blume dehnt, wenn man die Blätter nacheinander zu einer Blüte arrangiert. Arbeitet man mit einem Papierstreifen, den man zu einer Blüte wickelt, macht man sich ans Dehnen, wenn die Blüte bereits geformt ist.

Oberflächenbearbeitung
Es empfiehlt sich sehr, die Oberfläche zu bearbeiten, um eine interessantere Optik zu erhalten. Man verschafft dem Papier auf diese Weise mehr Lebendigkeit und kann den Fingernagel oder ein flaches Werkzeug, wie z. B. ein Buttermesser, dazu verwenden.

Wölben
Diese Technik kann man verwenden, um den Blättern eine runde Form zu verleihen. Wie intensiv die Wölbung sein soll, liegt an einem selbst. Das Blatt zwischen die Daumen nehmen und diese auf das Zentrum der Blattwölbung ausrichten. Das Blatt dehnen, indem man gleichzeitig mit beiden Daumen nach oben und außen streicht.

Kräuseln
Die Blattenden können sowohl nach innen als auch nach außen gekräuselt werden. Ich verwende oft eine Schere, mit der ich das Papier von mir wegziehe, als ob ich Geschenkband kräuseln wollte. Auf diese Weise krümmt sich das Blatt. Man kann die Enden auch um einen runden Gegenstand wickeln. Je weniger Umfang er hat, desto stärker kräuselt sich das Papier.

Falten
Durch das Falten von Blättern und Streifen werden diese gleichzeitig sehr weich und erhalten eine klarere Struktur. Möglicherweise ist es auch nötig, um einen Blattansatz zu verstärken. Damit die Faltung nicht

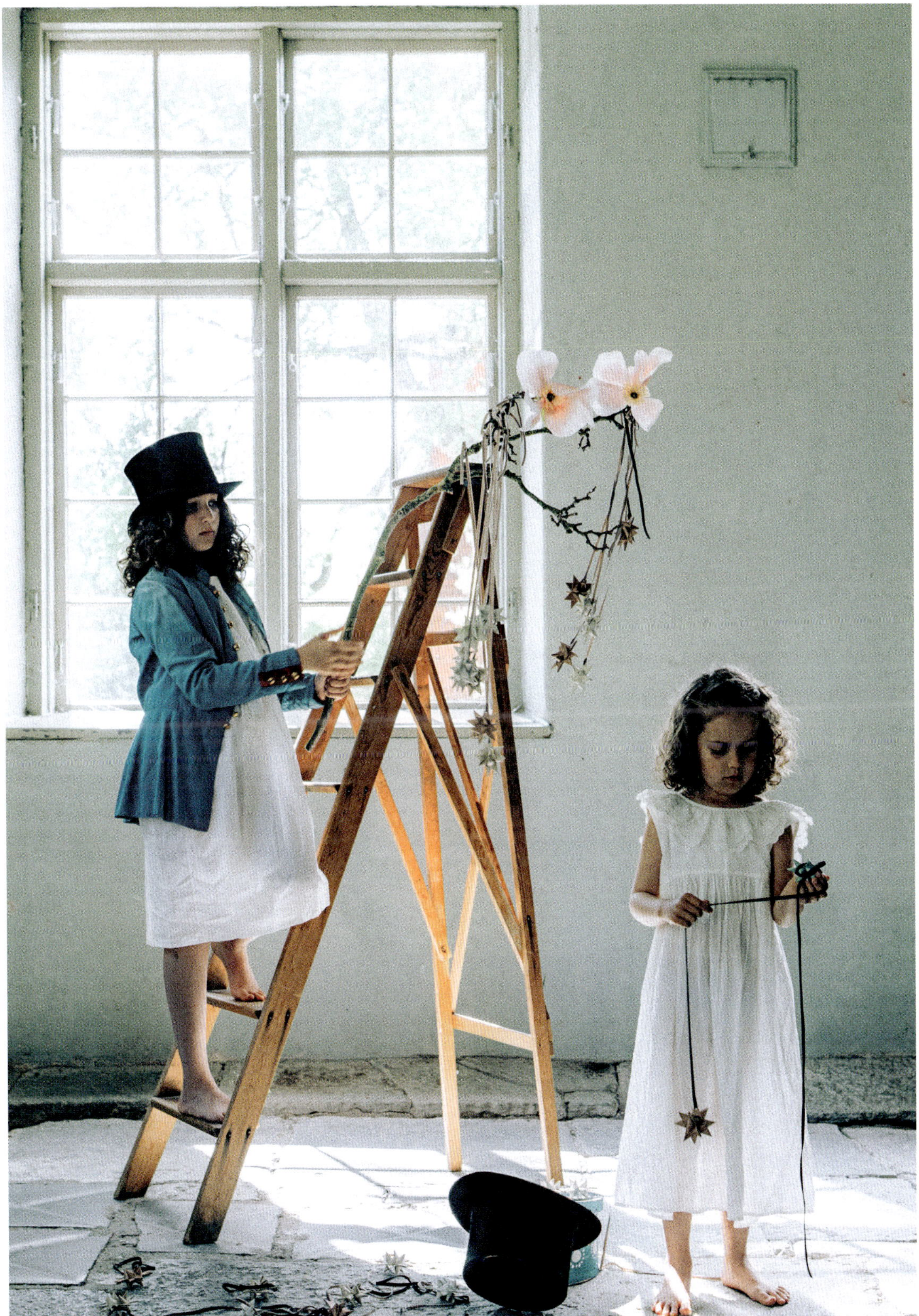

wieder aufgeht, versehe ich die untere Kante mit etwas Klebstoff. So entsteht eine Art Fächer.

Fransen
Das Schneiden von Fransen eignet sich sowohl für Blätter als auch für Blütenstempel. Es werden einige Beispiele für diese Technik im Buch vorgestellt.

Farbcodes
Bei jeder Blume hier im Buch werde ich, neben Gewicht und Hersteller, auch den Farbcode des Papiers nennen. Natürlich steht es einem frei, ob man sich danach richten möchte, doch weil ich Papier mit unterschiedlichem Gewicht und unterschiedlicher Elastizität verwende, ist es so vielleicht leichter, all die Möglichkeiten für sich zu entdecken, die man beim Basteln von Blumen hat. Es gibt sogar eine Anleitung für eine Blume aus ganz gewöhnlichem Briefpapier.

Färben
Es gibt so viele Techniken, mit denen man Papier färben kann – am besten einfach ausprobieren. Ich würde sagen, dass im Prinzip alles möglich ist – vom Färben mit Pflanzen, mit Kaffee oder Tee bis hin zur Verwendung von Acrylfarbe, Gouache und Aquarellfarbe. Was ich auch besonders mag, sind Trockenpastellfarben. Die meisten Papiere bleichen mit der Zeit aus, und manche Farben tun dies schneller als andere. Ich persönlich mag diesen Bleichungsprozess.

ACHTUNG!
Faserlauf
Es ist sehr wichtig, den Faserlauf im Papier zu erkennen: Ebenso wie Stoff hat auch Papier eine Faserrichtung. Bei Krepppapier ist sie sehr deutlich zu sehen, bei Seidenpapier weniger deutlich. Man sollte immer darauf achten, entlang der Fasern zu schneiden, um das Papier leicht formen zu können und es dazu zu bringen, sich so zu benehmen, wie man es möchte. Schneidet man entgegen dem Faserlauf, wird das Papier den Fingern nicht gehorchen. Es gibt Ausnahmen, wie beim Basteln des Stiels.

Produktionsstreifen
Papier mit einem Volumen von mehr als 100 g weist Streifen auf, die von der Produktion herstammen und entgegengesetzt den Fasern verlaufen. Man sollte es möglichst vermeiden, sie einzuschneiden, falls das aber nicht geht, ist es besser, mit ihnen zu arbeiten. Also daran denken, die Schablonen daran zu orientieren, wo diese Linien verlaufen.

Klebstoffmenge
Zu viel Klebstoff ruiniert das Papier. Hat man ein Papier mit wenig Volumen, geht es kaputt. Also darauf achten, nicht zu viel Klebstoff zu verwenden.

Kreppband
Als ich das Buch schrieb, verwendete ich immer noch Kreppband, um es um die Blumenstiele zu wickeln. Das ist ein Klebeband, das in der Floristik verwendet wird, mit dem ich aber nicht ganz glücklich war, weil ich nicht weiß, wo und wie es hergestellt wird. Es ist außerdem nur in einer begrenzten Anzahl von Farben verfügbar und lässt sich nur schwer bemalen. Während ich schrieb, versuchte ich es stattdessen einfach mal mit Krepppapier und begriff sofort, dass Blumenstiele immer damit ummantelt werden sollten. Es gibt Fälle, in denen Kreppband immer noch zum Einsatz kommt, z. B. bei der Herstellung von Blütenstempeln. Wenn Kreppband verwendet wird, einfach der untenstehenden Anleitung folgen. Man braucht dann keinen Klebstoff, denn beim Dehnen des Tapes wird eine Art Klebstoff freigesetzt, der dafür sorgt, dass das Tape klebrig wird und haftet. Man kann also sagen, dass das Dehnen das Tape aktiviert.

BLUMENSTIELE UMMANTELN
Das wird benötigt:
Krepppapier (180 g)
Schere
Klebstoff
Basteldraht

So funktioniert es:
1. Aus dem Krepppapier in Faserrichtung Streifen von etwa 1 cm Breite schneiden.
2. Den Streifen am Ausgangspunkt zunächst mithilfe von etwas Klebstoff um den Draht wickeln. Den Streifen mit einer Hand schräg halten und gleichzeitig dehnen, während die andere Hand den Blumenstiel im Uhrzeigersinn um die eigene Achse dreht. Den gesamten Draht mit dem Krepppapierstreifen umwickeln und hie und da mit etwas Klebstoff fixieren.

Tipp:
Für die folgenden Anleitungen werden die oben beschriebenen Werkzeuge benötigt, inklusive schnelltrocknendem Klebstoff und Klebestift. Sonstiges Material wie spezielles Papier oder Draht wird bei dem entsprechenden Projekt genannt.

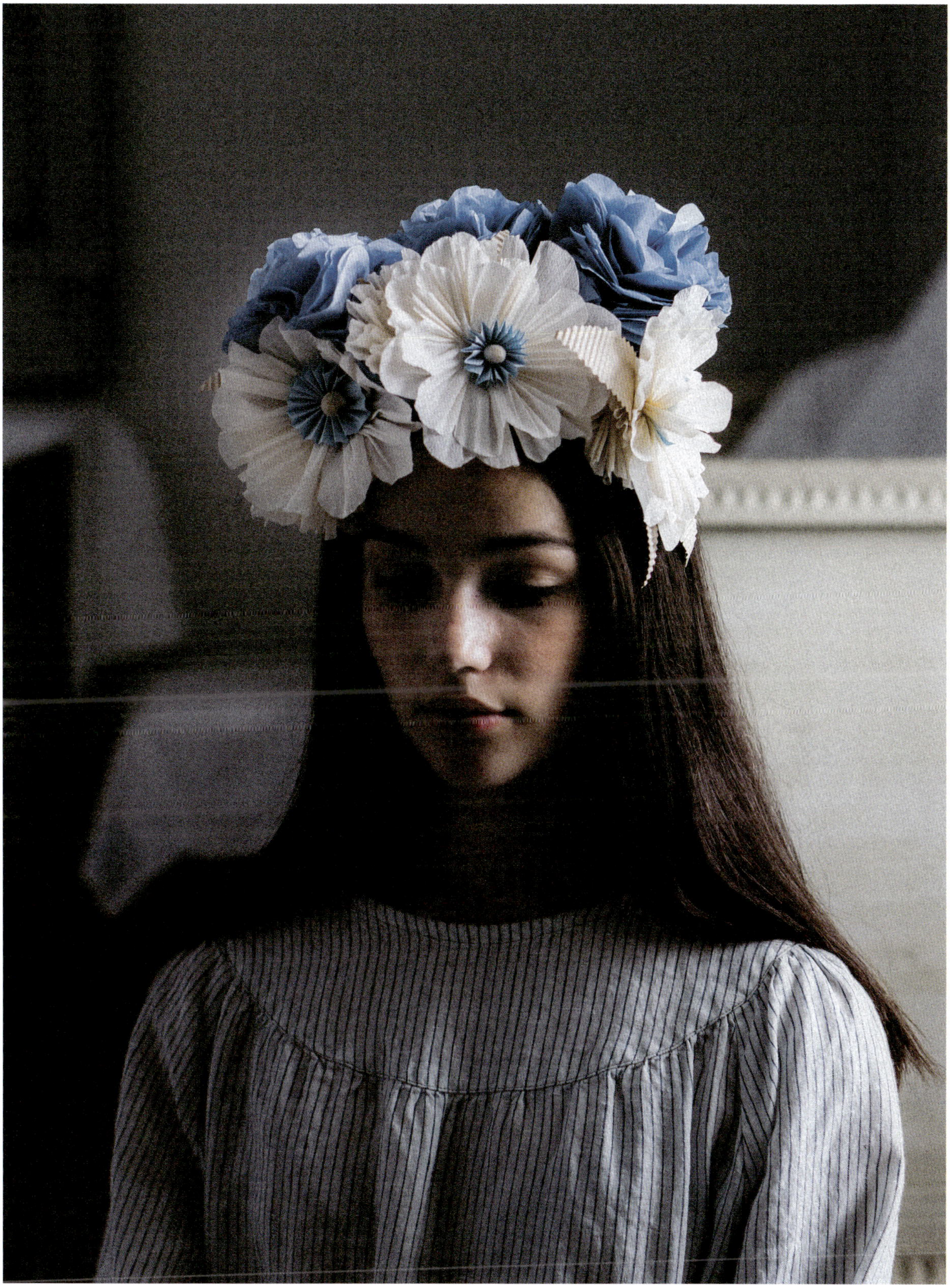

Glockenblume

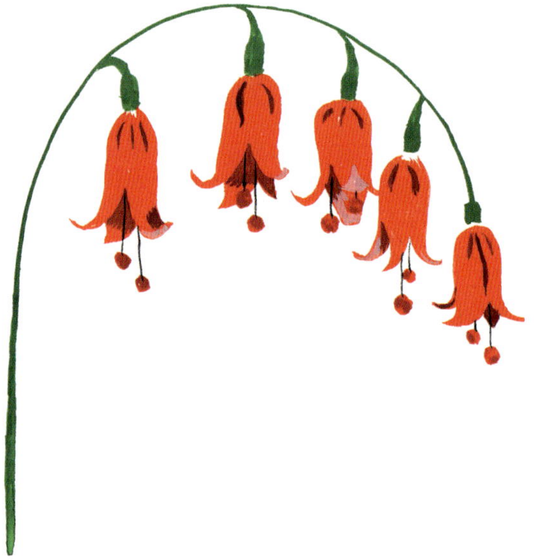

Das wird benötigt:
Vorlage (siehe Seite 182)
Doublette (doppelseitiges Kreppapier), karminrot 3331
mit Papier ummantelter Blumendraht
Glasperlen
Kreppband
Italienisches Kreppapier (180 g), grün 591
Draht, ø 1 mm

So funktioniert es:

1. Mithilfe der Vorlagen pro Blumenstiel 5 Glocken aus dem roten Doublette ausschneiden.
2. Die Spitzen über einen Stift oder einen Trinkhalm rollen. Die helle Seite des Papiers wird die Außenseite der Blume.
3. Die auf der Vorlage markierte Lasche mit Klebstoff versehen. Die Glockenform herstellen, z. B., indem das Papier um einen Klebestift gewickelt wird. Diesen beim Festdrücken als Stütze verwenden.
4. Den Blütenstempel basteln. Dazu 2 Blütenstiele von je 25 cm Länge aus mit Papier ummanteltem Draht zuschneiden. Je eine Glasperle ans Ende kleben.
5. Einen dritten mit Papier ummantelten Draht von 15 cm Länge zuschneiden. Die 3 Drähte bündeln und so mit Kreppband umwickeln, wie auf der Skizze gezeigt. Zu Beginn mit mehreren Schichten Band an der Stelle umwickeln, an der das obere Ende des kurzen Stiels auf die beiden langen Stiele trifft. Dann in einfacher Lage bis zum unteren Ende der Drähte wickeln.
6. Mithilfe des Klebestifts als Grundgerüst den Blütenansatz formen.
7. Den in Schritt 4 und 5 gebastelten Blütenstempel durch die Öffnung stecken. Die Glocke dort festkleben, wo der Draht ein paar zusätzliche Male mit Kreppband umwickelt wurde. Der Klebstoff wird später nicht zu sehen sein, da er sich im Inneren der Glocke verbirgt.
8. Den Draht in gewünschter Länge abschneiden und aus dem grünen italienischen Kreppapier Streifen von etwa 1 cm Breite zurechtschneiden. Der Anleitung auf Seite 60 für das Zuschneiden und Ummanteln von Blumenstielen folgen. Zunächst das untere Ende der Glocke und von dort aus den ganzen Blütenstiel umwickeln. Auf dieselbe Weise mit den übrigen 4 Blüten verfahren.
9. So wie in früheren Schritten beschrieben, einen Hauptstiel aus Draht herstellen. Dann Blüte für Blüte entlang des Drahtes mit Papierstreifen fest an den Stiel binden. Die Blume mit weiteren Blütenstielen verlängern, je nachdem, wie lang sie insgesamt werden soll.

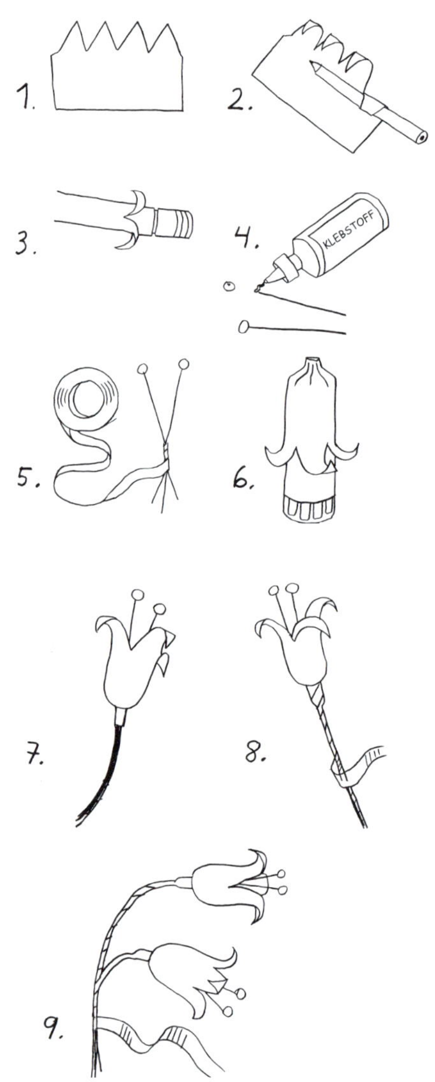

Polka

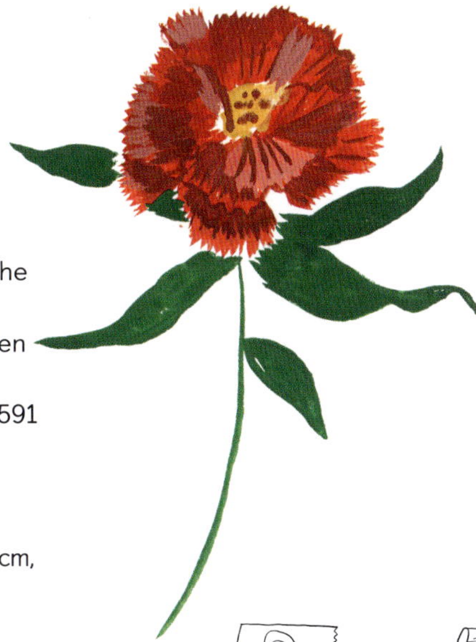

Das wird benötigt:

Seidenpapier (21 g), rot
Gouachefarbe, weiß und verschiedene Grüntöne
Seidenpapier (21 g), gelb
Draht, ø 1 mm und 0,5 mm
Briefpapier
Vorlage für die Blätter (siehe Seite 182)
Vorlage für den Blütenboden (siehe Seite 183)
Krepppapier (180 g), grün 591

So funktioniert es:

1. Das rote Seidenpapier in Streifen schneiden (3 Streifen à 12 x 50 cm, 2 Streifen à 10 x 50 cm und 1 Streifen à 8 x 50 cm). Für jede Längskante eine Zickzack-Schere verwenden.
2. Die roten Streifen der Skizze entsprechend mit Streifen aus weißer Gouachefarbe bemalen. Zum Trocknen aufhängen.
3. 5 gelbe Streifen à 2,5 x 30 cm zuschneiden und so Fransen hineinschneiden, dass zwischen den Fransen 5 mm Abstand und am unteren Rand 1 cm des Streifens bestehen bleibt (siehe Skizze).
4. Die 5 gelben Streifen der Skizze entsprechend mehrfach um das obere Ende des dickeren Drahtes (ø 1 mm) wickeln und so den Blütenstempel basteln. Zwischen den Runden etwas Klebstoff zum Fixieren auftragen.
5. Die bemalten roten Streifen zwischen den Fingern falten.
6. Das gefältelte Papier wie einen Fächer etwas auseinanderziehen und am unteren Rand mit etwas Klebstoff fixieren.
7. Die Fächer wie einen Kranz um den Blütenstempel herum anordnen und mit Klebstoff fixieren. Die oberen Enden der Fächer dabei jeweils auseinanderziehen, sodass die Blütenblätter einander überlappen. Mit dem kleinsten Fächer beginnen, mit den beiden größeren weitermachen und mit den 3 größten abschließen.
8. Mithilfe der Vorlagen aus Briefpapier 4 große Blätter und 1 kleines Blatt ausschneiden. Entsprechend der Markierungen falten. Den Falz mit einem Streifen Klebstoff versehen, dünneren Draht (ø 0,5 mm) darauf platzieren und das Blatt zusammendrücken. Trocknen lassen. Wenn der Klebstoff getrocknet ist, alle Blätter wieder auseinanderfalten und in Grüntönen nach Belieben bemalen.
9. Mithilfe der Vorlage den Blütenboden aus Briefpapier ausschneiden. Die Seiten zusammenkleben und bemalen.
10. Aus dem grünen Krepppapier Streifen zuschneiden (siehe Anleitung auf Seite 60 für das Zuschneiden und Ummanteln von Blumenstielen).
11. Den Blütenboden unter den Blütenblättern platzieren und befestigen. Die Papierstreifen um das untere Ende des Blütenbodens wickeln, um ihn am Blumenstiel zu befestigen. Den Stiel mit 2 weiteren Stücken dickeren Drahts verlängern und verstärken. Jetzt die Blätter mit dem Hauptstiel verbinden und entsprechend früherer Anleitung mit Papierstreifen ummanteln.

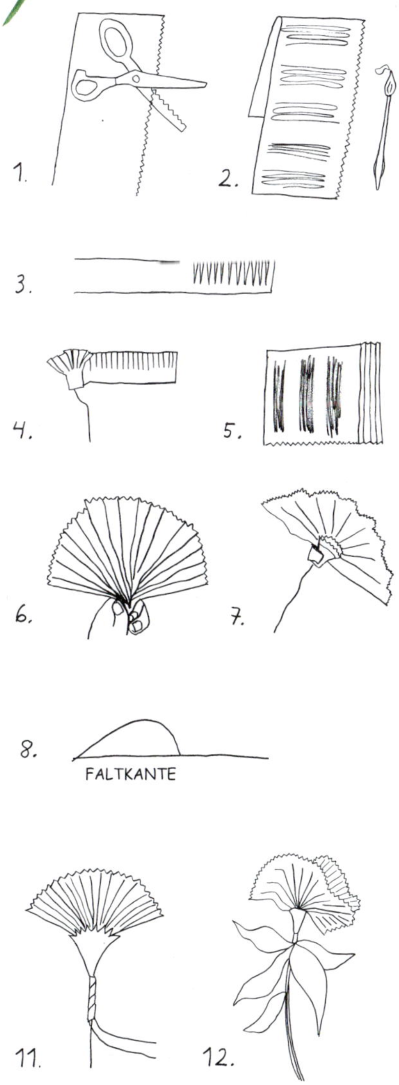

Raureif

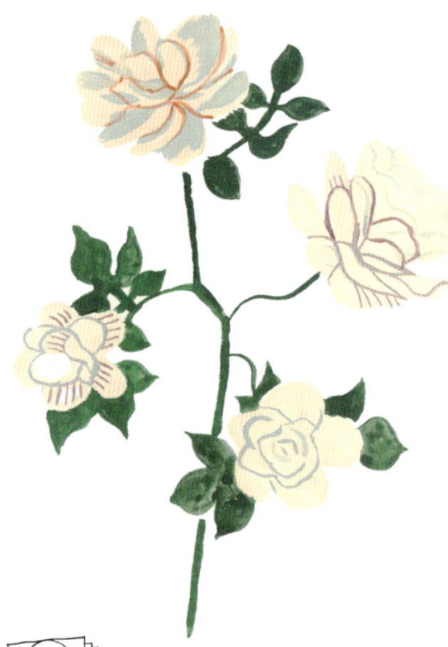

Das wird benötigt:
Vorlagen (siehe Seite 183)
Italienisches Krepppapier (140 g), weiß 903
Draht, ø 1 mm
Briefpapier (80 g), grün
Italienisches Krepppapier (180 g), grün 562

So funktioniert es:

1. Aus dem weißen Krepppapier einen Streifen von derselben Höhe wie der der Vorlage ausschneiden (der Streifen wird für insgesamt 20 Blätter reichen, Streifen verlängern, wenn die Blume größer sein soll). Den Streifen wie zu einer Ziehharmonika falten und entsprechend der Markierungen auf der Vorlage zuschneiden.
2. Den Streifen um den dickeren Draht wickeln. Dazu Klebstoff auf das obere Ende geben und das erste Blütenblatt am Draht fixieren. Dann den gesamten Streifen um die Spitze des Stiels wickeln und trocknen lassen.
3. Die Blüte Blatt für Blatt auffalten. Für eine runde Blattform zwischen den Daumen wölben und dehnen.
4. Mithilfe der Vorlage die Blätter aus Briefpapier zuschneiden. In der Mitte falten und etwa 2 cm weit Draht als Blütenstiel hineinragen lassen. Mit Kreppband und Klebstoff fixieren.
5. Aus dem grünen Krepppapier Ovale mit spitz zulaufenden Enden ausschneiden. Für eine Rosette in der Größe der Vorlage sind eine Länge von 6 cm und eine Breite von 1 cm geeignete Maße. Pro Blüte werden 5–6 Blätter benötigt. Diese wölben und überlappend mit etwas Klebstoff unter der Blüte fixieren.
6. Streifen aus dem grünen Papier zuschneiden. Der Anleitung auf Seite 60 für das Zuschneiden und Ummanteln von Blumenstielen folgen.
7. Das bemalte Blatt unter der Blüte befestigen. Den Draht mit Papierstreifen ummanteln.
8. Den Schritten 1–7 für weitere 3 Blüten folgen. Diese gerne in unterschiedlichen Größen machen. Zuletzt die Blüten an einem Hauptblumenstiel aus dem dickeren Draht befestigen. Die Blume, abhängig davon, wie lange der Zweig werden soll, mithilfe weiterer Blütenstiele verlängern.

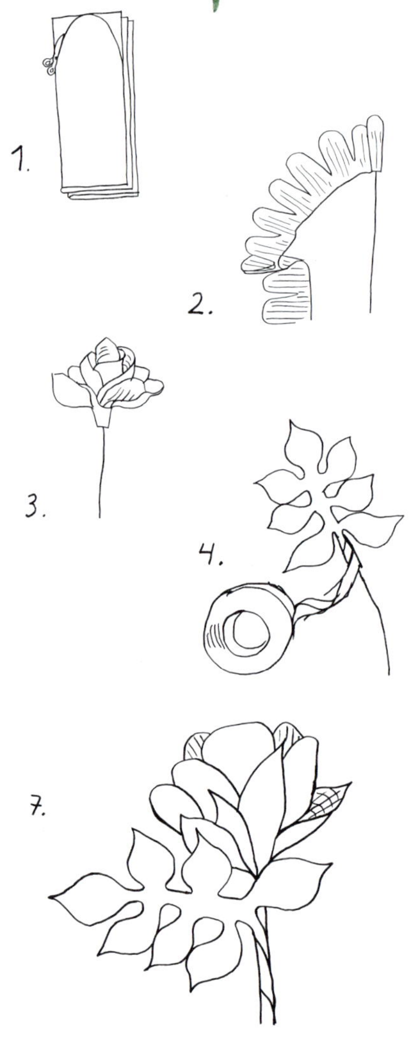

Sternschnuppe

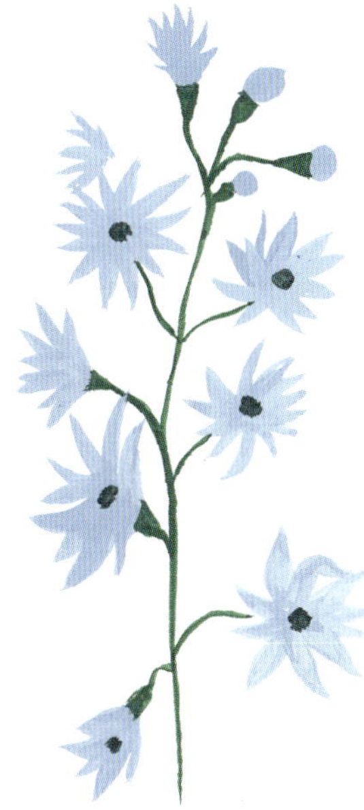

Das wird benötigt:
Italienisches Krepppapier (60 g), schwarz 340
Vorlagen (siehe Seite 184, für 1 Blume benötigt man 9 Blüten und 3 Knospen)
Draht, ø 1 mm und ø 0,5 mm
Italienisches Krepppapier (60 g), blau 276
Italienisches Krepppapier (60 g), weiß 330
Italienisches Krepppapier (180 g), grün 591
Toilettenpapier

So funktioniert es:

1. Aus schwarzem Krepppapier 9 Streifen zuschneiden (à 2,5 x 20 cm). Dann Fransen mit 2 mm Breite hineinschneiden (am unteren Rand 1,5 cm der Streifen stehen lassen, siehe Skizze).
2. Einen Streifen fest um den dünneren Draht (ø 0,5 mm) wickeln. So mit insgesamt 9 Stielen verfahren, um die Blütenstempel herzustellen.
3. Mithilfe der Vorlagen alle Blütenblätter aus dem weißen und blauen Krepppapier ausschneiden (18 weiße Blütenblätter, 18 größere blaue Einzelteile sowie 18 kleinere blaue Einzelteile). Von den Vorlagen ausgehend einen Streifen zuschneiden, der insgesamt 7 Blütenblätter formt. Diesen dann wie zu einer Ziehharmonika falten und entlang der Markierungen zuschneiden.
4. Aus dem grünen Krepppapier Streifen zuschneiden. Der Anleitung auf Seite 60 für das Zuschneiden und Ummanteln von Blumenstielen folgen. Die weißen Blütenblätter jeweils unten zusammenfassen und leicht wölben. Sie einander gegenüber um den schwarzen Blütenstempel anordnen und mit Klebstoff und Streifen grünen Krepppapiers fixieren. Diesen Vorgang bei allen 9 Stempeln wiederholen.
5. Alle blauen Streifen an ihrem unteren Ende zusammennehmen und oben zu Fächern auseinanderziehen, für jede Blüte 2 größere und 2 kleinere verwenden. Die unteren Enden mit Klebstoff fixieren.
6. Für die Knospen aus Krepppapier 3 Quadrate à 5 x 5 cm zuschneiden. 1 kleines Stückchen Toilettenpapier mit etwas Klebstoff am oberen Ende des dünneren Drahtes anbringen. Das Papier zu einem Ball formen. Das Quadrat aus Krepppapier darumlegen und mit Streifen aus grünem Krepppapier befestigen.
7. Die 4 Fächer wie einen Kranz um die Blütenstempel herum anordnen. Zunächst die beiden kleineren gegenüber voneinander und dann die größeren. Die Blütenblätter auffalten und die Stiele mit Streifen aus grünem Krepppapier ummanteln.
8. Die Schritte 5, 6 und 7 für alle Blüten wiederholen. Dann jeden einzelnen Blumenstiel etwa 2,5 cm vom unteren Ende der Blüte aus nach unten biegen. Nun die Blüten mit einem Hauptstiel aus Draht verbinden. Vom Knick ausgehend Blüte für Blüte entlang des Drahtes mit Papierstreifen fest an den Stiel binden. Die Blume mit weiteren Blütenstielen verlängern. Die Knospen am oberen Ende platzieren und die Blüten folgen lassen. Je weiter unten am Stiel, desto entwickelter und entsprechend aufgefalteter sollten die Blüten sein.

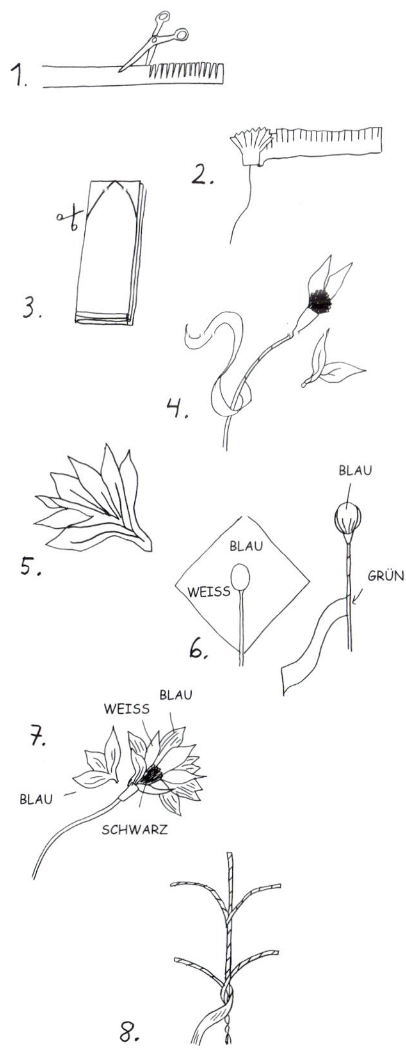

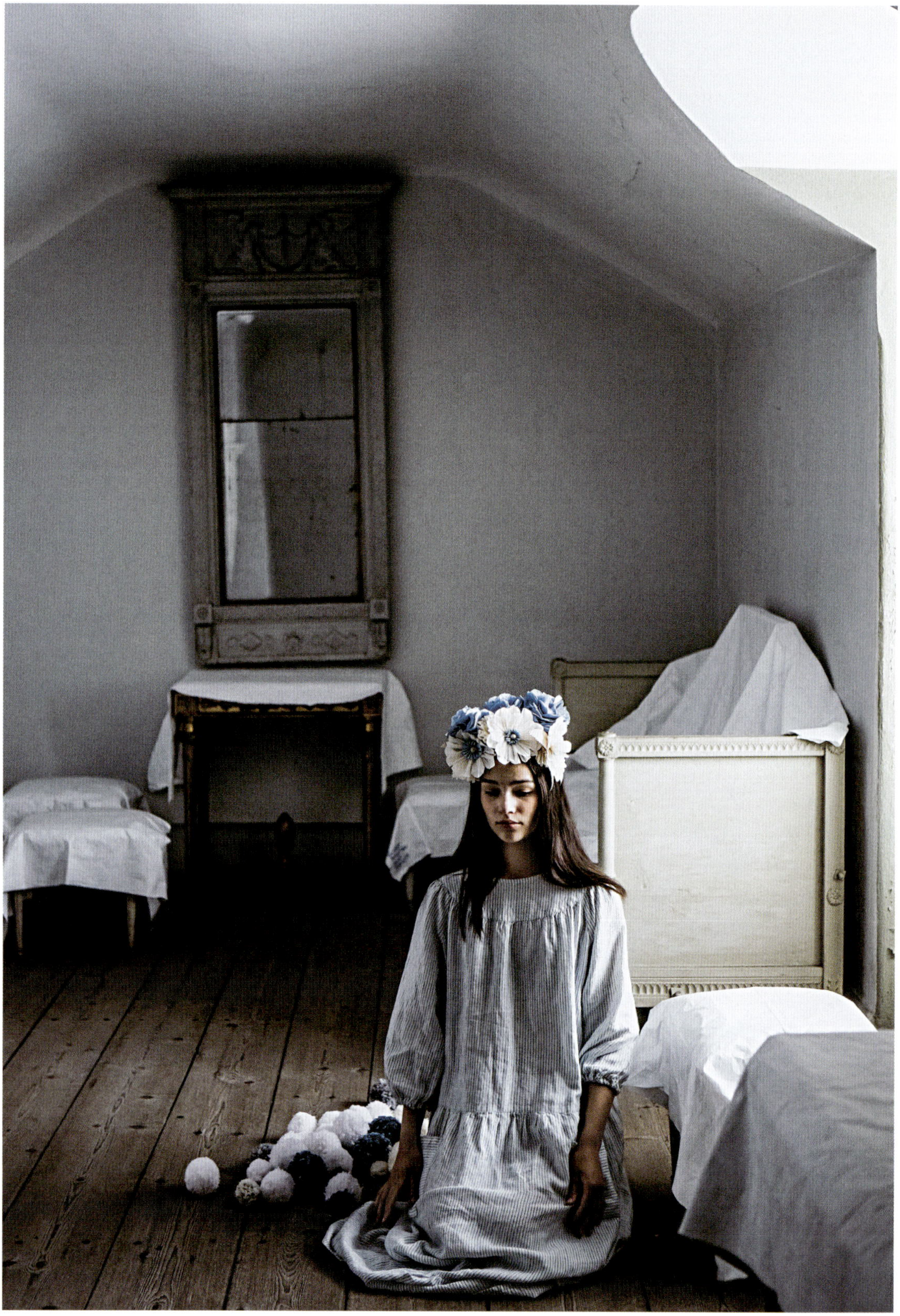

Schnelle Blüten

Es gibt Blumen, die in kürzester Zeit fertiggestellt sind und die man daher in größerer Menge herstellen kann. Die folgende Blume verwenden wir für den Stern auf Seite 109.

Das wird benötigt:
Italienisches Krepppapier (90 g), korallfarben 382
kleine Perle

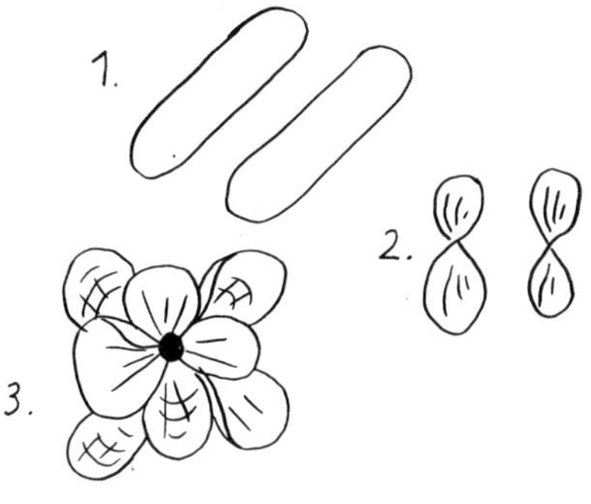

So funktioniert es:

1. 4 Ovale wie auf der Skizze zuschneiden. Die Größe an das Projekt anpassen.
2. In der Mitte verdrehen und auf beiden Seiten zu einem Blatt wölben.
3. Die 4 Blattpaare versetzt aufeinanderlegen und mit etwas Klebstoff in der Mitte fixieren.
4. Zuletzt eine Perle in der Mitte der Blüte kleben.

Traditionsreiche Blüten

Traditionelle Papierblüten gibt es in einer Menge verschiedener Formen unterschiedlichen Materialien, und sie können aus Stoff, Seidenpapier, Krepppapier, Glanzpapier, Garn, Metallfolie, Perlen und auch Naturmaterialien gefertigt sein. Verwendet wurde einfach, was da war, und es gab keine Veranlassung, die unterschiedlichen Materialien nicht miteinander zu mischen. Oft werden sowohl Nähtechniken als auch Draht verwendet. Bei unserem Kranz haben wir uns von Blumenkronen aus Museumssammlungen inspirieren lassen. Die Blumen, die einem Pompon ähneln, habe ich herausgesucht, weil sie sich sehr für ganz einfachen Schmuck eignen und man schnell viele davon basteln kann. Das Gerüst für den Kranz ist auf Seite 143 zu finden.

Schneeflocke

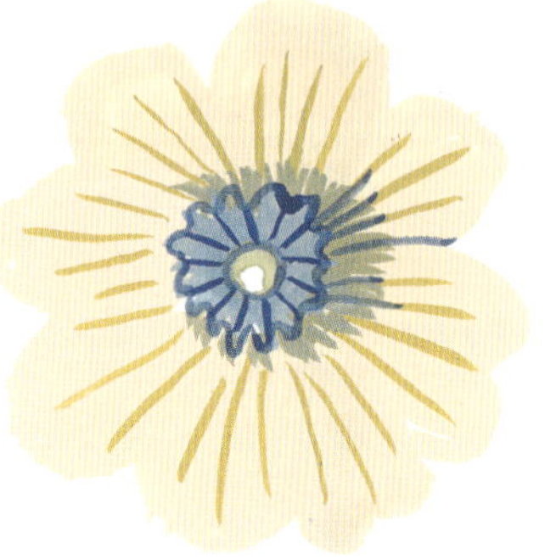

Das wird benötigt:
Vorlagen (siehe Seite 184, für 1 Blume braucht man je einen großen und einen kleinen Streifen)
Italienisches Krepppapier (60 g), weiß 330
Briefpapier (80 g), hellblau und cremefarben
Starke Nadel und starker Faden
Holzperle, ø 1 cm
Draht, ø 1 mm
Kreppeisen
Italienisches Krepppapier (180 g), grün 591

So funktioniert es:

1. Mithilfe der Vorlagen das weiße Krepppapier für die Blütenblätter zuschneiden. Dazu 2 Streifen mit je 13 Blütenblättern zuschneiden. Die Streifen wie zu einer Ziehharmonika falten und entsprechend den Markierungen auf den Vorlagen zuschneiden.
2. Die Streifen zu je 1 Fächer zusammenfassen. Die unteren Enden mit Klebstoff fixieren.
3. Aus dem hellblauen Briefpapier 1 Streifen à 30 x 2 cm ausschneiden.
4. Den gesamten Streifen wie zu einer Ziehharmonika in schmale Streifen falten und auf einer der beiden Längsseiten den gesamten Rand entlang mit Nadel und Faden nähen. Im Anschluss das gefaltete Papier zu einem Kreis zusammenziehen.
5. Eine Holzperle auf einen Draht stecken. Den hellblauen gefältelten Kreis um die Perle herumlegen und die beiden weißen Fächer darunter festkleben.
6. 3–4 Blätter in beliebiger Form aus cremefarbenem Papier ausschneiden und mithilfe eines Kreppeisens kräuseln.
7. Die Blätter an einem Ende etwas nach unten biegen und unter der Blüte mit Klebstoff befestigen.
8. Streifen aus dem grünen Krepppapier zurechtschneiden. Der Anleitung auf Seite 60 für das Zuschneiden und Ummanteln von Blumenstielen folgen.
9. Die grünen Papierstreifen um das untere Ende der Blüte wickeln und von dort aus den gesamten Stiel entlang bis ganz nach unten.

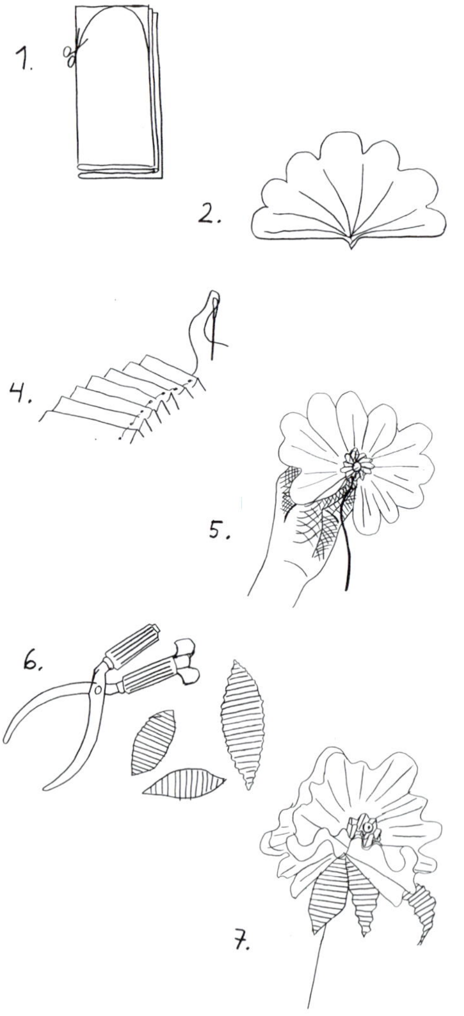

Eiskristall

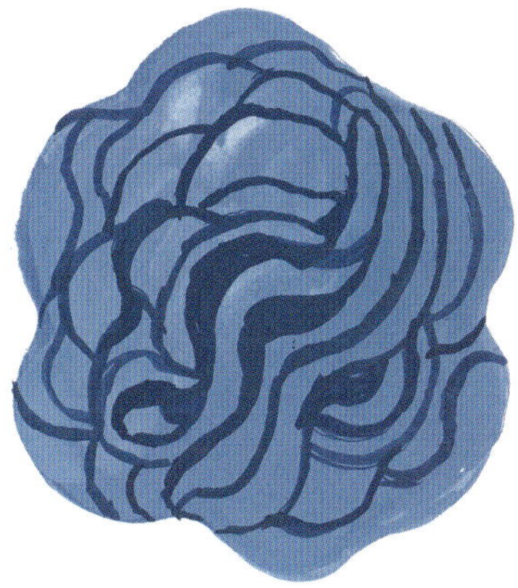

Das wird benötigt:
Seidenpapier (21 g), blau
Trinkglas als Schablone (idealerweise ø 12 cm)
Tacker

So funktioniert es:

1. Einen Stapel aus 20 Lagen Seidenpapier machen. Mithilfe eines Trinkglases als Schablone einen Kreis auf der obersten Lage anzeichnen. Den Kreis ausschneiden, möglichst den gesamten Papierstapel auf einmal. Alternativ das Seidenpapier in 2 Stapel à 10 Papiere aufteilen, damit das Schneiden leichter geht.
2. Jeden Stapel der Skizze entsprechend falten und zuschneiden.
3. Dann die beiden Stapel aufeinanderlegen. Mithilfe eines Tackers in der Mitte kreuzweise zusammenheften.
4. Blatt für Blatt zur Mitte hin auffalten. Am unteren Ende der Blüte das Papier fassen und auf Höhe der Heftklammern leicht zusammenzwirbeln. So weitermachen, bis die Form einer Halbkugel erreicht ist.
5. Die Blüte direkt am Kranz befestigen.

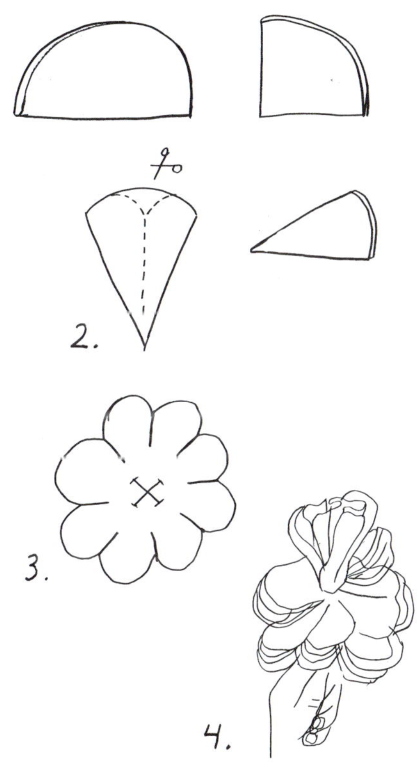

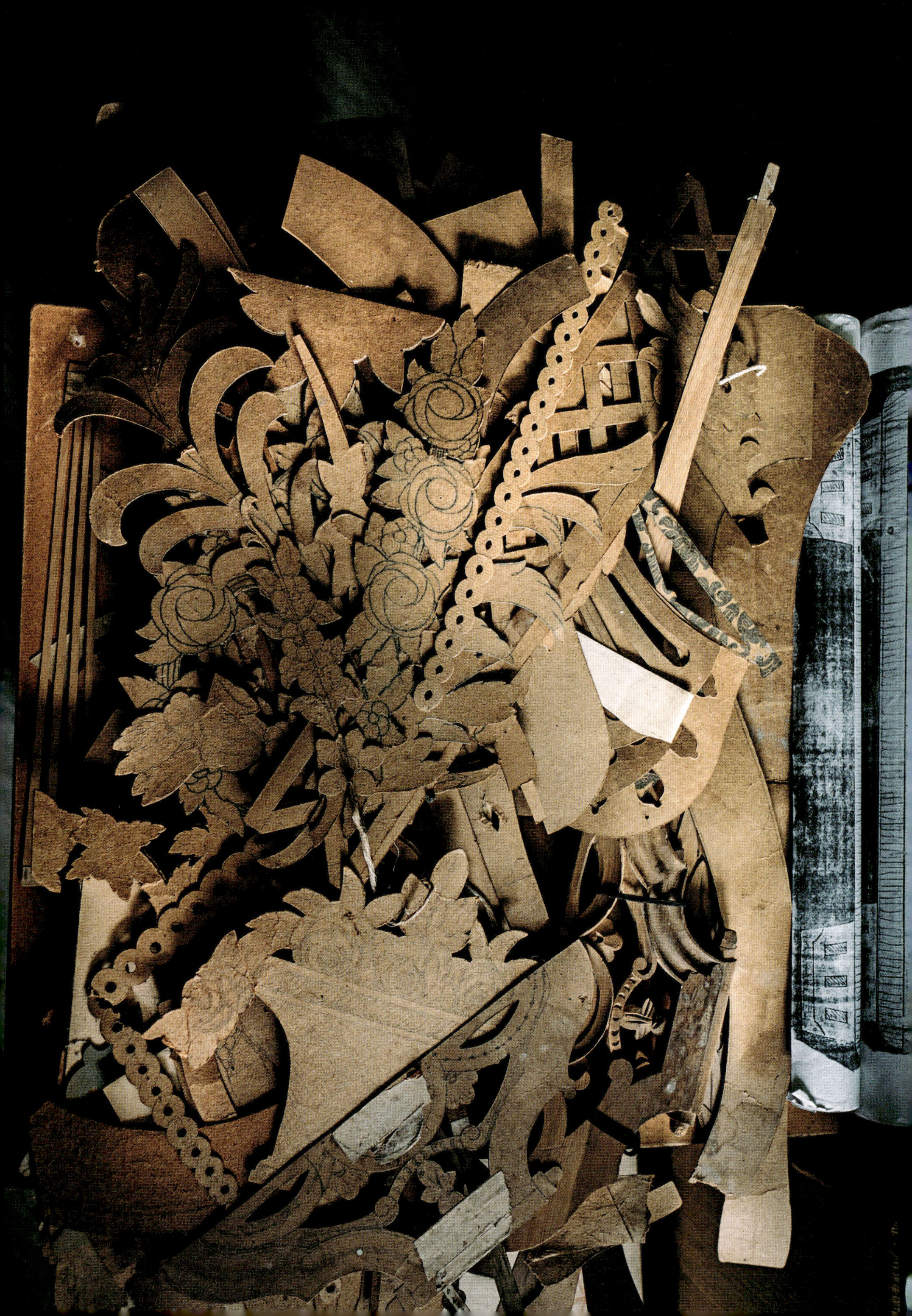

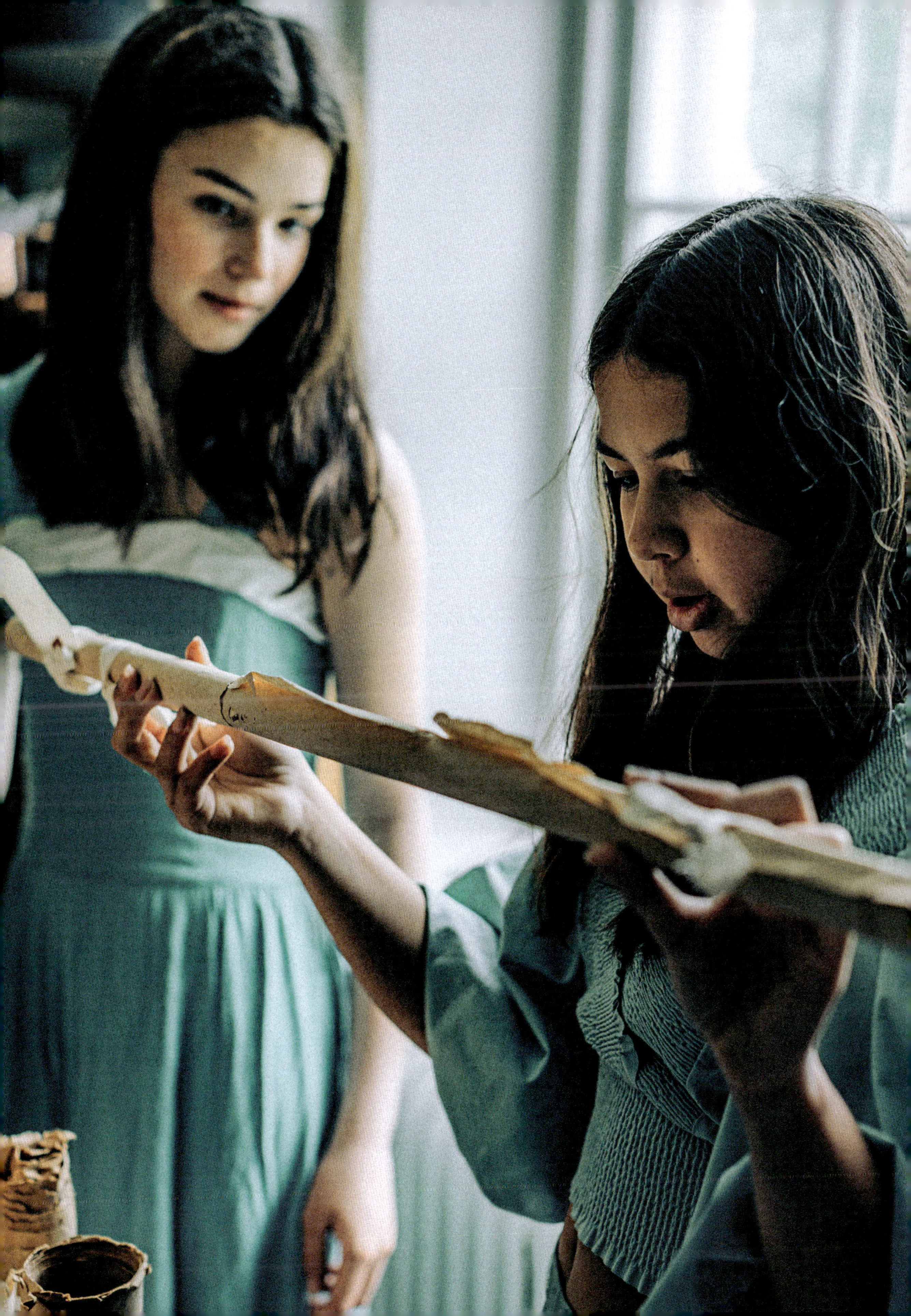

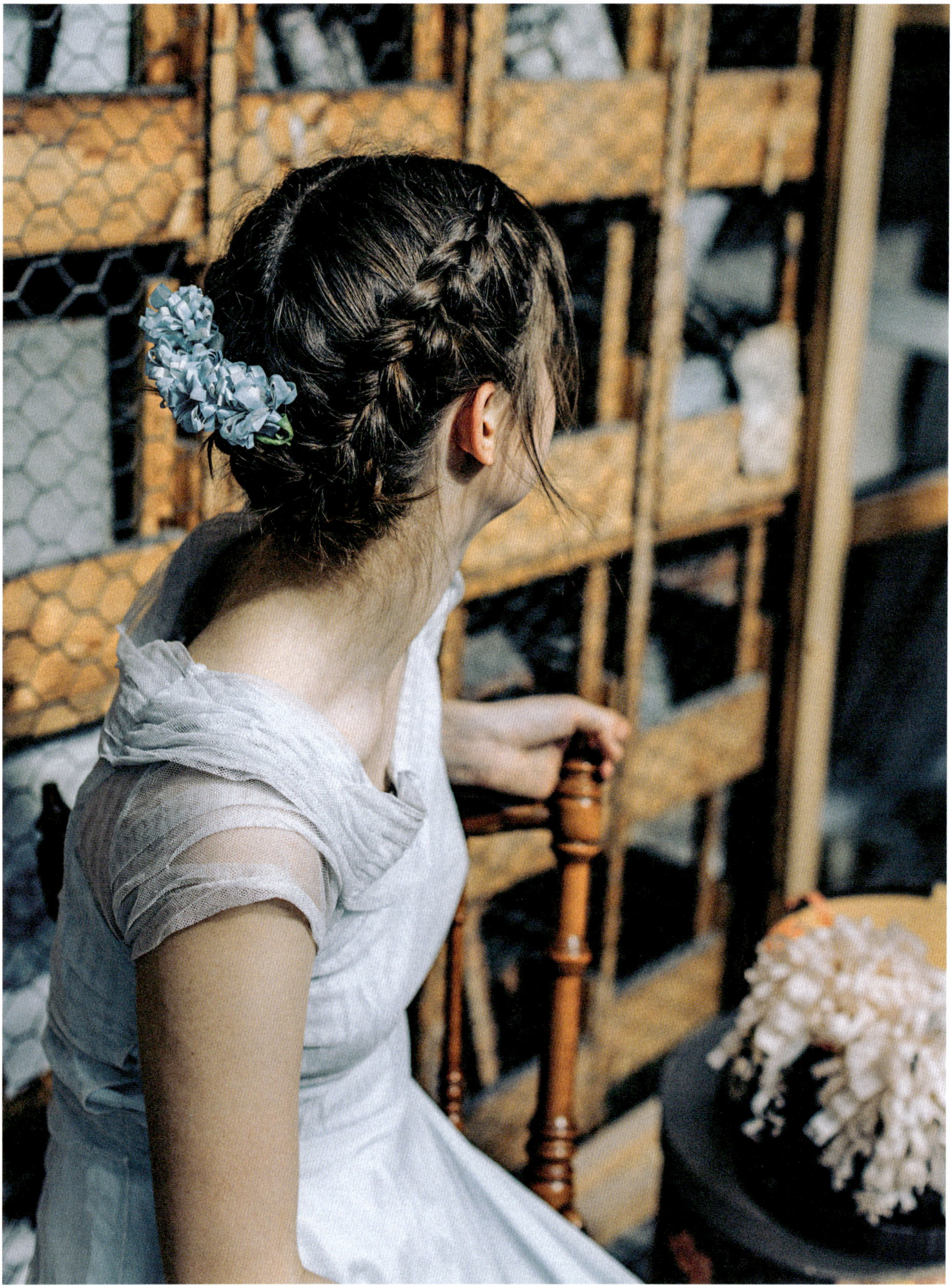

Fundus

Als unsere Kinder klein waren, wünschten sie sich eine sogenannte Bastelkiste aus dem Spielwarengeschäft. So eine funkelnde Schatztruhe, die schnelle Erfolge versprach. Die Wirklichkeit sah ganz anders aus, deshalb entschlossen wir uns, ihnen als Weihnachtsgeschenk eine eigene Kiste zu basteln. Sie glitzerte außen nicht und war so klobig, dass sie sich nicht zum Einwickeln eignete und der Weihnachtsmann sie nach einem heimlichen Klopfen kurzerhand gleich auf der Veranda stehen ließ.

Aber womit befüllt man so eine Kiste überhaupt? Ich habe nie an vorgefertigte Bastelsets geglaubt, die gleich zu Beginn Vorgaben darüber machen, was das Ziel ist. Basteln lässt es sich sehr gut mit dem, was man bereits zu Hause hat – mit Dingen, die möglicherweise für etwas ganz anderes vorgesehen sind. Ich finde mein Material überall und sammle Reste und Ausrangiertes, geleitet von meiner Intuition. Meine Bastelpläne sind fast nie geradlinig. Ich beginne, ich habe einen groben Rahmen, aber ich weiß mit allergrößter Wahrscheinlichkeit nie, wo die Sache enden wird. Es ist, als ob das Material und ich zu einem Team werden und dann eines zum anderen führt.

Also, liebe Erwachsene: Hören wir auf, auszumisten, und fangen wir an, zu sammeln! Wie oft hört man, dass jemand »die Kindersachen, Schubladen und Schränke entrümpelt« hat? Fürs nächste Mal: Die Perspektive ändern! Versuchen, »Müll« als echten Schatz zu betrachten, und in einer großen Kiste einen Fundus anlegen. Das kann alles sein – von Kronkorken über Bänder bis hin zu einem Metallstück oder einem kaputten Spielzeug. Diese Dinge erhalten ein neues Leben bei der nächsten Bastelsession.

Dennoch folgen jetzt Tipps für Material und Werkzeug. Einiges davon ist secondhand erhältlich, sodass man im Nu seinen eigenen Mini-Wertstoffhof gründen kann. Es lohnt sich, im Bekanntenkreis oder in der Nachbarschaft nachzufragen, ob jemand etwas loswerden möchte – des einen Schrott ist des anderen Schatz. Über die Jahre habe ich so viele tolle Dinge zusammengetragen, die andere schon entsorgen wollten.

Aufbewahrung

Aufbewahrungsmöglichkeiten für die Bastelsachen findet man am besten secondhand. Für jüngere Kinder ist eine transparente Aufbewahrungslösung am besten, weil sie es bei der Suche erleichtert, das Richtige zu finden.

- Alte Gläser und Plastikbehälter für alles von Werkzeug bis Glitzer und Perlen. Man kann das Glas bemalen, die Dose mit Garn umwickeln oder den Deckel verzieren, wenn man es besonders hübsch haben möchte. Um die Etiketten von Gläsern zu entfernen, reicht es oft schon aus, sie für 15 Minuten in warmem Wasser einzuweichen. Wenn ein Etikett sich gar nicht lösen will, kann man es mit einer Paste aus Kokosöl und Natron versuchen und es damit bestreichen. Nach einer Weile kann man die angetrocknete Masse abwaschen und Etikett und Klebstoff sind verschwunden.
- Spanschachteln, wie sie in allerhand Formen auf dem Flohmarkt zu finden sind. Im Bastelkontext fungieren sie als ein Tablett, das sich perfekt dazu eignet, etwas von A nach B zu tragen.
- Kleine Tortenförmchen aus Metall eignen sich perfekt als Schälchen für Klebstoff und um Farbe darin zu mischen. Dasselbe gilt für die Aluförmchen abgebrannter Teelichter. Überhaupt sind Förmchen eine gute Aufbewahrungsvariante, so kann etwa aus einer Gugelhupfform eine perfekte Stiftdose werden.
- Holzbretter sind eine gute Bastelunterlage, mit der die Tischoberfläche geschützt wird. Mit etwas Glück kann man alte Backbretter auf dem Flohmarkt finden.

Werkzeug

Was Werkzeug betrifft, so ist mir eine gute Schere sehr wichtig – mit allem anderen nehme ich es nicht so genau. Ich nutze eigentlich meist als Werkzeug, was sich zufällig gerade in meiner Nähe befindet. Mein bestes Werkzeug ist vermutlich meine Fantasie, doch hier ist noch eine Liste anderer Utensilien, die funktionieren.

- Scheren. Gute Scheren sind wichtig. Viele Kinder können bereits recht früh mit einer scharfen Schere umgehen, tatsächlich sind oftmals die stumpfen sogenannten Kinderscheren problematischer. Gute Scheren lassen sich auch schleifen und halten eine Ewigkeit.
- Lineal
- Nadeln. Häkelnadeln, Nähnadeln, Stecknadeln, Stricknadeln und Stopfnadeln mit großen Ösen
- Lochzange
- Tacker
- Pinsel
- Cutter und Schneidematte
- Ahle
- Falzbein
- Heißklebepistole
- Flüssigklebstoff, Klebestift und doppelseitiges Klebeband
- Farben, möglichst Gouache, Wasserfarbe und Acrylfarbe
- Maßband
- Teigrolle (viele Backutensilien funktionieren als Werkzeug für alles Mögliche)
- Eisengarn (möglichst starkes Garn)
- Steckperlenplatten
- Wollabwickler (wenn man sich einen solchen leisten möchte)
- Nachfüllbare Tuschestifte. Sind die Kinder alt genug, um zu begreifen, wie man mit seinen Stiften umgeht, empfehle ich, in gute Stifte zu investieren.
- Staffelei. Ein gutes Weihnachtsgeschenk an sich, und ein sehr schönes noch dazu (in Kombi mit Malplatten oder Leinwänden).

Material

Ich kann nicht genug betonen, wie wichtig es ist, in Gebrauchtwarenzentren nach Material zu suchen. Man muss sich nur dafür entscheiden, das, was da ist, als Ausgangsbasis anzuerkennen. Diese Herausforderung reicht schon aus, um die Kreativität in Gang zu setzen. Die Kinder sollen ruhig die Materialauswahl übernehmen. Sie sind so gut darin, alles auszuprobieren und zu erforschen, was ihnen in den Weg kommt. Und vorab festzulegen, »dass wir heute alles verwenden, was wir eigentlich zum Wertstoffhof fahren wollten«, animiert die Kreativität noch mehr.

- Karton. Ich liebe jegliche Art von Karton. Er ist das perfekte Material für Grundgerüste aller Art. Er ist sehr saugfähig, lässt sich leicht formen und mit Löchern versehen. Was kann man eigentlich nicht aus Karton machen?
- Papprollen von Toilettenpapier und Küchentüchern. Perfektes Material aufgrund seiner runden Form und seiner Saugfähigkeit Sie sind leicht zu falten, zu formen und zu schneiden.
- Eierkartons sind genauso fantastisch wie jeder andere Karton auch. Die Möglichkeiten der Formgebung sind unendlich und lassen der Fantasie so viel Raum.
- Getränkekartons. Alle wasserdichten Verpackungen, die wir zu Hause haben, eignen sich perfekt als Baumaterial. Mit ihren eckigen Formen und unterschiedlichen Dimensionen funktionieren sie beinahe wie Legobausteine. Es kann etwas mühselig sein, sie zu bemalen, wenn man aber eine matte Farbe als Untergrund wählt, deckt die zweite Schicht meist gut. Einmal hat ein Kind mich darauf gebracht, aus einem Milchkarton eine Gitarre zu basteln. Was für eine brillante Idee!
- Plastik ist nicht gerade mein Lieblingsmaterial, doch andererseits hat man zu Hause oft viel davon – in Form von leeren Shampoobehältern, PET-Flaschen oder Verpackung von Nahrungsmitteln. Für Plastik spricht, dass es sowohl transparent sein als auch herrliche Farben haben kann. Plastikdeckel eignen sich perfekt, um Farben darin anzumischen. Man klebt sie auf Karton und schon hat man eine eigene Palette. Bei einem Workshop erzählte mir einmal ein Junge, dass er aus einer PET-Flasche ein U-Boot gebaut habe. Im Sommer würde er es im Meer testen.
- Bänder und Fransen
- Dinge aus der Natur. Zapfen, Steine und Co
- Draht
- Eisstiele
- Flicken
- Garn und Stickgarn
- Glitzer
- Glöckchen
- Gummibänder
- Holzkugeln (am liebsten von Türvorhängen aus den 1970er-Jahren)
- Knöpfe
- Krawatten
- Kunststoff- und Stoffblumen vom Flohmarkt
- Musterklammern
- Nadeln unterschiedlicher Form
- Papier. Dünneres und dickeres, buntes und weißes
- Perlen. Auf Flohmärkten wimmelt es nur so von alten Perlenketten aus Holz, Kunstglas oder Co. Es lohnt sich auch, den Verschluss aufzubewahren.
- Pfeifenputzer
- Seidenpapier – oft ist es Teil einer Verpackung. Und es lässt sich auch prima bemalen.
- Steckperlen
- Stickrahmen
- Stoff. Sowohl Reste von Meterware als auch alle anderen Textilien
- Tapetenreste
- Ton
- Watte und Wattevlies
- Wattekugeln
- Zutaten für Essbaren Kleister (siehe Rezept auf Seite 89)
- Wolle

Sternenschmuck

Wenn ein ganz normaler Gegenstand zu etwas Einzigartigem wird, fühlt sich das immer ein wenig wie Magie an. Bei Bastelprojekten wie diesem, für das es nur wenige Schritte braucht, bekommt man oft Lust, noch etwas mehr daraus zu machen. Die Holzsterne können etwa goldene Farbe, Glitzer und Pailletten bekommen und an schönen Bändern aufgehängt werden!

Das wird benötigt:

Wäscheklammern aus Holz (ja, ich weiß, der Flohmarkt wieder, aber er ist einfach ein guter Ort für Wäscheklammerschnäppchen)
Klebstoff, möglichst Heißklebepistole
Farbe nach Belieben (auch unbemalt oder in einem dunkleren Ton gebeizt sind die Holzsterne sehr schön)
Faden oder Bänder

So funktioniert es:

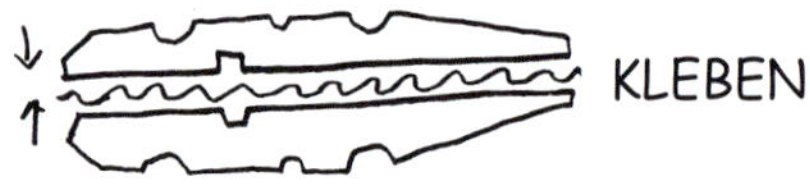

1. Zunächst die Metallklammern an allen Wäscheklammern entfernen. Die flache Außenseite der Wäscheklammern mit Klebstoff versehen und sie paarweise zusammenkleben.
2. Die Wäscheklammern wie auf der Skizze zu einem Stern zusammenkleben.
3. Die Sterne in einer Farbe nach Wahl bemalen. Wir haben für unsere Sterne Goldfarbe verwendet. Die Farbe trocknen lassen.
4. Faden oder Band für die Aufhängung durch eines der Löcher im Stern fädeln.
5. Simsalabim, fertig!

Tipp: Für einen besonders schönen Effekt mit Goldfarbe bemalen.

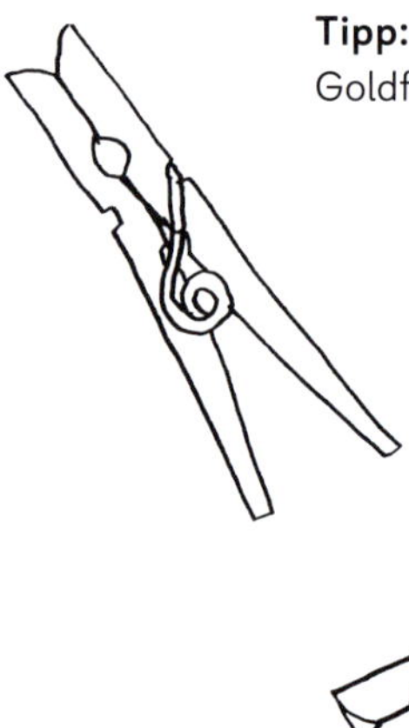
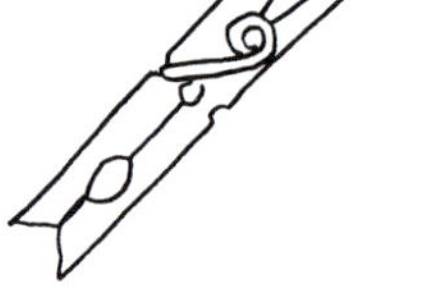
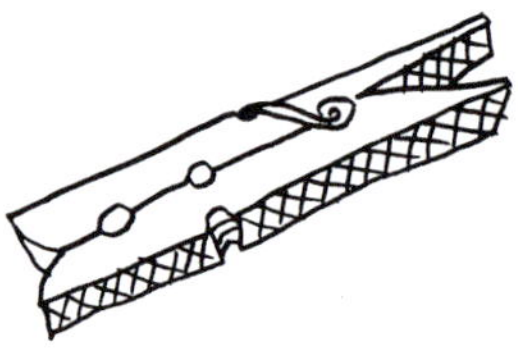
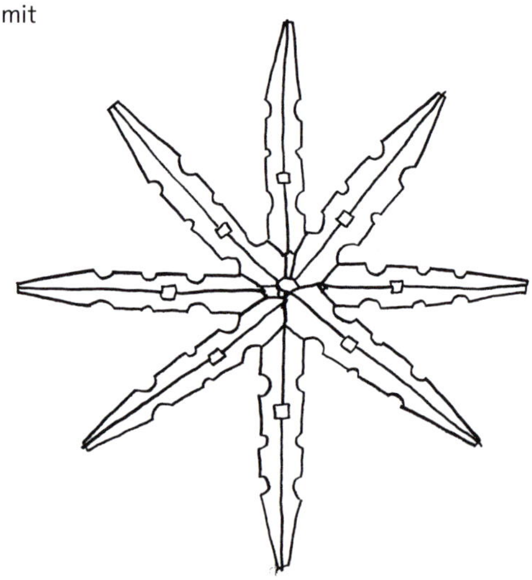

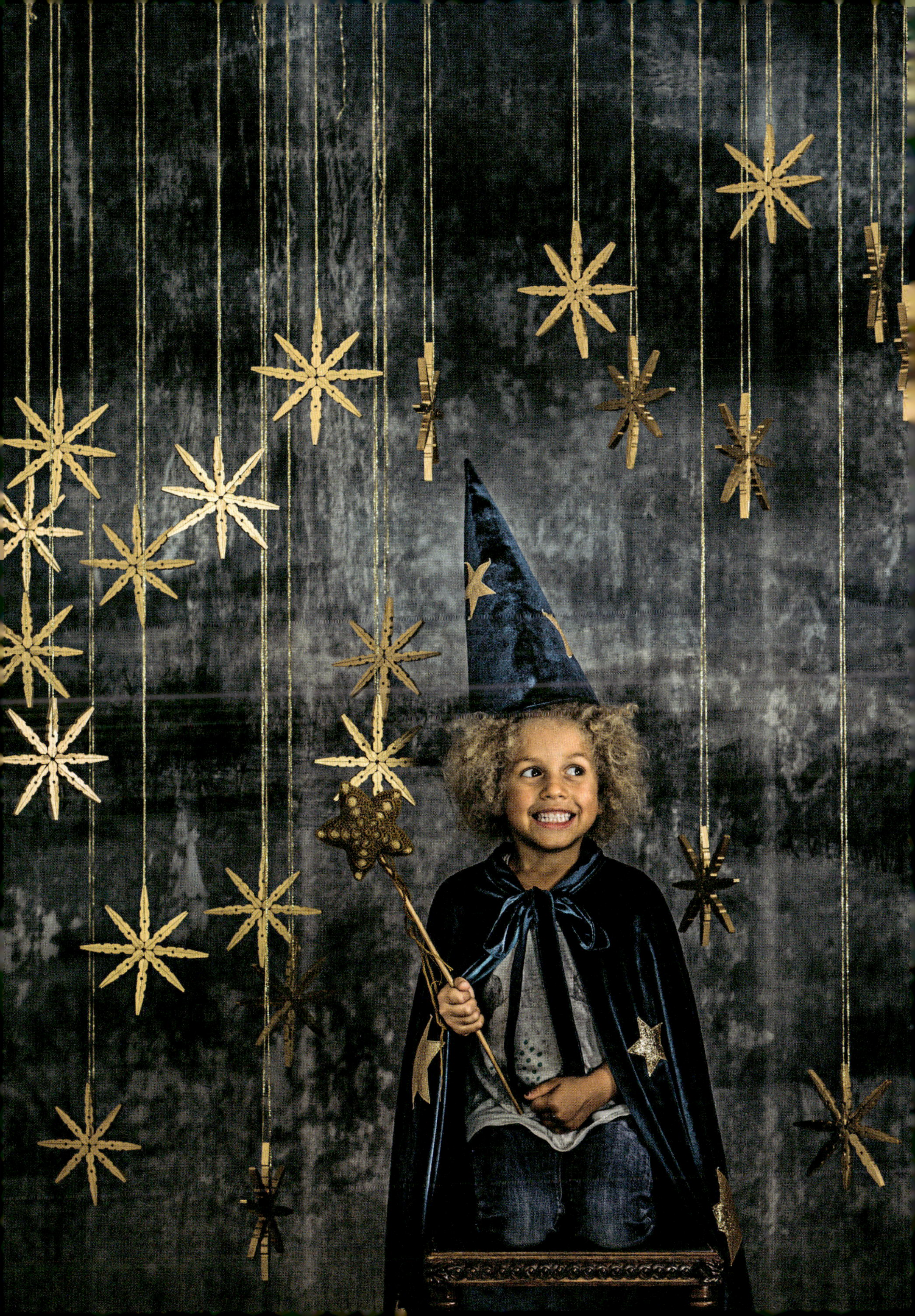

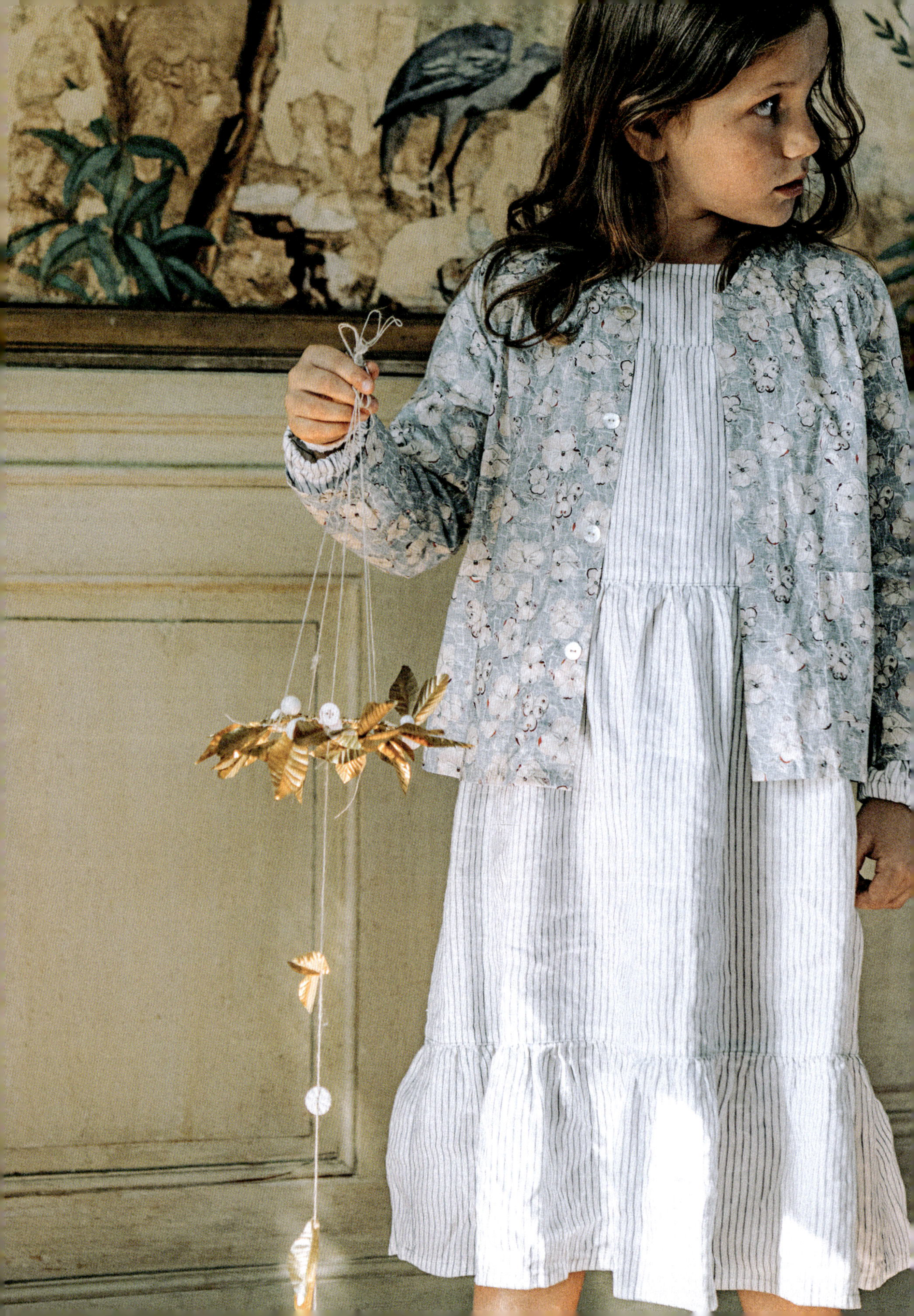

Mobile

Ich bin so unglaublich fasziniert von allem, was durch Wind oder den geringsten Luftzug in Bewegung versetzt wird. Altem Volksglauben nach brachte die Bewegung im Kronleuchter Glück. Man achtete also darauf, dass er die ganze Zeit in Bewegung war, andernfalls konnte das Blatt sich wenden. Heutzutage haben wir eine etwas wissenschaftlichere Herangehensweise, aber für mich hat diese Art der Dekoration etwas Magisches an sich. Ich glaube fest daran, dass Bewegung uns verzaubert. Wenn etwas so hin- und herschwingt, lässt uns das ganz im Hier und Jetzt sein. Und das ist nie verkehrt.

Dieses Mobile ist an sich schon eine Überraschung, denn es besteht aus leeren Tomatenmarktuben, deren Innenseite wie herrlichstes Gold glänzt! Nun könnte man glauben, dass ich diese Entdeckung ganz zufällig gemacht habe, doch die Wahrheit ist, dass mir auf einem Weihnachtsmarkt ein Kronleuchter auffiel, den eine ältere Dame gemacht hatte. Zuerst habe ich nur das Gold gesehen. Doch plötzlich erkannte ich, dass die Rückseite anders aussah – der Kronleuchter bestand aus alten Tomatenmarktuben! Das Schöne an diesem Material ist auch, dass es sich so einfach bearbeiten lässt. Will man sich dem Metall-Kunsthandwerk annähern, sollte man unbedingt mit einer Aluminiumtube beginnen.

Das wird benötigt:
leere Tomatenmarktube
Metallschere (oder ausrangierte Küchenschere, die stumpf werden darf)
Spülmittel und Wasser
Vorlagen (siehe Seite 186)
Ahle oder dicke stumpfe Nadel

So funktioniert es:

1. Die leere Tube aufschneiden und die Innenseite abwaschen. Darauf achten, dass der Deckel in den Plastikmüll gehört.
2. Die Tube zu einer Platte aufklappen. So kann sie aufbewahrt werden, bis sich die Gelegenheit für eine Bastelarbeit damit ergibt.
3. Die gewünschte Form aus dem Metall ausschneiden, z. B. eine Feder, ein Blatt, einen Kreis oder ein Herz, und dazu gerne Vorlagen verwenden.
4. Mit einer Ahle oder Nadel Muster in das Metall gravieren. Auch Lochmuster lassen sich mit diesem Werkzeug gestalten.
5. Fertig! Jetzt kann man Mobiles, Kronleuchter und alles Mögliche andere gestalten.

Tipp: Tomatenmarktuben und auch Teelichtförmchen lassen sich sehr leicht schneiden.

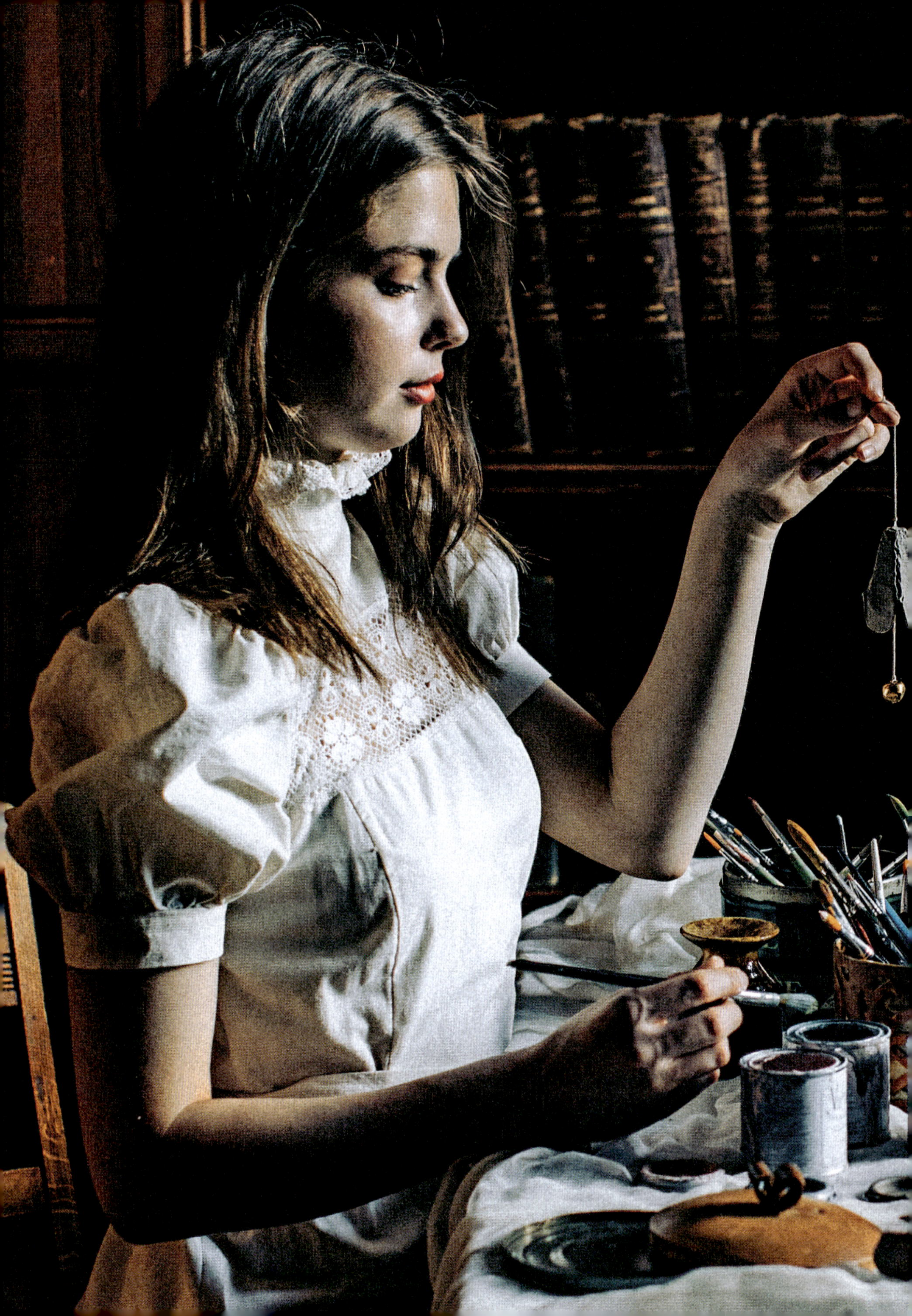

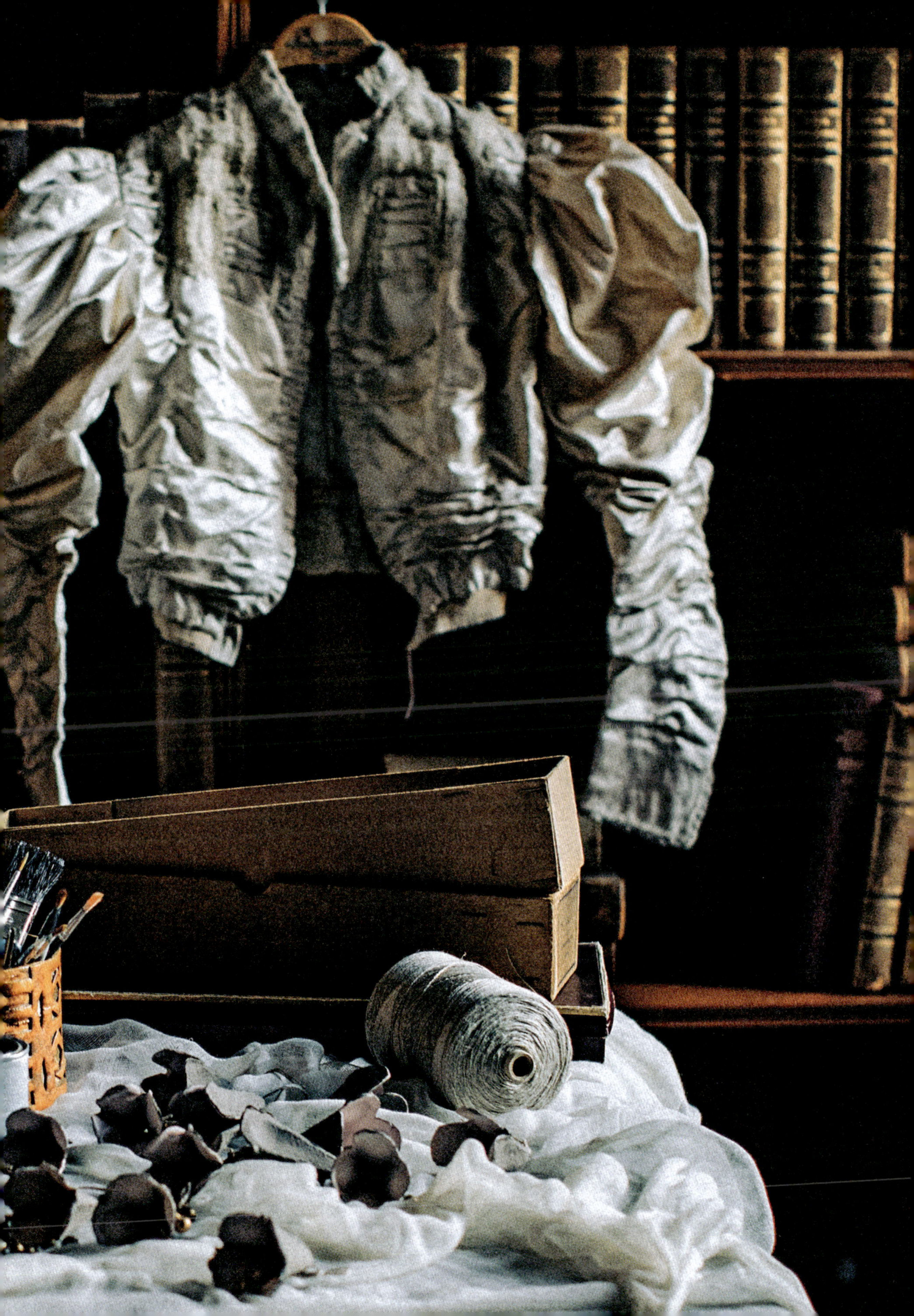

Glöckchen

Bimmelnde Glöckchen haben immer etwas Magisches an sich. Ich denke an vergangene Zeiten, in denen man mit Pferd und Schlitten durch die Winternacht oder am frühen Morgen zur Christmette fuhr – im Schein brennender Fackeln und mit Glockengebimmel. Und immer wirbelte der Schnee. Zur Weihnachtszeit bekamen die Pferde immer besonders schöne Geschirre. Diese waren mit Glöckchen versehen, die während der Fahrt klingeln sollten. Dieselben Geschirre wurden auch bei Hochzeiten, Taufen und beim Kutschieren von Gästen eingesetzt. Aber auch wenn man kein Pferd besitzt, kann man Glöckchen in den Bäumen, auf dem Balkon oder überall sonst, wo der Wind ihnen Leben einhauchen kann, aufhängen. Wir machen sie aus Eierkartons und hängen sie an die Innenseite der Haustür, damit alle, die eintreten, von ihrem warmen Klang begrüßt werden.

Das wird benötigt:
Eierkarton
Schere
Ahle oder längere Nadel
Farbe nach Belieben
Grillspieße
Faden
Glöckchen

So funktioniert es:
1. Die Spitzen aus dem Eierkarton herausschneiden und zu Glöckchen formen.
2. Mit einer Ahle oder einer langen Nadel ein Loch in jede Spitze stechen.
3. Die Kartonformen bemalen. Jede hierfür auf einen Grillspieß stecken, damit es leichter geht und man sie besser trocknen lassen kann.
4. Durch die Spitze jeder Kartonform einen Faden mit einem Glöckchen daran fädeln. Für den Anhänger am oberen Ende verknoten.

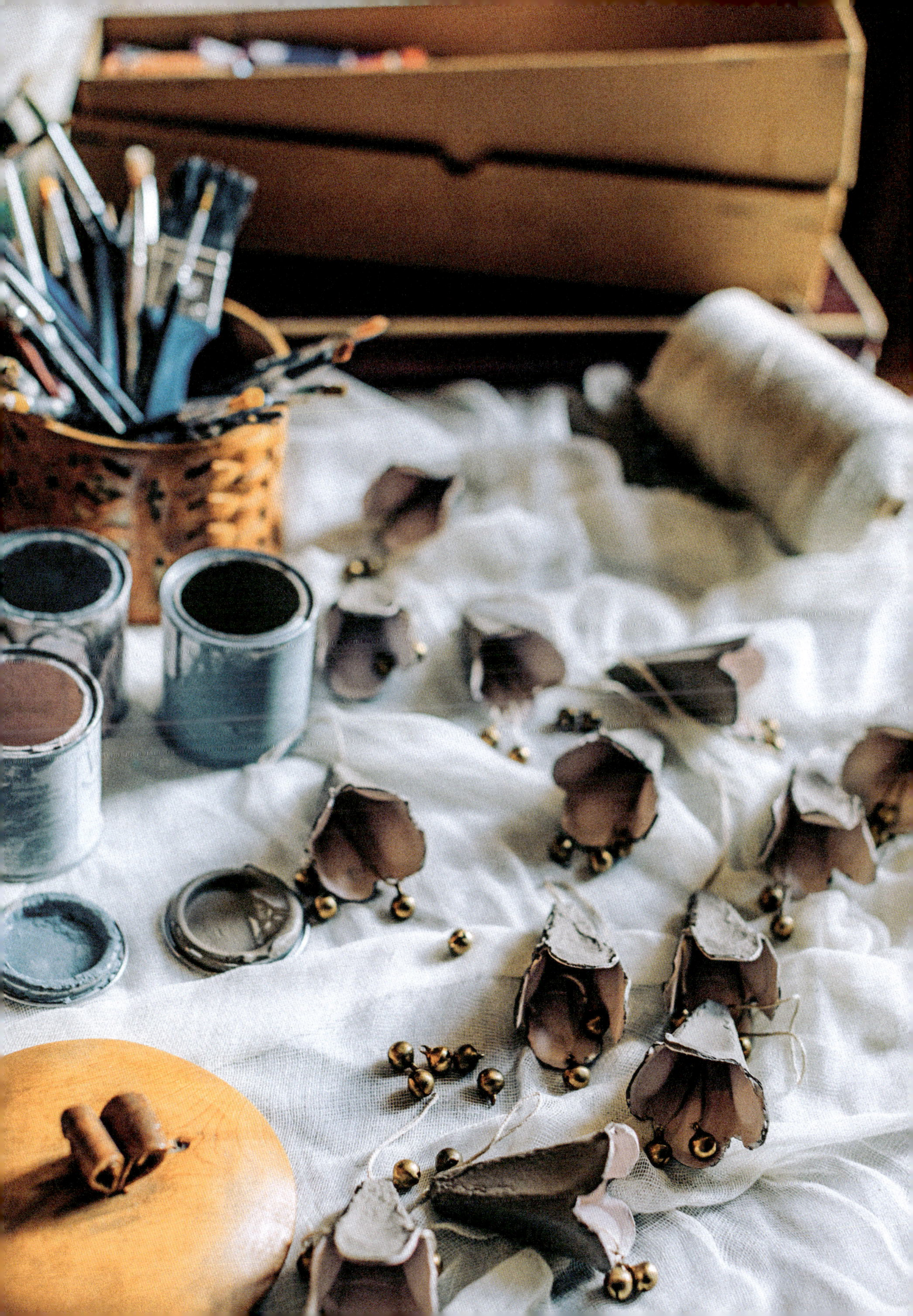

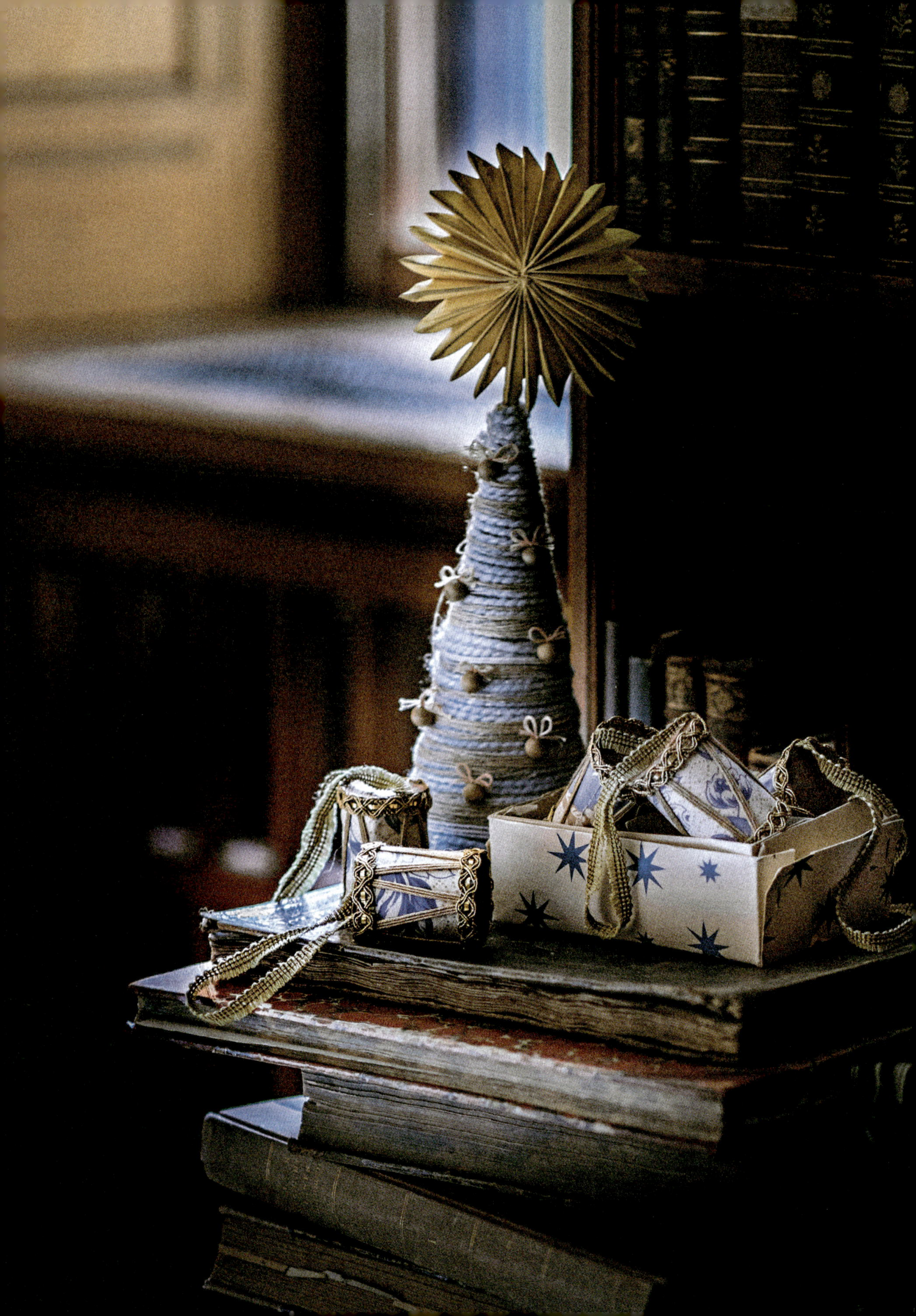

Trommeln

Alles, was man dafür braucht, ist Müll, den man wirklich immer zu Hause hat! Papprollen sind ein fantastisches Material, das in einem nie versiegenden Strom immer wieder Nachschub erhält. Zusammen mit etwas Band, einem Stückchen Stoff und etwas Karton kann man weihnachtliche Trommeln zaubern, die überaus festlich aussehen. Und da sie hohl sind, lassen sich in ihrem Inneren auch kleine Heimlichkeiten verstauen.

Das wird benötigt:
Papprolle von Toilettenpapier
Schere
Stoff oder Papier zum Beziehen
Karton, z. B. der Boden einer Cornflakespackung
Goldgarn
Klebstoff oder Heißklebepistole
dekoratives Band

So funktioniert es.

1. Die Papprolle in beliebiger Höhe entzweischneiden, unsere Höhe hier beträgt 5,5 cm.
2. Etwas Stoff oder Papier zuschneiden, das die Rolle bedecken soll (hier 14 cm lang und 5,5 cm breit).
3. Mithilfe einer Papprollenhälfte als Schablone 2 Kreise ausschneiden (hier 4 cm groß).
4. 2 Kreise aus Stoff oder Papier ausschneiden, die die Kartonkreise bedecken und sich um deren Kanten klappen lassen (hier 5 cm groß).
5. Die Papprollenhälfte mit dem Stoff oder Papier bekleben. Dann die beiden Kreise aus Stoff oder Papier jeweils auf einen der kleineren Kreise aus Karton kleben.
6. Das Goldgarn um die Rolle wickeln, sodass ein Muster auf der Trommel entsteht – zuerst im Zickzack in die eine Richtung und dann genauso in die andere Richtung. Anfang und Ende mit Klebstoff fixieren.
7. Ein Band an der Innenseite der Rolle festkleben, es soll als Aufhängung für die Trommel dienen.
8. Nun die Deckel auflegen. Die Kreise oben und unten an die Rolle kleben. Soll die Trommel sich öffnen lassen, ein Stückchen Karton oder Band an die Innenseiten der Trommel und des Deckels kleben.
9. Zum Schluss den Rand oben und unten mit einem dekorativen Band bekleben. Wenn man für jeden Adventssonntag eine Zahl an einer Trommel anbringt, hat man einen Adventskalender.

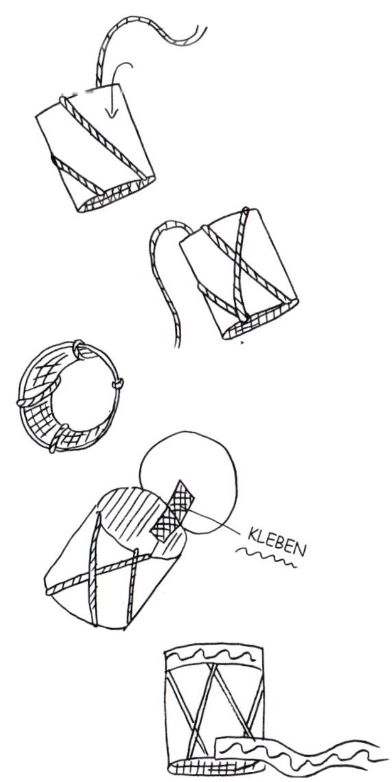

Stoffvögel

Der Himmel ist voller Vögel. Ihr Gesang, ihr Federkleid und ihre Art zu leben sind eine Welt für sich – wer hat sich nicht schon einmal gewünscht, fliegen zu können wie ein Vogel?

Das fantastische Reich der Vögel hat etwas Magisches. Überall auf der Welt gibt es endlos viele Geschichten über die gefiederten Gesellen. Einer Legende nach fliegen sie beispielsweise als Boten zwischen den verschiedenen Welten durch das All. Der Kranich trägt, so heißt es, die Himmelskuppel. Die Blaumeise flog so hoch, wie es nur ging, um das Ende des Himmels zu finden, und erhielt seine blaue Farbe als Geschenk. Im Winter halten wir nach dem roten Dompfaff Ausschau, der uns ganz fest auf Schnee hoffen lässt. Und die Taube? Sie bringt den Frieden.

Unsere Fantasie ist ebenso grenzenlos wie die Legenden, die sich um die Vögel ranken, und so können wir aus dem filigransten und schönsten Stoff, den wir haben, ein Vögelchen nähen. Ein Stück vom Lieblingskleid etwa, das sich nicht mehr reparieren lässt, eine einzelne Socke, ein Knopf, den man auf der Straße gefunden hat, ein sehr kurzes Band vom Flohmarkt. Einfach alles, was einem in die Finger kommt und einem Vogel gut stehen würde.

Tipps:

- Benötigt werden Stoff, Wattevlies, Schere, Nähmaschine oder Nadel und Faden, Knöpfe, Bänder, Spitze und Stickgarn plus Nadel.
- Auf Seite 187 stehen schöne Vorlagen zur Verfügung, wobei je ein Stück Stoff für die Vorderseite und eines für die Rückseite benötigt wird. Wenn rechts auf rechts genäht wird, muss eine Nahtzugabe hinzugerechnet werden.
- Jeder Stoff eignet sich, um kleine Vögel daraus zu nähen. Es gibt so viele Textilien, die sich wiederverwerten lassen. Die kleinen Stoffstückchen, die nicht ausreichend groß sind, um etwas Neues daraus zu nähen, eignen sich prima für ein solches Bastelprojekt. Der Mond auf Seite 43 wurde aus einem verfärbten und kaputten Tuch und dem Halsausschnitt eines halben Kleides genäht. Für den richtigen Blauton hat er außerdem eine Schicht aus ganz normaler Malerfarbe erhalten. Auch auf Flohmärkten gibt es immer Stoffstücke, Laken, Tücher und andere Textilien im Überfluss. Außerdem findet man dort Knöpfe, Bänder, Spitzen und Garn in Hülle und Fülle. Jedes Material ist perfekt!
- Schräges ist schön und das Beste für die Fantasie. Sammeln wir also in einer Kiste Reste und holen wir sie für die Vogelproduktion hervor!
- Bänder an den Vögeln dienen als Aufhängung. Hierfür ein kleines Loch in den Saum machen und ein doppelt gefaltetes Band hindurchziehen. Es mit Nadel und Faden festnähen.
- Mit einer Sicherheitsnadel auf der Rückseite werden die Vögel zu Broschen, mit denen man Pullover oder Taschen schmücken kann.
- Wattevlies ergibt einen fluffigen Effekt. Das Vlies zwischen zwei zugeschnittene Teile legen und mit ein paar Nadeln feststecken. Die Teile mit geradem Stich rechts auf rechts zusammennähen.
- Wenn man den Vogel mit der Unterseite an einen Stab klebt, wird daraus ein Zauberstab.
- Aus mehreren Vögeln kann man ein Mobile basteln.
- Wer sticken möchte, kann gerne unsere Vorlage für einfache Stiche (siehe Seite 135) verwenden.
- Und für Vogelgezwitscher kann man ein Glöckchen zwischen die Stoffteile geben, ehe man den Vogel zusammennäht.

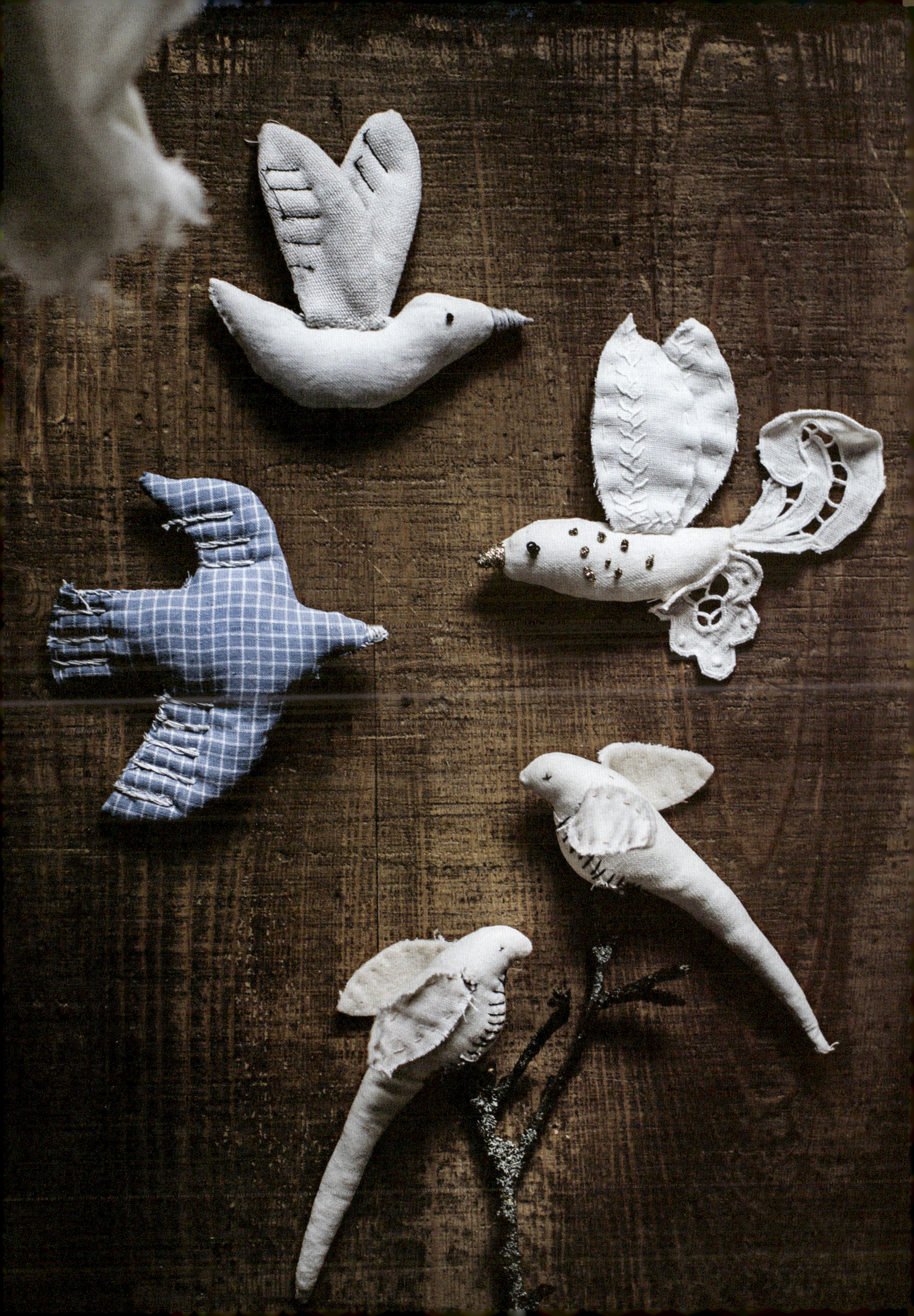

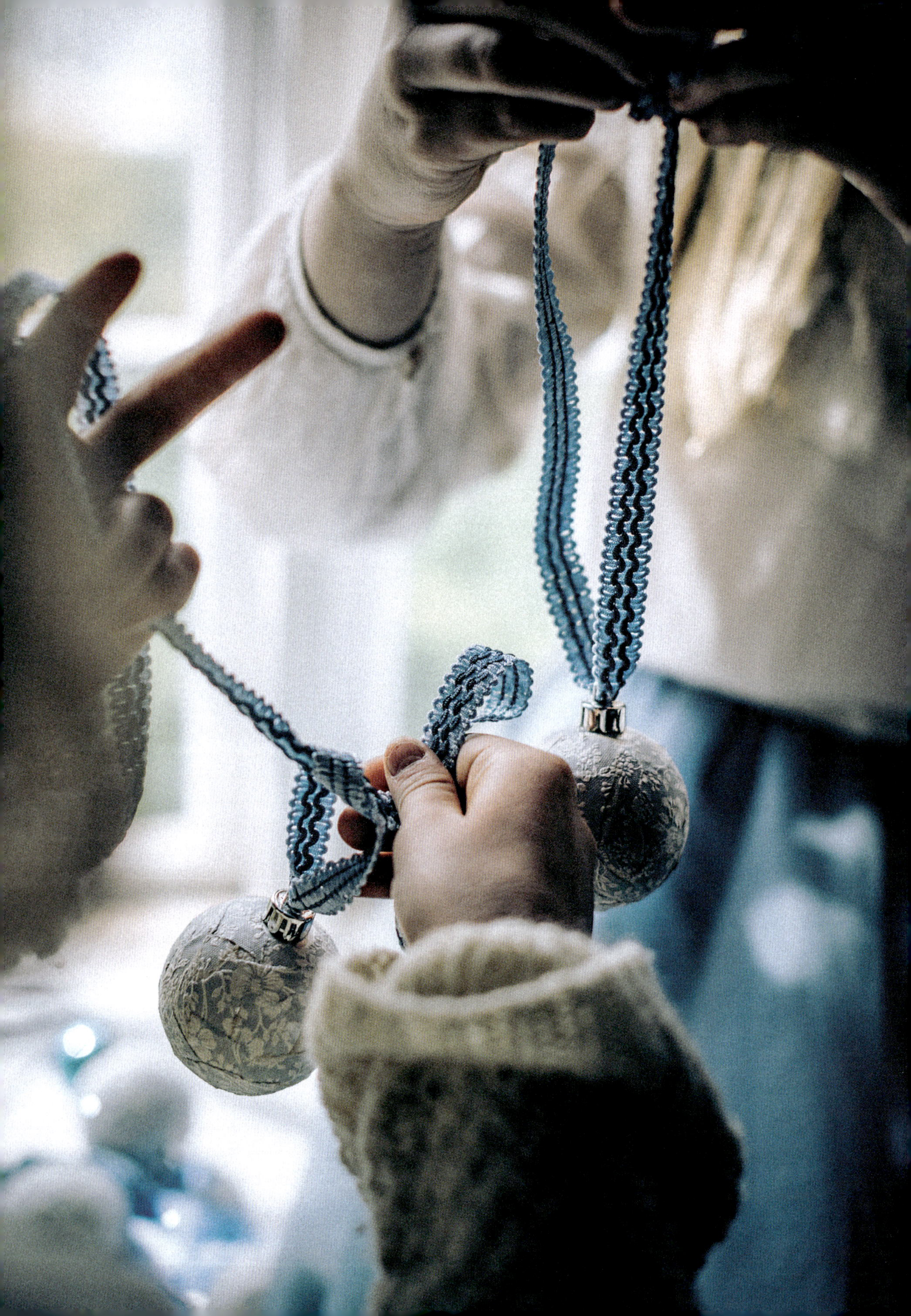

Weihnachtskugel

Altmodische Christbaumkugeln sind schon an und für sich ein wahrer Schatz. Mit ihren filigranen Mustern und fantastischen Farbkombinationen sind sie echte Schmuckstücke. Allerdings gibt es auch die nicht besonders schönen Weihnachtskugeln, die einfarbig sind und beinahe etwas trist aussehen. Und genau die brauchen wir für dieses Projekt. Man kann sie anmalen oder mit Pappmaché umwickeln und auf diese Weise ganz einfach echte Hingucker basteln.

Das wird benötigt:
alte Weihnachtskugeln
Papier
Essbarer Kleister

So funktioniert es:
1. Das Papier in kleine Stückchen reißen.
2. Mit einem Pinsel oder mit den Händen den Kleister auf der Kugel verteilen und die Kugel mit den Papierstückchen bekleben.
3. Trocknen lassen.

Rezept für Essbaren Kleister

Das wird benötigt:
400 ml Wasser
45 g Zucker
1,5 EL Speisestärke

So funktioniert es:
1. 200 ml Wasser zusammen mit dem Zucker in einem Topf erhitzen, bis der Zucker geschmolzen ist.
2. In einer Schüssel das restliche Wasser und die Speisestärke vermengen.
3. Die Wasser-Stärke-Mischung zu den Zutaten im Topf geben.
4. Unter ständigem Rühren kurz aufkochen.
5. Alles in ein Glas mit Deckel geben und sofort verschließen.
6. An einem kühlen Ort abkühlen lassen. Wird der Kleister zu dick, mit mehr Wasser verdünnen.

Tipp: Pappmaché ist perfektes Bastelmaterial. Eigentlich lässt sich damit wirklich alles herstellen. Als Grundgerüst können Hasendraht oder auch Kartonagen dienen – oder, so wie hier, alte Weihnachtskugeln!

Girlanden

Girlanden. Schon am Wort erkennt man, dass es sich dabei um etwas besonders Reizendes handeln muss. Die Luft mit schönen Dingen zu füllen, hat Tradition. Früher wurden sie zu Weihnachten und anderen Feiertagen kreuz und quer aufgehängt. In der kurzen Zeit, die es brauchte, um eine solche Kette aufzuhängen, verwandelte das Heim sich in etwas Festliches. Es gibt nur wenig Dekoration, die einen solch enormen Effekt hat. Früher wurden Girlanden häufig aus Naturmaterialien gefertigt und später aus Papier. Doch das Schöne an ihnen ist ja, dass man an einer Schnur alles befestigen kann, was das Herz begehrt. Im Buch *Magische Kindheit* haben wir z. B. Girlanden mit Papierblumen, Stoffstreifen und altmodischen Stofftaschentüchern gebastelt. Girlanden dürfen luftig oder dicht bestückt sein, sie können senkrecht oder waagrecht hängen. Eine Girlande ist ein großartiges Geschenk, obwohl ihre Herstellung nicht besonders viel Zeit in Anspruch nehmen und fast nichts kosten muss. Da kann man es sich schon leisten, an die Enden ein kleines Glöckchen oder einen Pompon zu hängen.

3-D-Girlande

Mit der Nähmaschine lassen sich in Rekordzeit viele lange Girlanden anfertigen. Man kann in Prinzip das Allermeiste daran festnähen. Nichts als die Fantasie kann einem dabei Grenzen setzen!

Das wird benötigt:
Stoff oder Papier
Schere
Nähmaschine

So funktioniert es:
1. Die Formen aus Papier oder Stoff zuschneiden.
2. Die Formen mithilfe der Nähmaschine Teil für Teil aneinandernähen. Dabei nach Wunsch ein paar Stiche Abstand zwischen den einzelnen Figuren lassen.
3. Für einen 3-D-Effekt die Stoff- oder Papierfiguren zu Bündeln von 5 Stück aufeinanderlegen und zusammennähen. Dann die einzelnen Seiten von der Mitte her aufklappen (besonders schön bei Herzen oder Sternen).

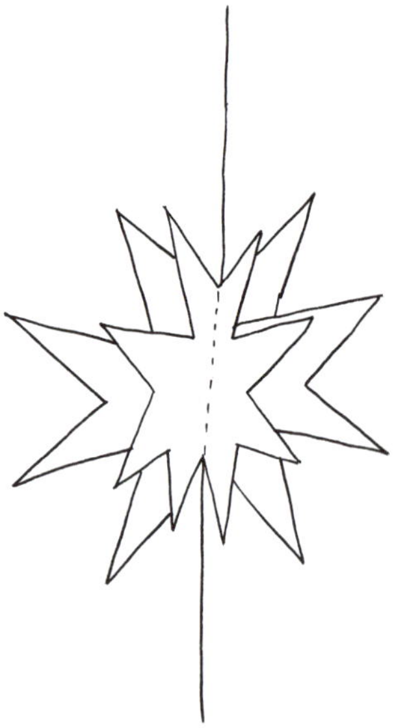

Tipp: Tapetenreste anstelle von normalem Papier verwenden.

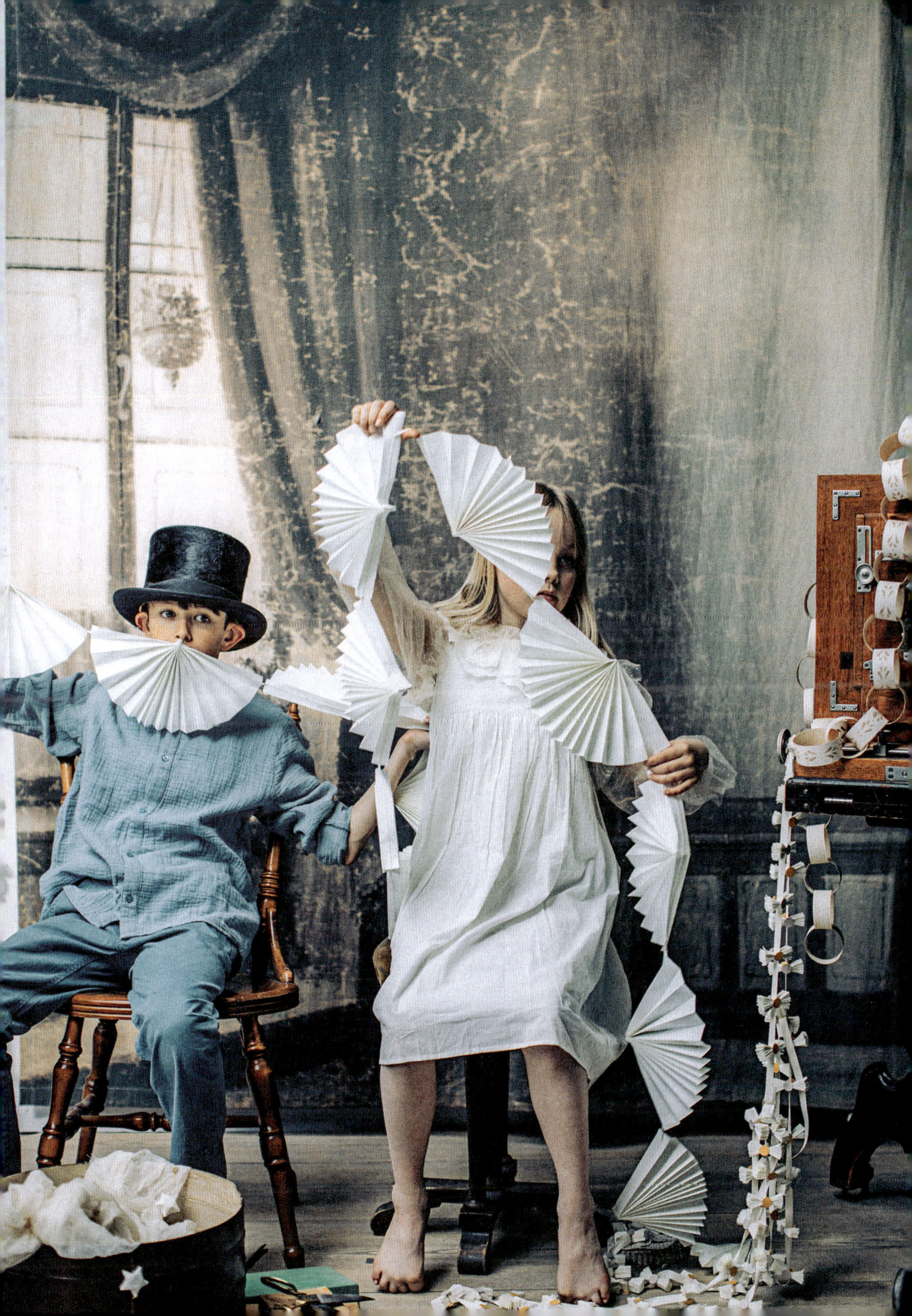

Schleifengirlande

Diese Girlande sieht schwieriger aus, als sie ist. Weil ganze Bogen Papier gefaltet und dann in kleinere Stücke geschnitten werden, geht es rasend schnell, Meter für Meter fliegender kleiner Schleifen zu basteln.

Das wird benötigt:
Druckerpapier
Schere
Klebstoff
Baumwollband
Karton
Kreisstanzer, ø 1,5 cm

So funktioniert es:
1. Den Papierbogen von der kurzen Seite aus wie zu einer Ziehharmonika falten.
2. Das gefaltete Papier der Breite nach in 2,5 cm breite Streifen schneiden, um diese zu kleinen Fächern zu formen.
3. Auf die unteren Enden der Fächer nacheinander etwas Klebstoff geben sie sofort an das Baumwollband kleben. Zunächst auf der einen Seite des Bandes alle Fächer anbringen.
4. Genauso vorgehen wie in Schritt 3. Ebenso viele Fächer an der anderen Seite des Baumwollbandes fixieren, sodass immer 2 Fächer ein Paar ergeben.
5. Kartonkreise ausstanzen und auf die Vorder- und Rückseite der Schleifen kleben.

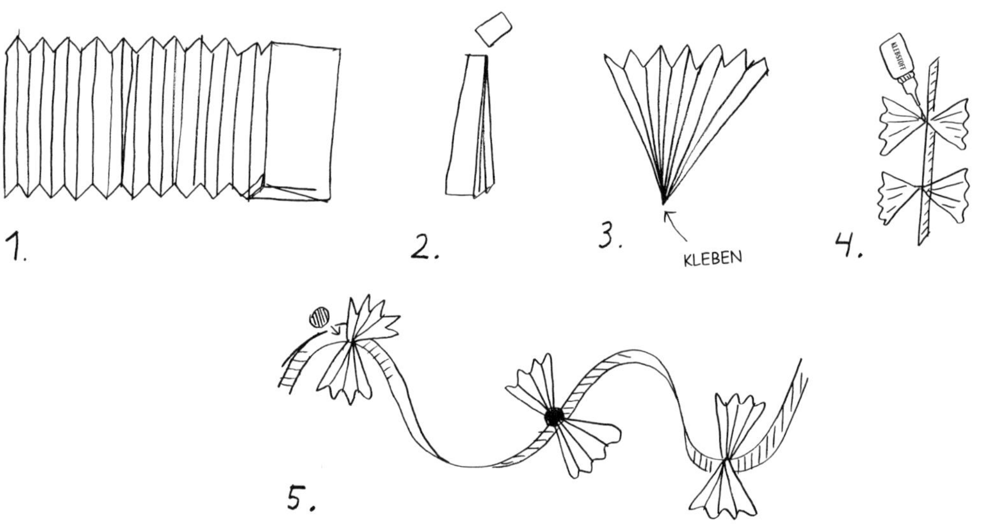

Kettengirlande

Das Schöne an dieser Girlande ist, dass alle sie machen können. Und weil ihre Konstruktion so einfach ist, kann man den Schwierigkeitsgrad an anderer Stelle erhöhen. Papierstreifen in verschiedenen Größen, verziert mit Zeichnungen oder netten Worten ... durch mehr Abwechslung verändert sich die Wirkung dieser Girlande total.

Das wird benötigt:
Papier
Schere
Farbe
Klebestift oder Tacker

So funktioniert es:

1. Das Papier in Streifen schneiden.
2. Optional die Streifen bemalen und Texte draufschreiben (vor dem Zusammenkleben!).
3. Die Enden eines ersten Streifens mithilfe eines Klebestifts zu einem Ring schließen. Wenn es sehr schnell gehen soll, einen Tacker verwenden.
4. Einen nächsten Streifen in den Ring führen und verschließen. So weiterarbeiten, um alles zu einer Kette zu verknüpfen.

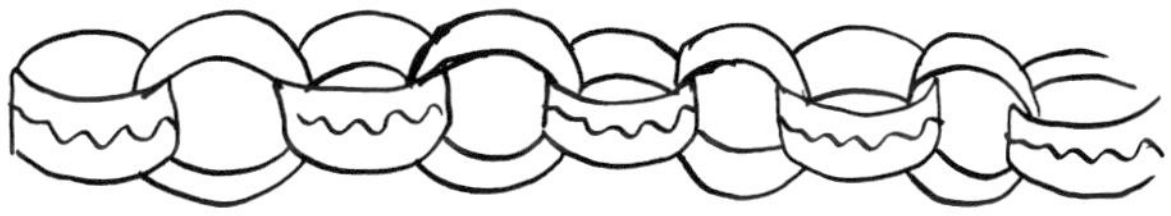

Tipp: Auch eine Kette aus Tannenzapfen ist hübsch und märchenhaft. Dazu einfach einen Faden um das obere Ende der Zapfen wickeln und sie zu einer langen Reihe verbinden.

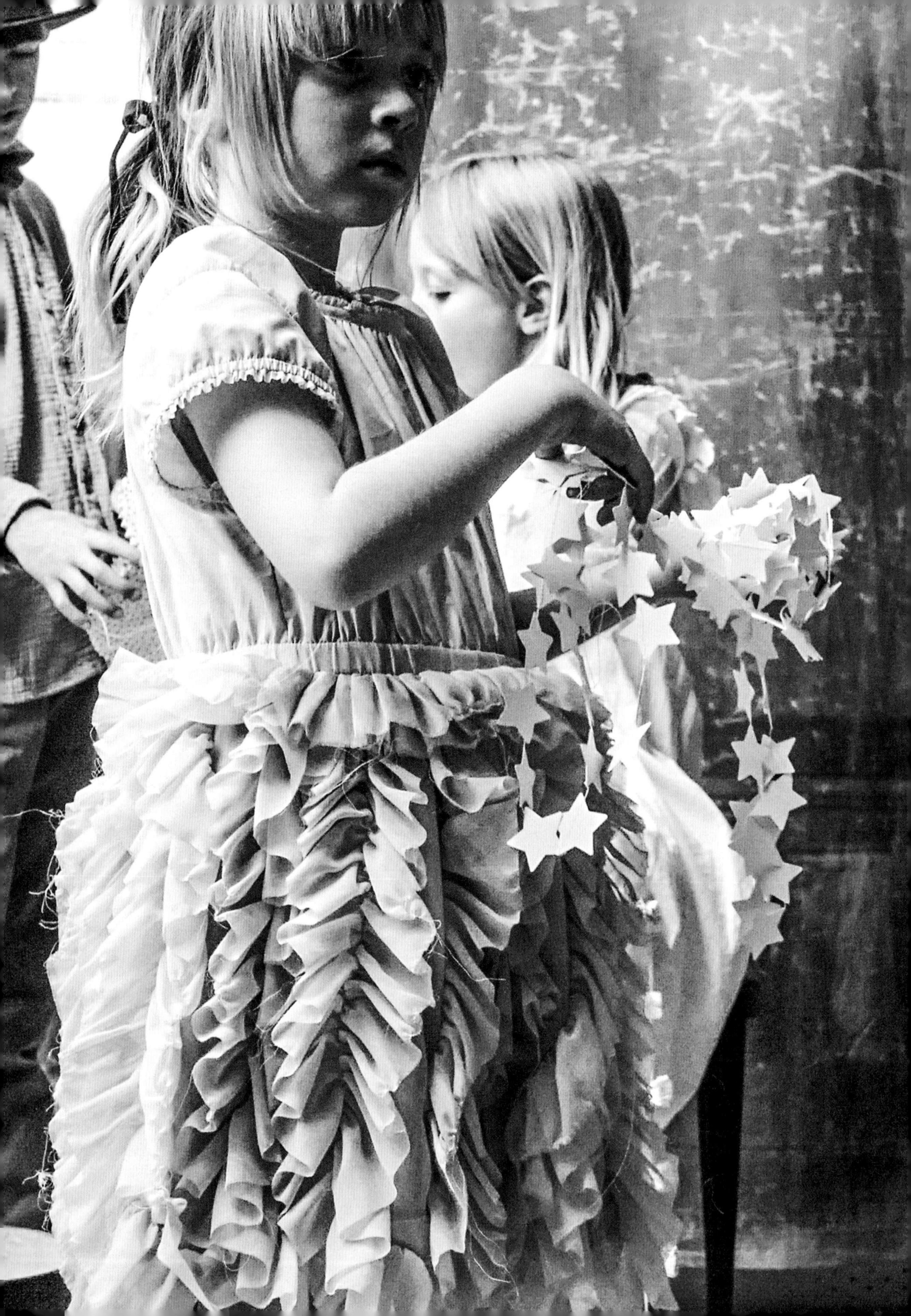

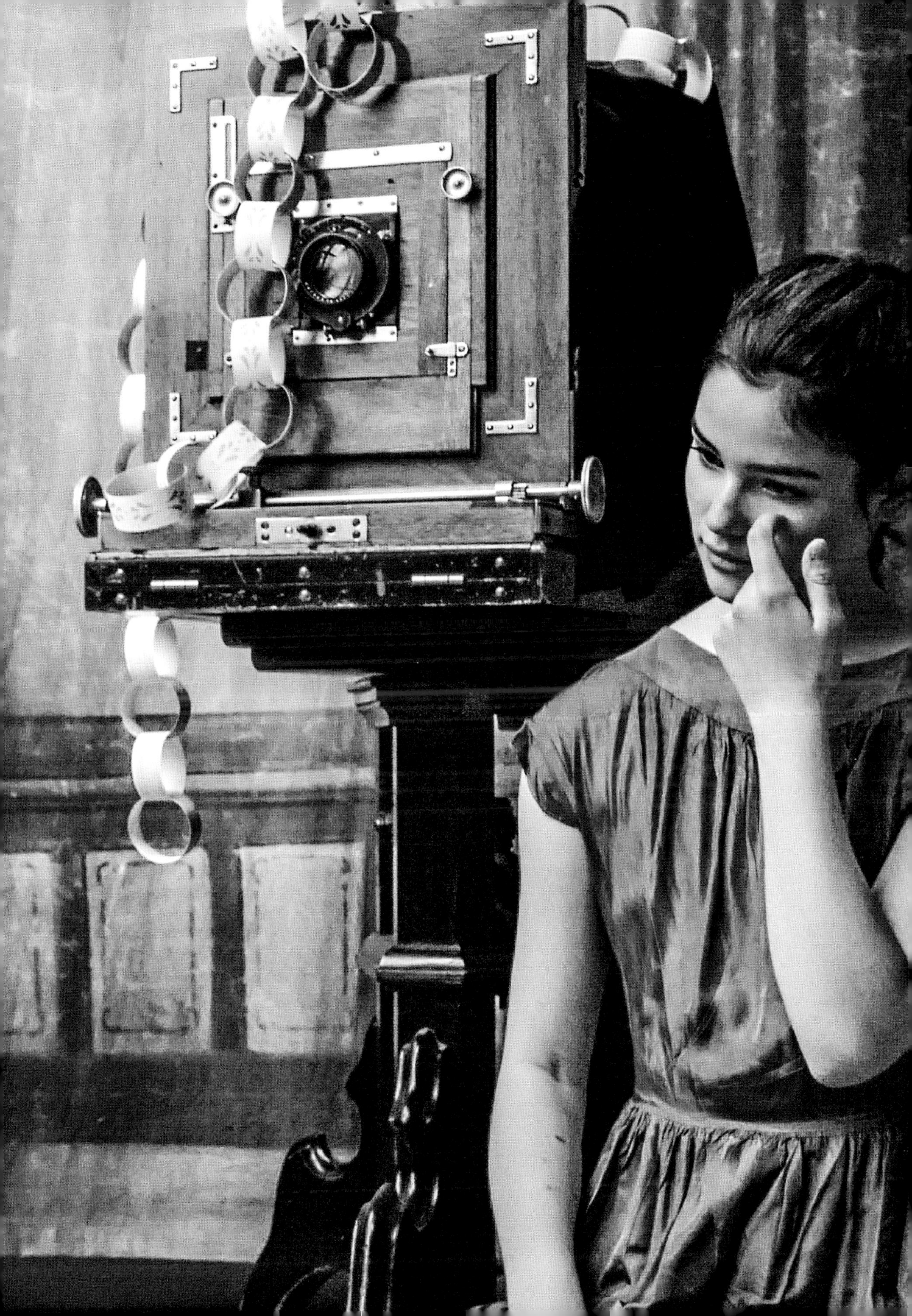

Zuckerstangen

Makramee ist eine Art Knüpfkunst mit vielen Mustern und Kombinationen. Tatsächlich stellte es eine beliebte Beschäftigung unter den Seeleuten im 19. Jahrhundert dar. Die Stangen hier als Makramee zu bezeichnen, ist eigentlich eine Übertreibung, weil kein einziger Knoten weit und breit in Sicht ist. Aber das Garn, das dafür verwendet wird, heißt Makramee-Garn. Und wenn man es nun schon einmal zu Hause hat, ist der Schritt, einmal in die Knotenkunst hineinzuschnuppern, nicht mehr weit.

Das wird benötigt:
Basteldraht
Seitenschneider
Makramee-Garn
Schere
Stickgarn
Heißklebepistole
dicke Nadel
Faden

So funktioniert es:

1. Den Basteldraht in gewünschter Länge kappen, unserer ist 19 cm lang.

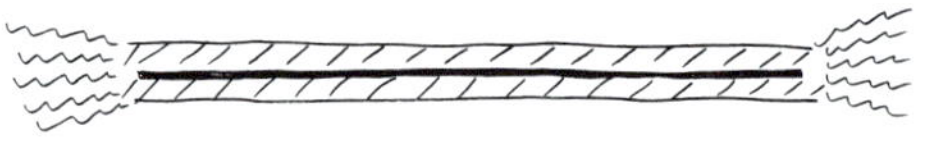

2. 6 Stränge Makramee-Garn abschneiden, die je 4 cm länger als der Basteldraht sind.
3. 3 Garnstränge nebeneinanderlegen und mit der Heißklebepistole einen Streifen Klebstoff in die Mitte geben. Den Basteldraht darauflegen.
4. Die 3 übrigen Stränge auf den Basteldraht legen und darauf achten, dass auch sie am Klebstoff fixiert sind.

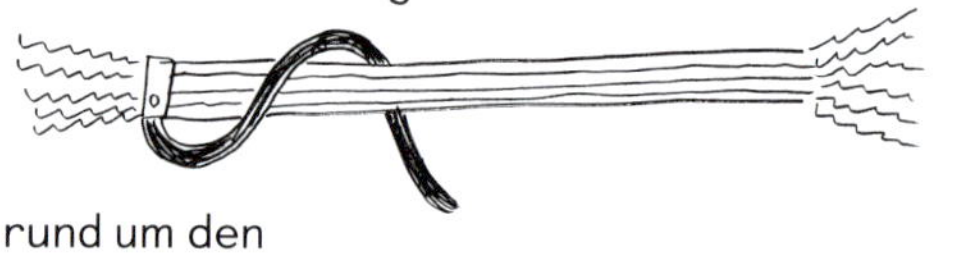

5. Das Makramee-Garn mithilfe des Klebstoffs rund um den Draht festdrücken.
6. 8 Stränge Stickgarn auf eine Länge von je etwa 30 cm schneiden.
7. Die Enden des Stickgarns an das untere Ende der Stange kleben und die Stränge von da ausgehend um die ganze Stange zwirbeln.

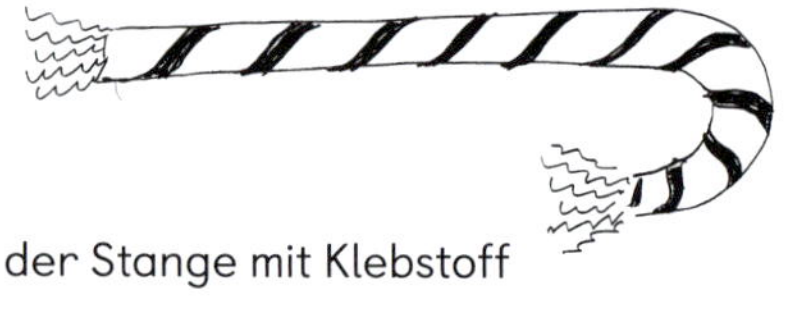

8. Schließlich die Garnenden am oberen Ende der Stange mit Klebstoff fixieren.
9. Das obere Ende biegen, sodass es die Form eines Spazierstocks erhält.
10. Die losen Enden des Makramee-Garns ausfransen.
11. Für eine Aufhängung Nadel und Faden durch das gebogene Ende der Zuckerstange fädeln.

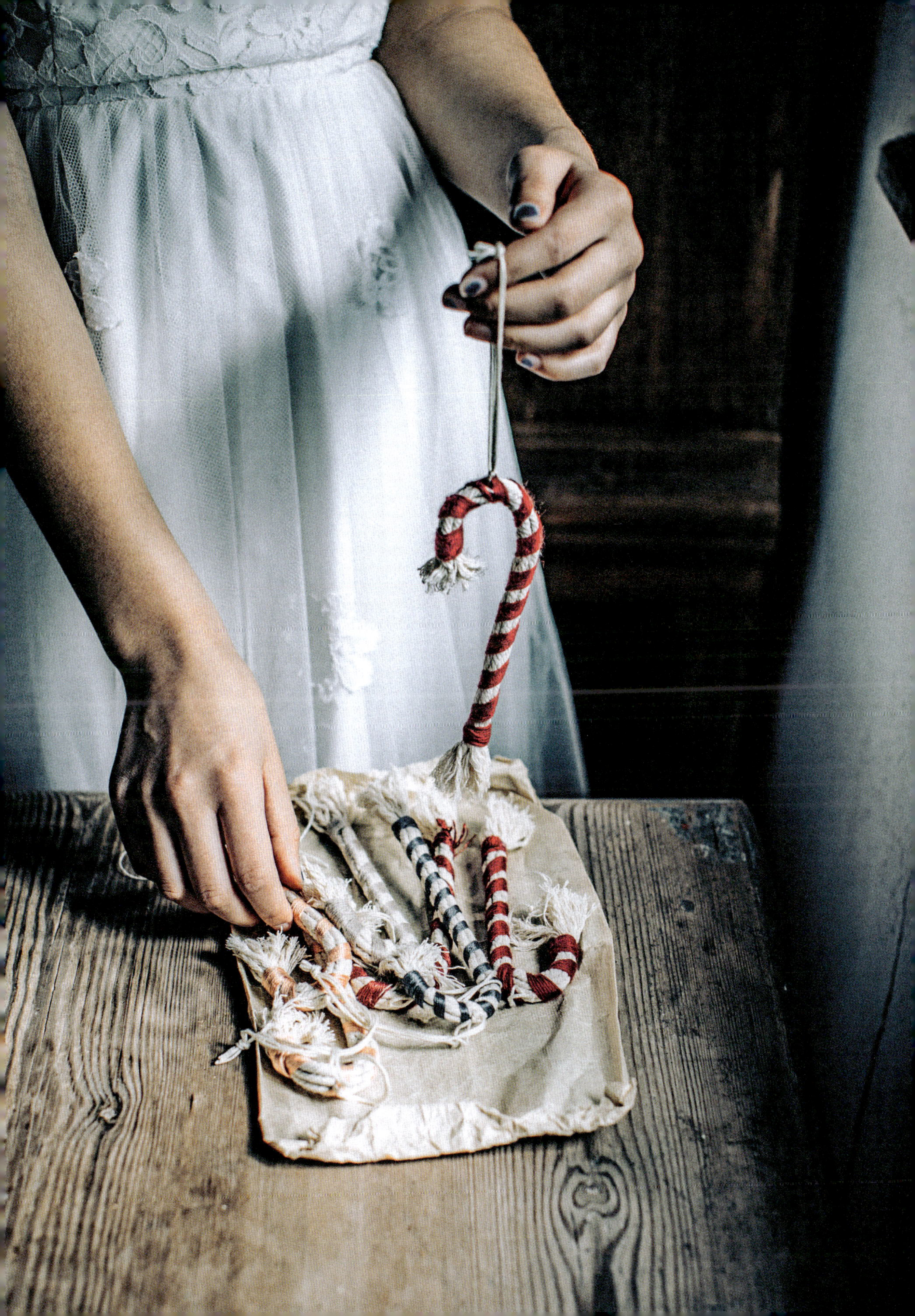

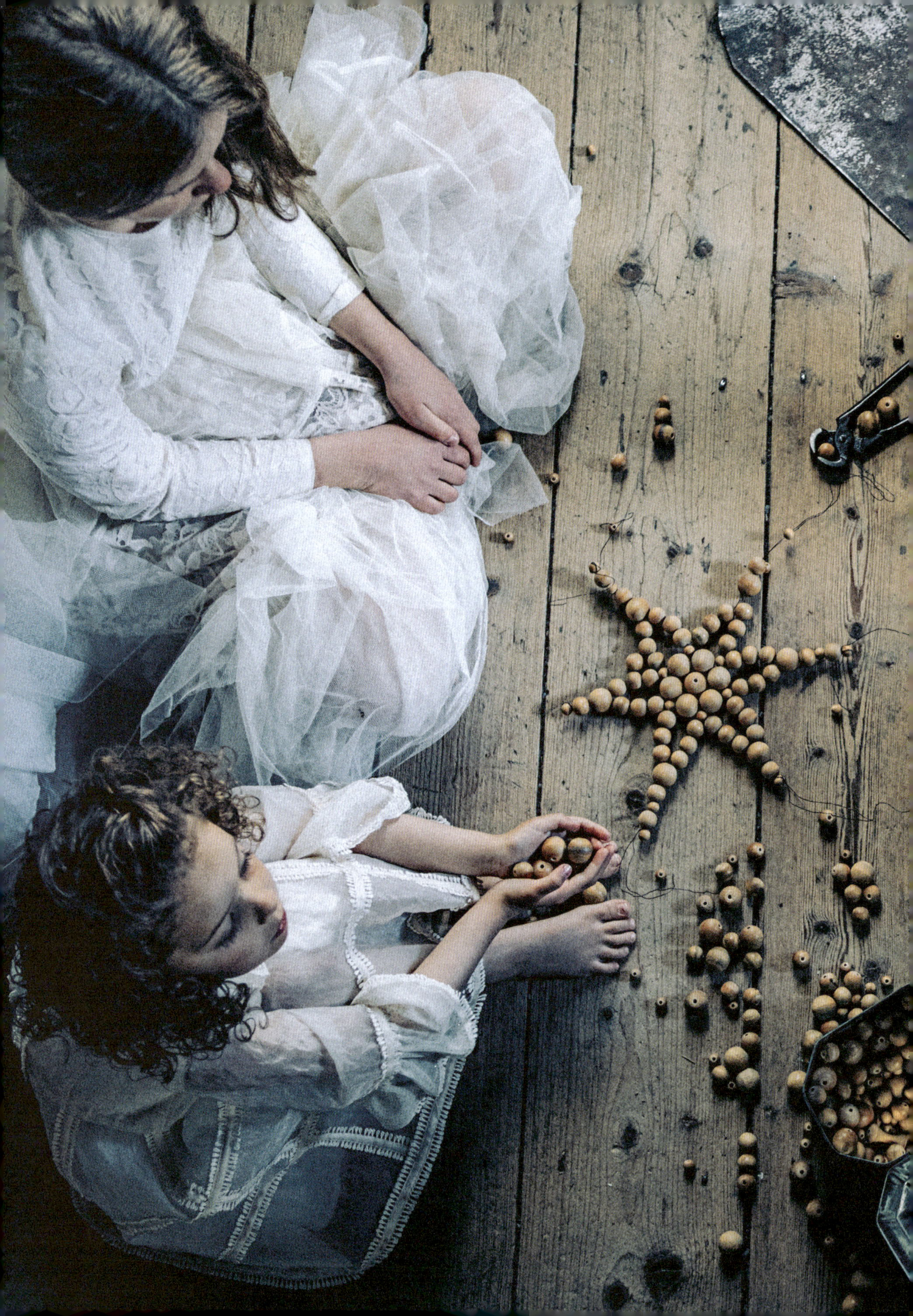

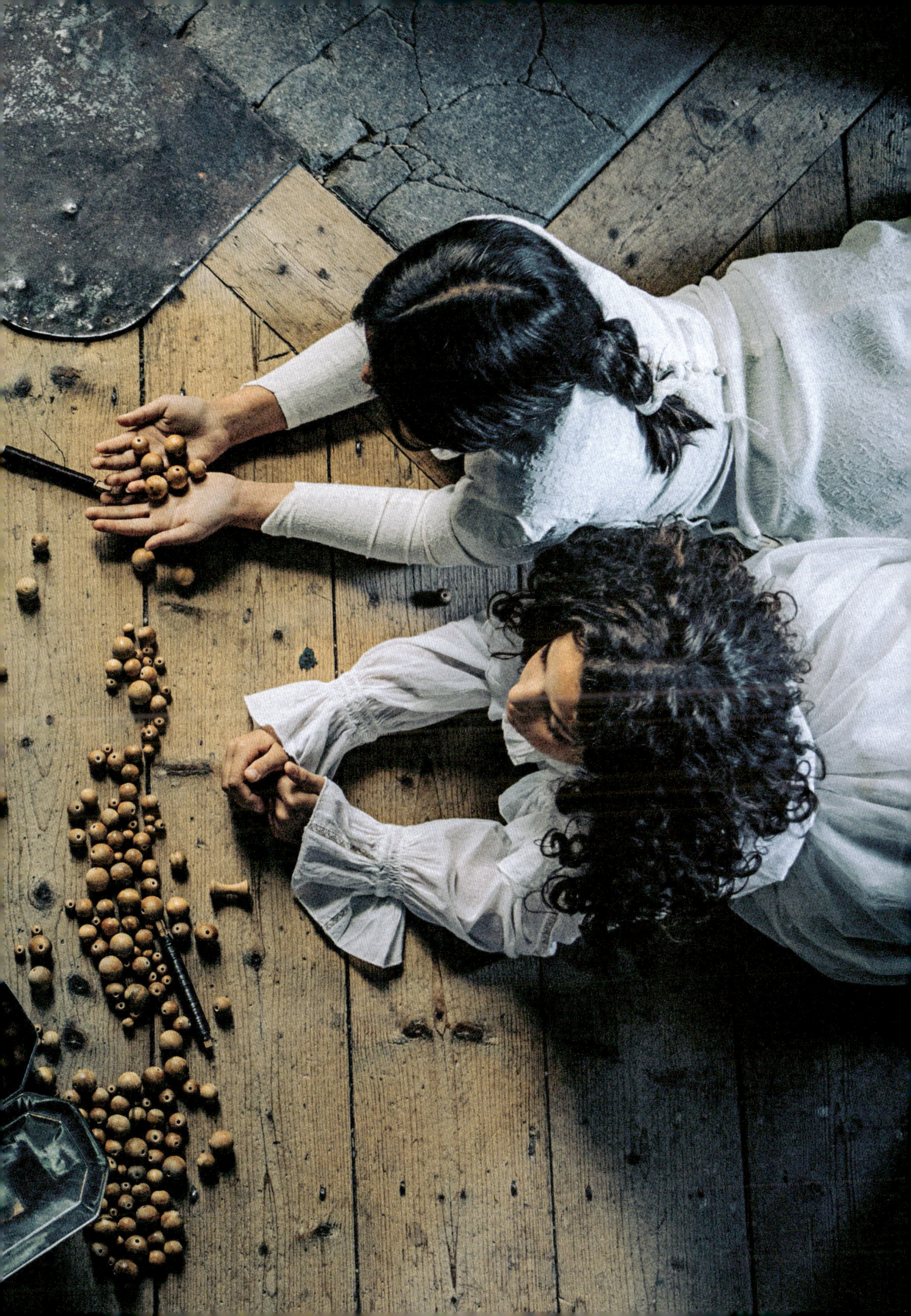

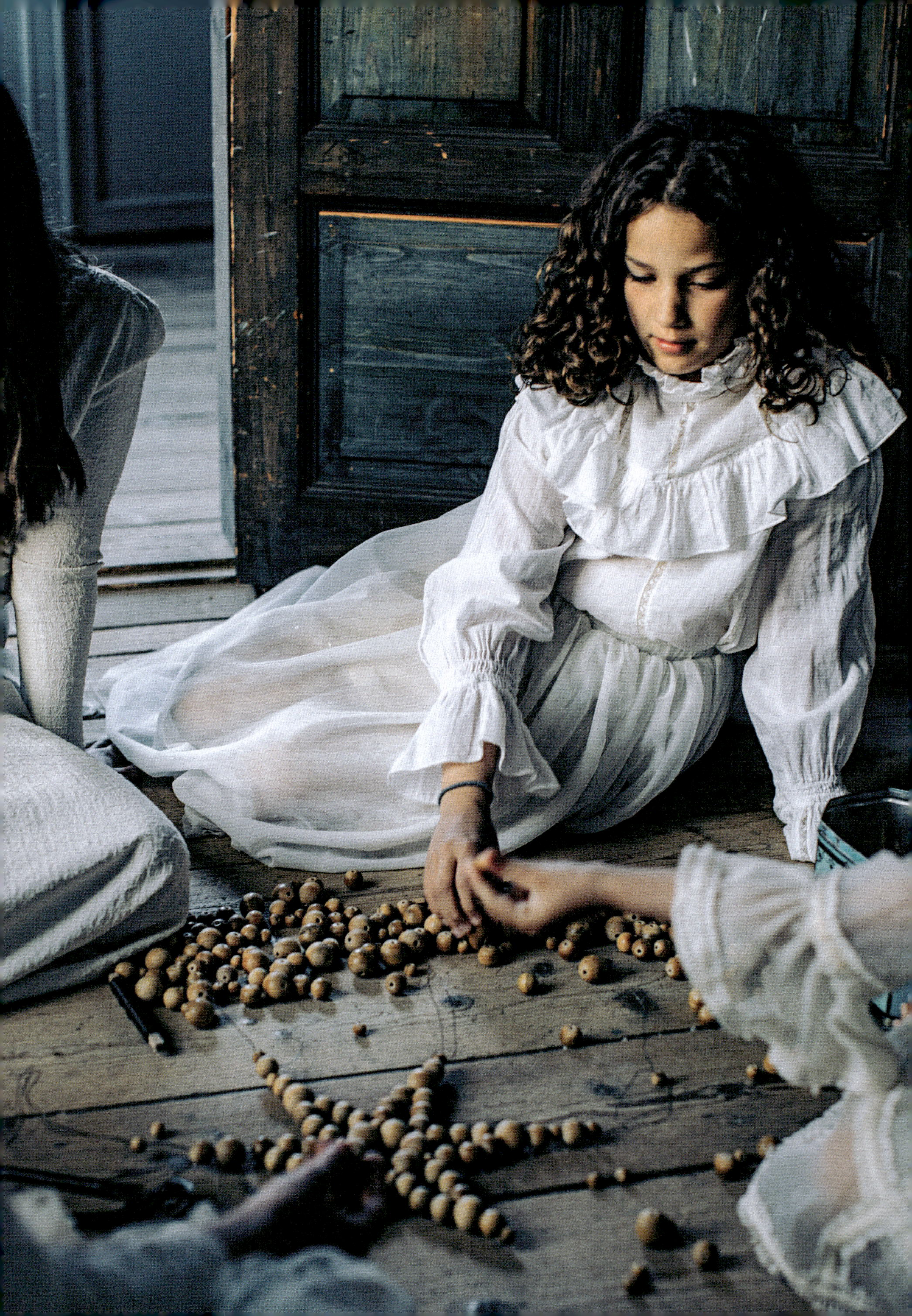

Holzperlenstern

Meine Kinder haben Bastelperlen schon immer geliebt und tun es noch immer. Immer wieder ziehen sie ihre Dosen und Setzkästen voller Perlen hervor und können dann stundenlang sitzen und Perlen auf lange Schnüre aufziehen. Das Auffädeln von Perlen hat etwas Meditatives, vielleicht ist es deshalb so naheliegend. Wir kaufen oft alte Ketten auf dem Flohmarkt, die wir ablösen und in Gläser einsortieren. Die Perlen mit Faden oder Draht in eine bestimmte Form zu bringen, verlangt etwas mehr Anstrengung. Aber wenn man ein wenig herumprobiert, merkt man schnell, wie es geht. Einen Stern aus Holzperlen und Draht zu basteln, ist einfach und macht Spaß. Wenn man größere Holzperlen wie diese hier aus einem Türvorhang verwendet, kann man im Nu einen großen Stern herstellen.

Das wird benötigt:
Basteldraht
Seitenschneider
Bastel- oder Holzperlen in verschiedenen Größen

So funktioniert es:

1. Ein Stück Basteldraht von etwa 70 cm Länge abschneiden.
2. Die ersten 6 Perlen auffädeln und den Draht zu einem Ring biegen. In eine der Perlen beide Drahtenden in entgegengesetzter Richtung einfädeln, sodass sie auf beiden Seiten aus der Perle herausragen.
3. Auf beide Stränge jeweils zunächst 1 kleine und dann 3 größere Perlen aufziehen.
4. Die Stränge zusammenführen und 1 große Perle aufziehen.
5. Weitere Perlen auf den zusammengeführten Strang fädeln, bis man an der Spitze der Sternenzacke angelangt ist.
6. Den Draht wie einen Knoten zwischen der letzten und vorletzten Perle um sich selbst schlingen.
7. Beide Drahtenden abschneiden.
8. Einen neuen Strang Draht von 50 cm Länge abschneiden.
9. Diesen Draht durch 1 große sowie die kleine Perle am unteren Ende der Sternenzacke fädeln.
10. Die Schritte 3–7 sowohl bei dieser neuen Sternenzacke als auch weiteren 3 Zacken wiederholen, die einen Stern bilden.
11. An der letzten Zacke angekommen, den Draht durch die kleineren Perlen sowie eine große fädeln.

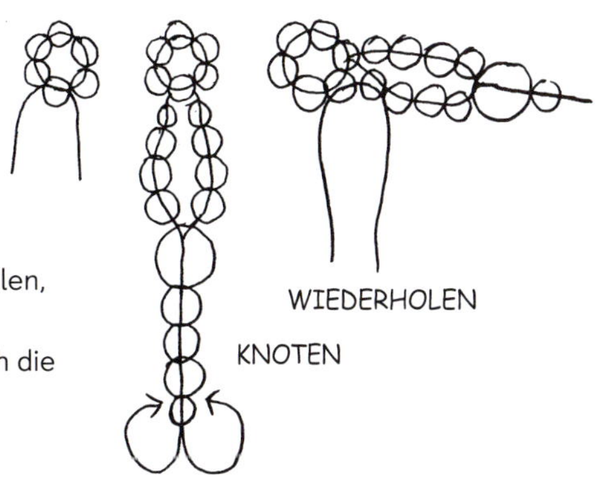

Faltstern

Mit diesen Sternen ist es wie mit dem Atmen – beides geht automatisch. Man tut es, ohne nachzudenken, sodass man beim Basteln den Gedanken freien Lauf lassen kann. Am besten eignet sich dafür Papier, das man ohnehin zu Hause hat. Man kann in Prinzip eine Papiertüte verwenden, aber auch Tapetenreste sind ganz entzückend. Ich finde es besonders schön, in der Mitte einen kleinen Punkt oder Stern anzubringen.

Das Außergewöhnliche an dieser Art von Bastelprojekt ist, dass man sich mehr auf Quantität als auf Qualität fokussieren kann. Man muss nicht so genau sein, aber mehrere dieser Sterne zusammen sehen immer unglaublich schön aus.

Das wird benötigt:

Papier (für kleinere Varianten sollte es ein dünneres sein)
Schere
Klebstoff
Kreisstanzer (oder Stanzer anderer Form)
Karton
Locher
Faden oder Band

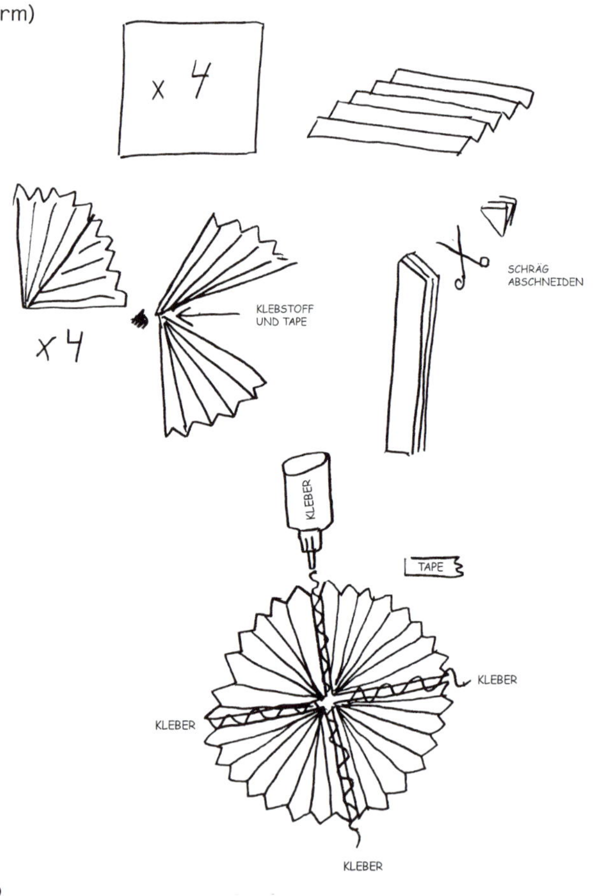

So funktioniert es:

1. 4 Bogen Papier quadratisch zuschneiden.
2. Alle Bogen wie zu einer Ziehharmonika falten.
3. Jede Ziehharmonika in der Mitte falten und mit Klebstoff zu einem Fächer fixieren.
4. Den Fächer zusammenklappen und am oberen Ende schräg abschneiden, sodass sich eine Spitze formt.
5. Alle 4 Fächer zusammen zu einem Kreis verkleben.
6. Einen Kreis oder eine andere Form aus Karton ausstanzen und in die Mitte des Sternes kleben.
7. Mit einem Locher ein Loch in den Rand des Sternes stanzen und die Aufhängung anbringen.

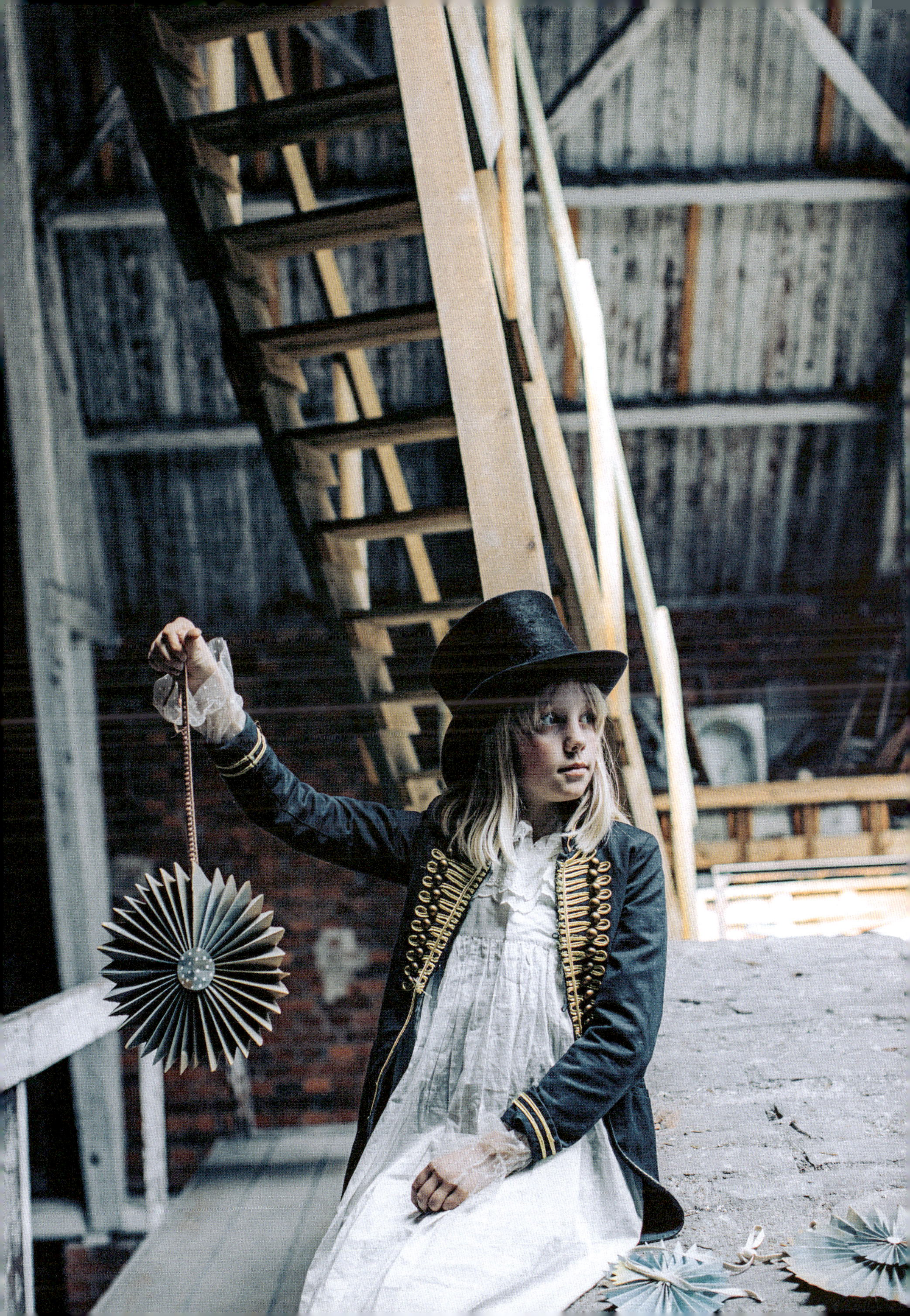

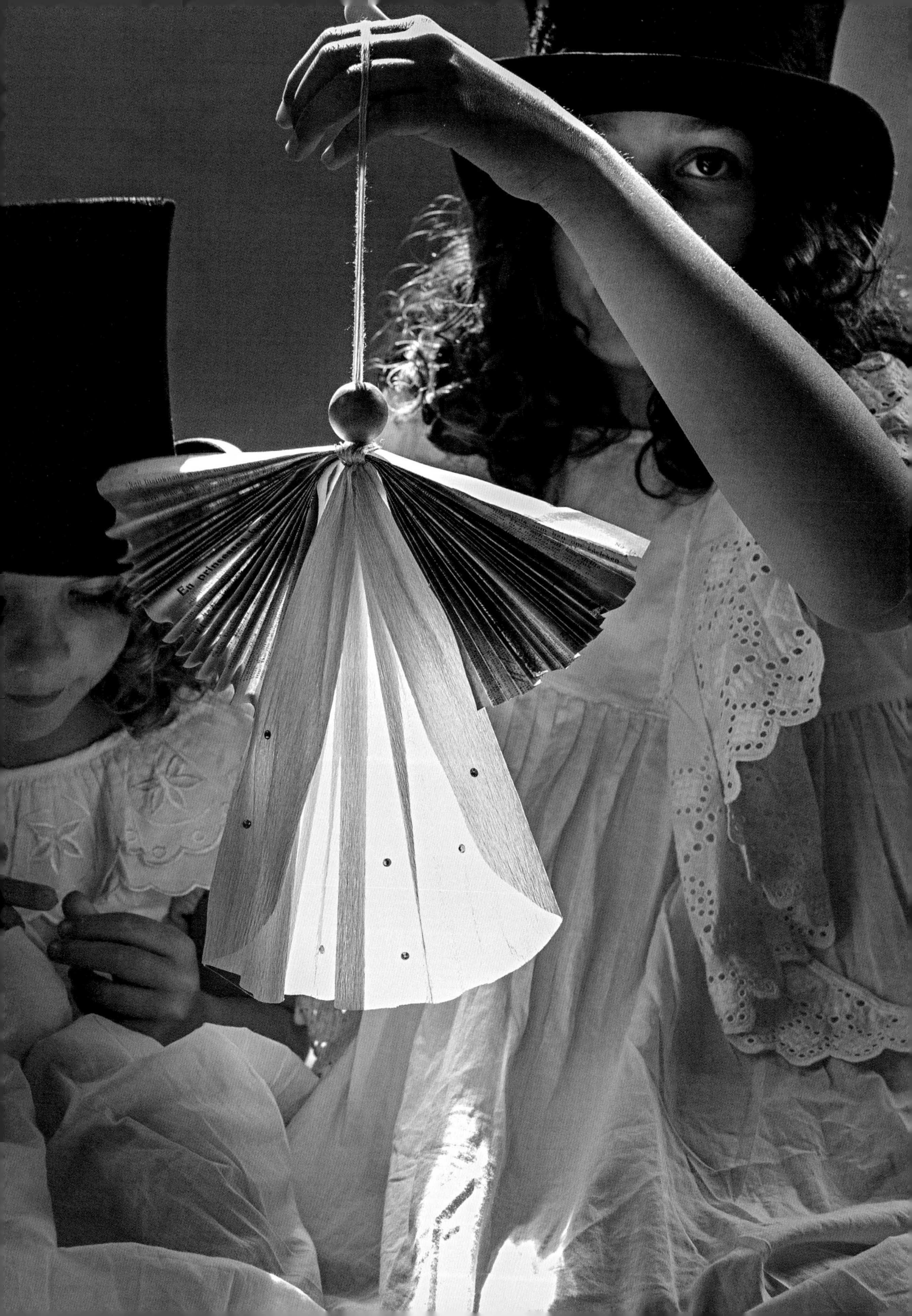

Buchseiten-Engel

Vor langer Zeit konnte man in den Weihnachtsbäumen Engel und Himmelsleitern finden. Es hieß, dass Erstere auf diese Weise zwischen Himmel und Erde hin- und herreisten. Schon hübsch, so eine Leiter, die bis zu den Wolken hinaufragt. Wir bastelten dem Engel hier Flügel aus alten Buchseiten und gaben ihm ein Kleid aus Krepppapier mit Glitzerverzierung.

Das wird benötigt:
Buchseite
Schere
Stickgarn
Klebstoff
Holzkugel
Krepppapier
Farbe oder Glitzer

So funktioniert es:

1. Eine Buchseite auf die gewünschte Größe zuschneiden. Der Länge nach wie zu einer Ziehharmonika falten. Daraus entstehen die Engelsflügel.
2. Das Garn um die Mitte des Flügels knoten. Einen kleinen Klecks Klebstoff auf das Garn geben und dieses durch die Kugel fädeln. Etwas festdrücken, damit die Kugel gut an den Flügeln klebt. Nach Belieben so viel Garn überstehen lassen, wie für die Aufhängung gewünscht ist, und einen Knoten machen.
3. Ein Rechteck aus dem Krepppapier zuschneiden. Es soll ungefähr doppelt so groß wie der Flügel sein. Die unteren Ecken abrunden.
4. Entsprechend der Skizze falten. Den oberen Rand des Krepppapiers zusammenfassen und auf der Unterseite des Flügels festkleben.
5. Das Kleid bemalen oder mit Glitzer verzieren.

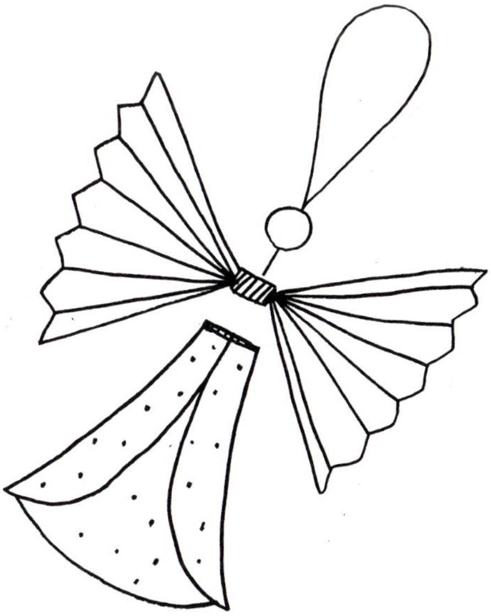

Papier-Pompoms

Es gab eine Zeit, in der Papier-Pompoms jedes Fest schmückten, vielleicht war das sogar ein Trend. Aber gebt mir ein paar Bogen Seidenpapier und ich kann einfach nicht anders – Papier-Pompoms gehören nun einmal zu den schönsten Dekorationen, die es gibt. In gewisser Weise gleichen sie ein wenig sehr großen Pfingstrosen oder Wolken. Basteln wir kleinere Exemplare, haben wir Christrosen für den Weihnachtsbaum, und wenn wir große aus weißem Papier anfertigen, können wir an der Zimmerdecke für einen Schneesturm sorgen.

Das wird benötigt:
Für große Pompons: 15 Bogen Seidenpapier
Für kleine Pompons: Stapel von 8 Lagen à 50 x 25 cm
Schnur oder Basteldraht

So funktioniert es:
1. Das Seidenpapier übereinanderstapeln.
2. Den kompletten Stapel wie zu einer Ziehharmonika falten.
3. Den Stapel in der Mitte zusammenfassen und Schnur oder Draht drum herum knoten (genug für die Aufhängung überstehen lassen).
4. Die Enden des Seidenpapiers rund oder spitz in Form schneiden.
5. Dann die Schichten Blatt für Blatt auseinanderfalten. Zunächst alle Blütenblätter auf der einen Seite zur Mitte hin auffalten, dann auf der gegenüberliegenden Seite, bis schließlich ein runder Ball entstanden ist.
6. Den Ball noch ein wenig in Form bringen und die Schnur zu einer Lasche zum Aufhängen verknoten.

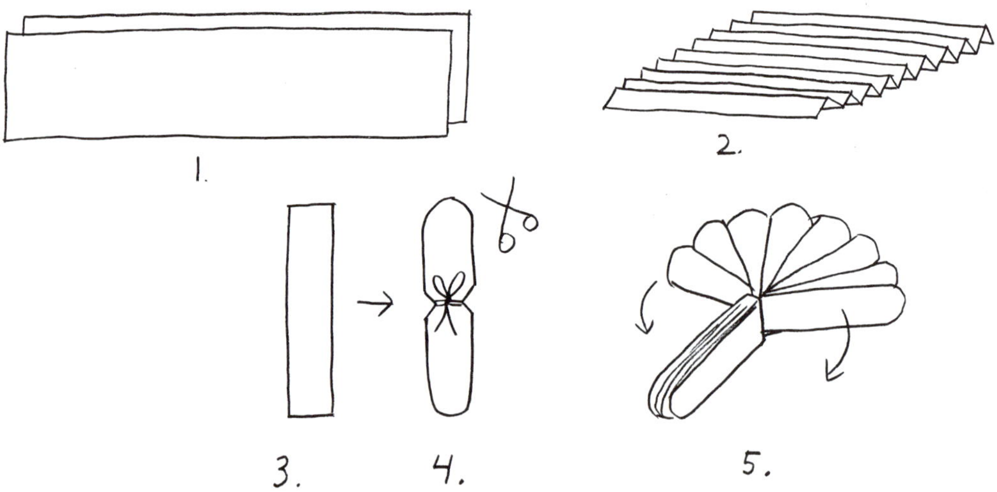

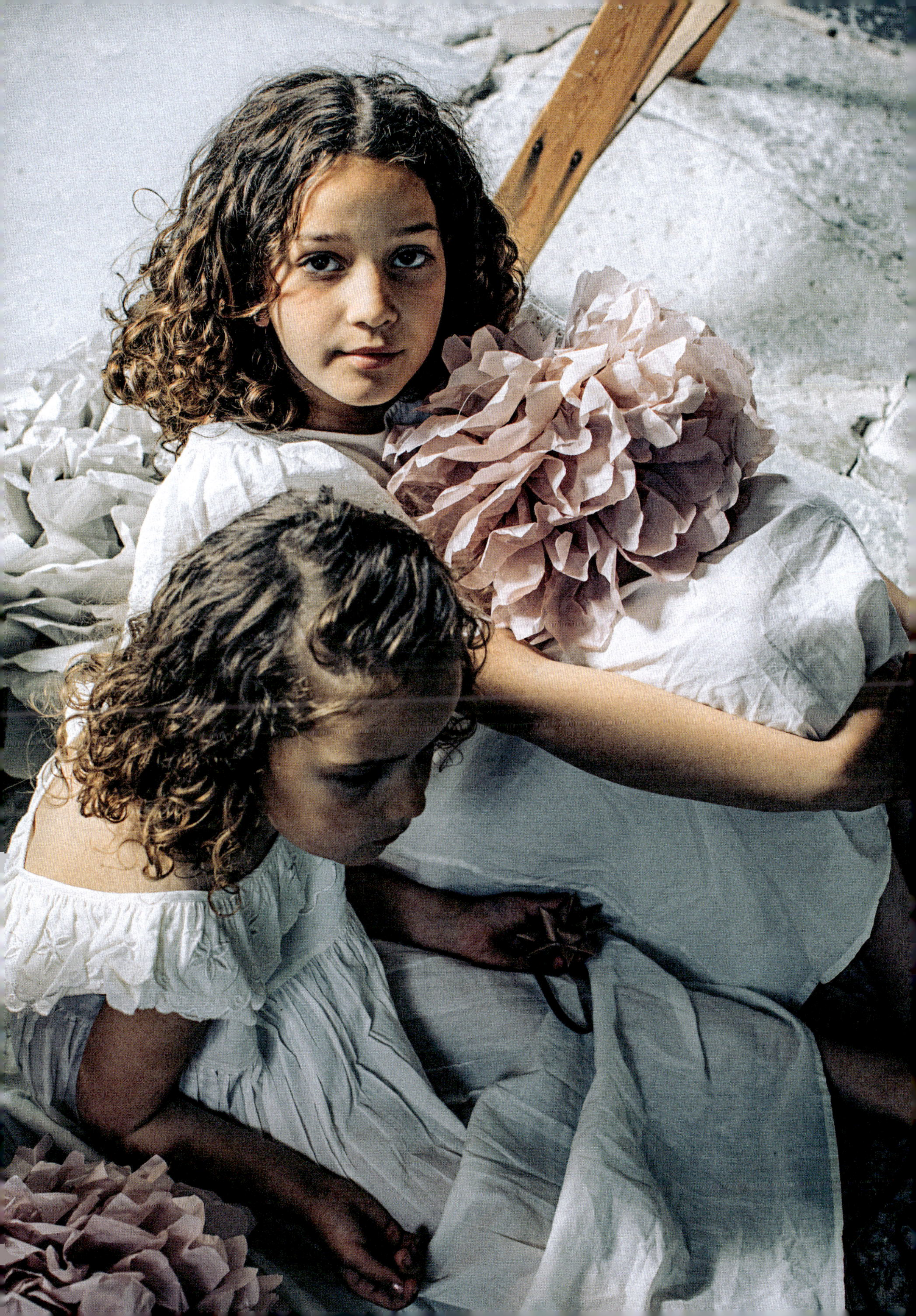

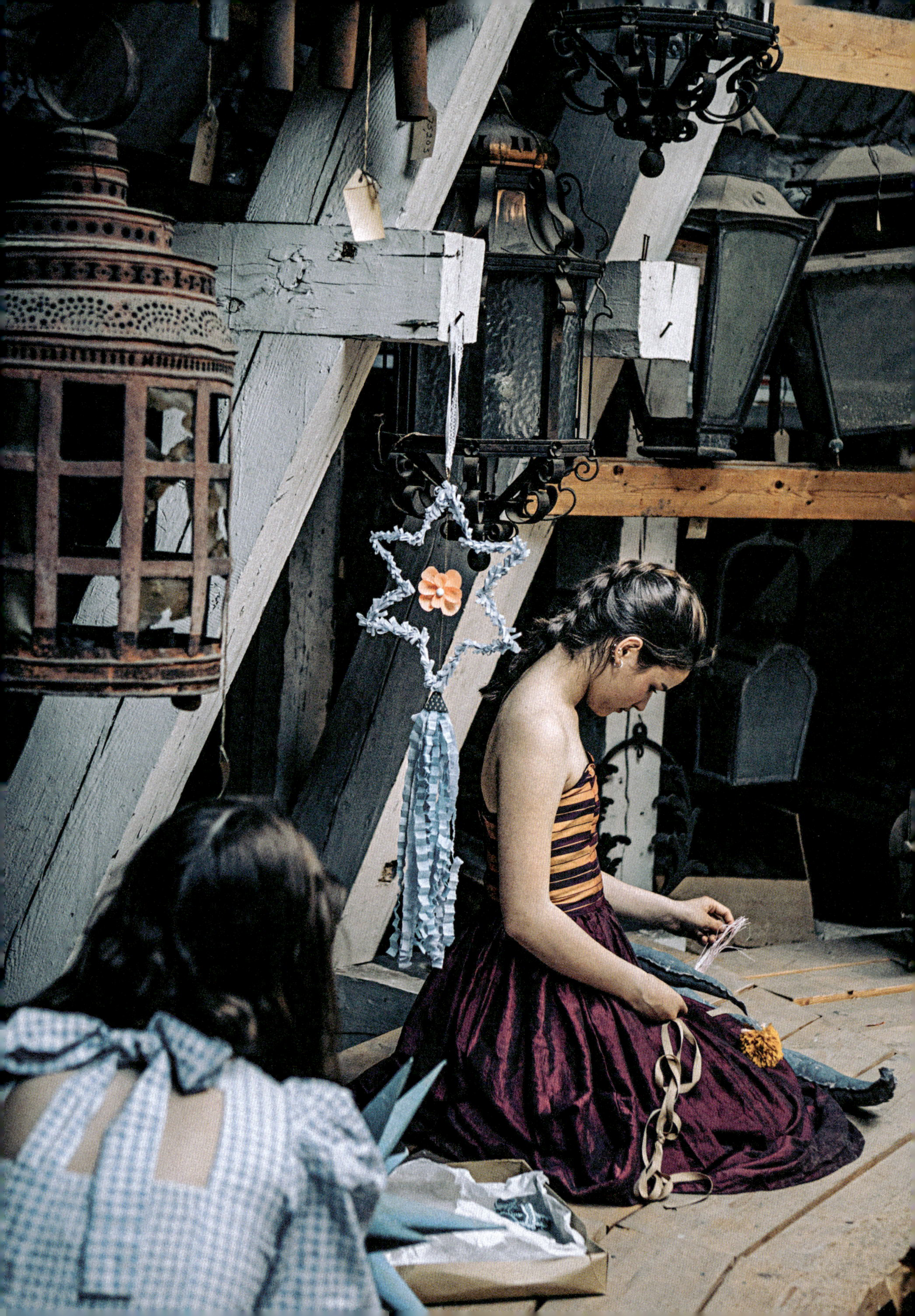

Sternblume

Was Weihnachtsschmuck in den Museumsarchiven angeht, so ist einer oft fantasievoller als der andere. Oft sind die Schätze verformt, verblichen und verschlissen. Die allermeisten sind über hundert Jahre alt, und man wünscht sich, sie könnten berichten, was sie alles erlebt haben. Meist bleibe ich an den Stücken hängen, die eine etwas ungewöhnliche Konstruktion haben, die im Laufe der Zeit in Vergessenheit geraten ist. Dann wandele ich sie ein wenig ab, sodass sie in unsere Zeit passen. Die Vorlage zu dieser Sternblume kommt aus der Region um Göteborg und wurde in den 1920er-Jahren hergestellt, damals mit Glitzer, Metallquasten und einer Blume aus Glanzpapier.

Das wird benötigt:
Krepppapier
kräftiger Basteldraht von 50 cm Länge
Seitenschneider
Klebstoff
5 Bogen Seidenpapier
1 Stück Karton
1 Papierblume (siehe Seite 67)
Perle
feiner Messingdraht

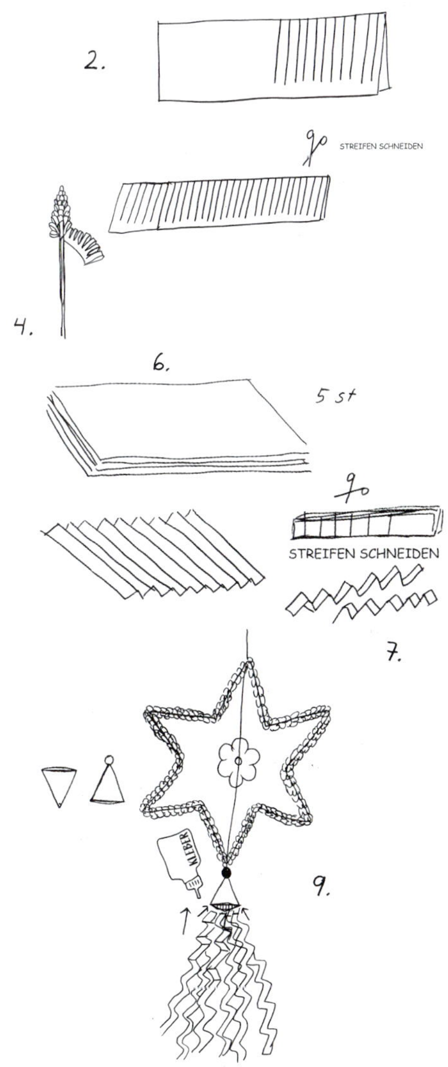

So funktioniert es:
1. 1 Steifen Krepppapier von 70 cm Länge und 4 cm Breite zuschneiden.
2. Den Streifen der Länge nach mittig falten und dann so Fransen hineinschneiden, dass am unteren Rand 1 cm des Streifens unversehrt bleibt.
3. Den Basteldraht mit Klebstoff versehen und den fransigen Streifen der Länge nach fest um den Draht wickeln.
4. Aus dem ummantelten Draht einen Stern formen.
5. 5 Lagen Seidenpapier übereinanderstapeln.
6. Den Stapel wie zu einer Ziehharmonika falten und dann das Papier in einzelne Fransen schneiden.
7. Die Fransen an einem Ende bündeln.
8. Den Karton zu einem Kegel formen und die Fransen mit Klebstoff auf der Innenseite befestigen. Dann den Kegel mit der Spitze nach oben an eine beliebige Zacke des Sterns kleben.
9. Auf die Papierblume hinten eine Perle kleben.
10. Die Perle mit Messingdraht am Stern fixieren.

Majas Engel

Maja Sten, die mit ihren Kunstwerken für so eine besonders schöne Lebendigkeit in diesem Buch gesorgt hat, haben wir auch einen Engel zu verdanken. Engel gernzuhaben, ist einfach. Am liebsten möchte man doch sein gesamtes Fensterbrett mit ihnen schmücken. In einem Buch über die 1950er-Jahre habe ich gelesen, dass Fenster damals zur Weihnachtszeit »freundliche Fenster« genannt wurden. Ich vermute, dass dies in doppeltem Sinn so gemeint war: Es sollte in den Raum hinein gerichtet genauso heimelig wirken wie auch für die Passanten nach außen. Mithilfe der Vorlage gelingt Majas Engel im Nu und er kann nach Lust und Laune verziert werden.

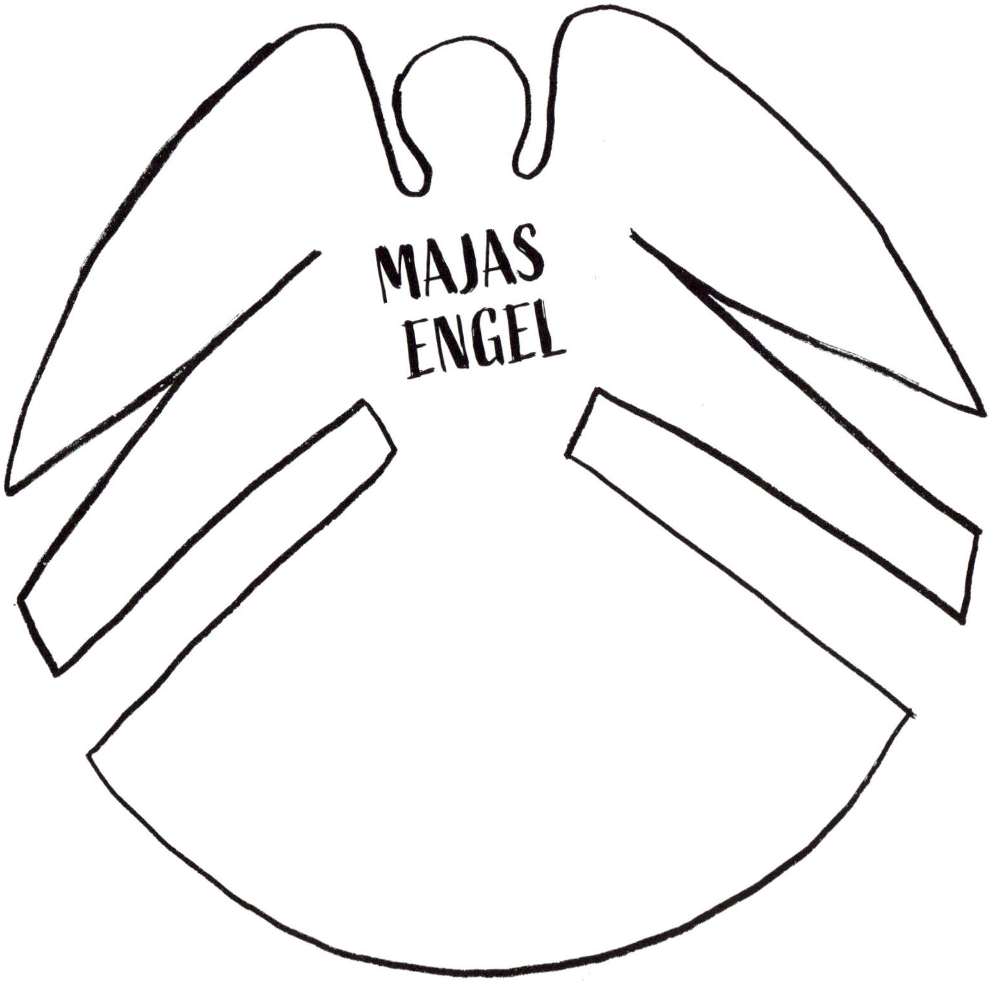

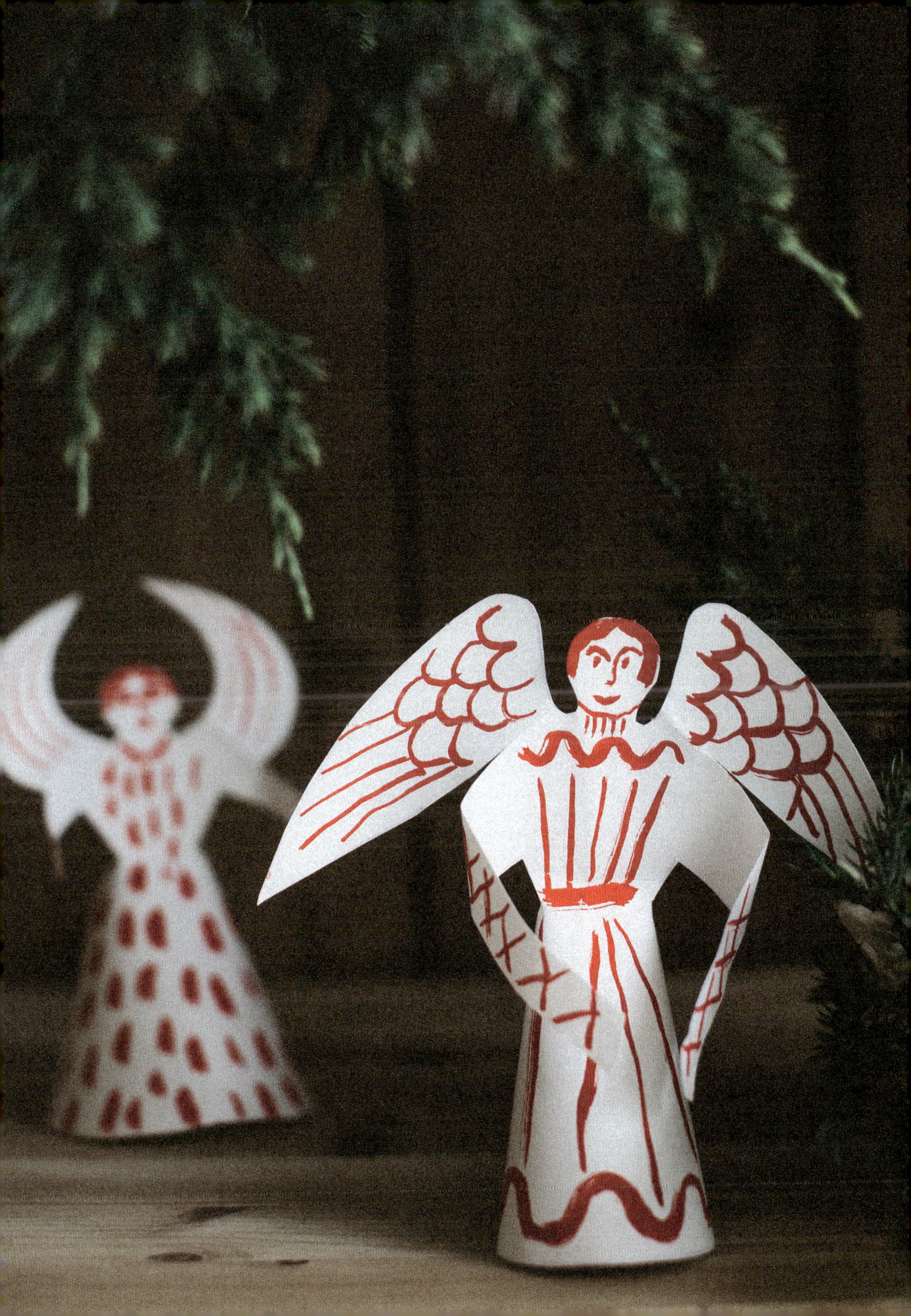

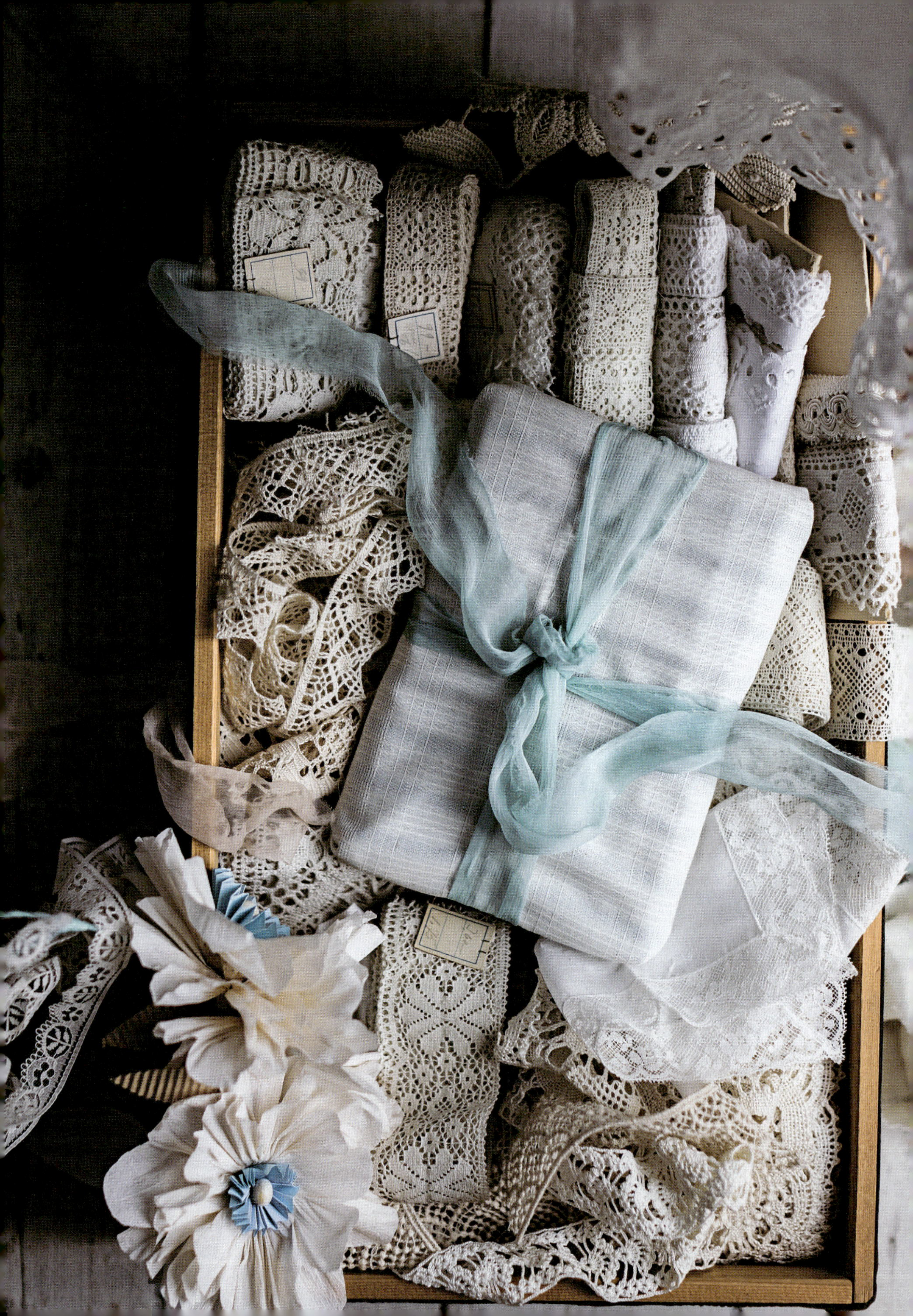

Geschenkverpackungsstation

Ein guter Tipp für den Päckchenmarathon im Advent ist es, ein Weihnachtsgeschenk pro Tag zu verpacken. Denn schöne Päckchen machen einfach so viel Freude. Die kreative Ruhe, die vom Verpacken der Geschenke ausgeht, stellt sich nicht ein, wenn man erst am Tag vor Weihnachten damit anfängt. So viele Male ging es bei uns in der Nacht vor Weihnachten bereits auf drei Uhr zu, als wir dastanden und wie jedes Jahr überrascht waren, dass wir tatsächlich vier Kinder haben. Aber um den ersten Dezember herum haben wir immer die besten Absichten und richten einen »Geschenkverpackungstisch« ein. Wie praktisch für den Fall, dass einem gerade danach ist, oder man findet, dass die Gelegenheit gerade günstig ist. Eine solche Geschenkverpackungsstation vorzubereiten ist keine große Kunst. Man benötigt lediglich eine freie Arbeitsfläche, auf der man alles bereitstellt, was es braucht, um Pakete zu verpacken: Papier, Scheren, Klebstoff, Bänder und Co. So spart man sich den Stress, wenn Weihnachten unmittelbar vor der Tür steht.

Tipps:

- Tapeten eignen sich prächtig als Geschenkpapier. Sie sind außerdem robust und können immer wieder verwendet werden.
- Geschenkanhänger aus eigenen Fotos sind ein Geschenk für sich.
- Dasselbe gilt für Pakete, die in schöne Kisten oder Schachteln verpackt sind. Jeder Schuhkarton kann mit Stoff oder Papier ein Hingucker werden.
- Notenbücher vom Flohmarkt enthalten viel wunderschönes Papier, das zum Einpacken verwendet werden kann.
- Einfach Stoff zum Verpacken benutzen. Vielleicht ein schönes altes besticktes Tuch, ein Stück von einem Vorhang oder der Lieblingsbluse, die nicht mehr ausgebessert werden konnten. Einfach um das Geschenk wickeln und mit Band verschnüren.
- Weihnachtskugeln mögen empfindlich sein, aber mit ihnen fühlt sich das Geschenk wie ein Schatz an.

Das findet man mit etwas Glück auf dem Flohmarkt:

- Glöckchen
- Bänder und Spitzen aller Art
- Kisten, Kartons, Pralinenschachteln, Krawattenverpackungen und Zigarrenkisten
- Notenbücher
- Handarbeitsbedarf wie Garn, Knöpfe und Co

Geschenkschachteln

Auf dem Flohmarkt empfiehlt es sich, immer die Augen offen zu halten, denn hier gibt es tolle alte Zigarrenkisten und vieles mehr. Aber auch leere Krawatten- und Pralinenschachteln sollten nicht unterschätzt werden. Manchmal müssen die Dinge vielleicht ein wenig aufgehübscht werden. Aber dass dann die Verpackung selbst ebenso Geschenk ist wie der Inhalt, ist die Mühe wert. Einen mit Stoff eingekleideten Schuhkarton bewahrt man vermutlich sein Leben lang auf. Wer das Ganze noch ein wenig filmreifer gestalten möchte, kann ein Band oder eine Rosette befestigen. Die Inspiration dafür stammt vom Aussehen altmodischer Hutschachteln: Einfach ein Loch in den Boden der Schachtel machen und das Band dort befestigen, damit es nicht verrutscht. Nun gilt es nur noch, das Band um den Deckel zu schlingen und zu verknoten. Allein der Augenblick, in dem die Schleife dann gelöst wird, ist magisch, das verspreche ich.

Das wird benötigt:
alte Kisten und Schachteln (rund, viereckig, Streichholzschachteln ...)
farbiges Papier (z. B. Tapete) oder Stoffreste
Stift und Lineal
Schere
Klebestift

So funktioniert es:
1. Den Behälter auf das Papier/den Stoff legen und als Schablone nutzen, um die Maße zu skizzieren. Die Seitenteile gemäß den Laschen auf der Abbildung unten beachten.
2. Alle Teile den Skizzen entsprechend zuschneiden.
3. Den Behälter mit dem Papier/dem Stoff bekleben. Mit dem Boden beginnen. Um Luftblasen zu vermeiden, sich von der Mitte nach außen vorarbeiten.
4. Schritt 1–3 für den Deckel wiederholen.

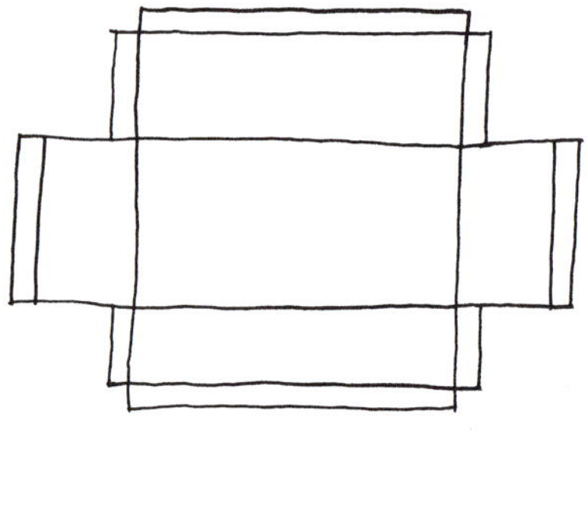

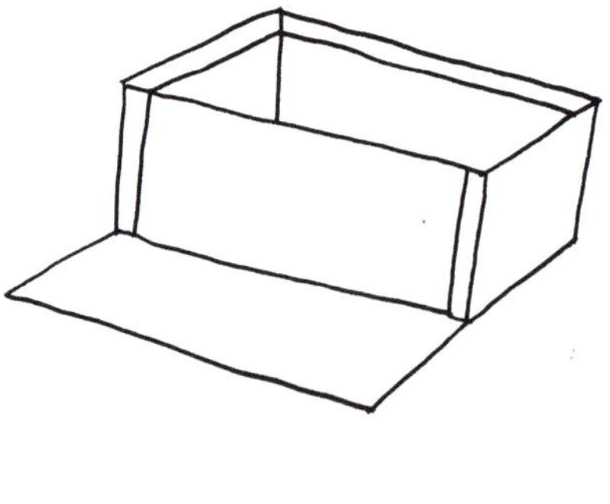

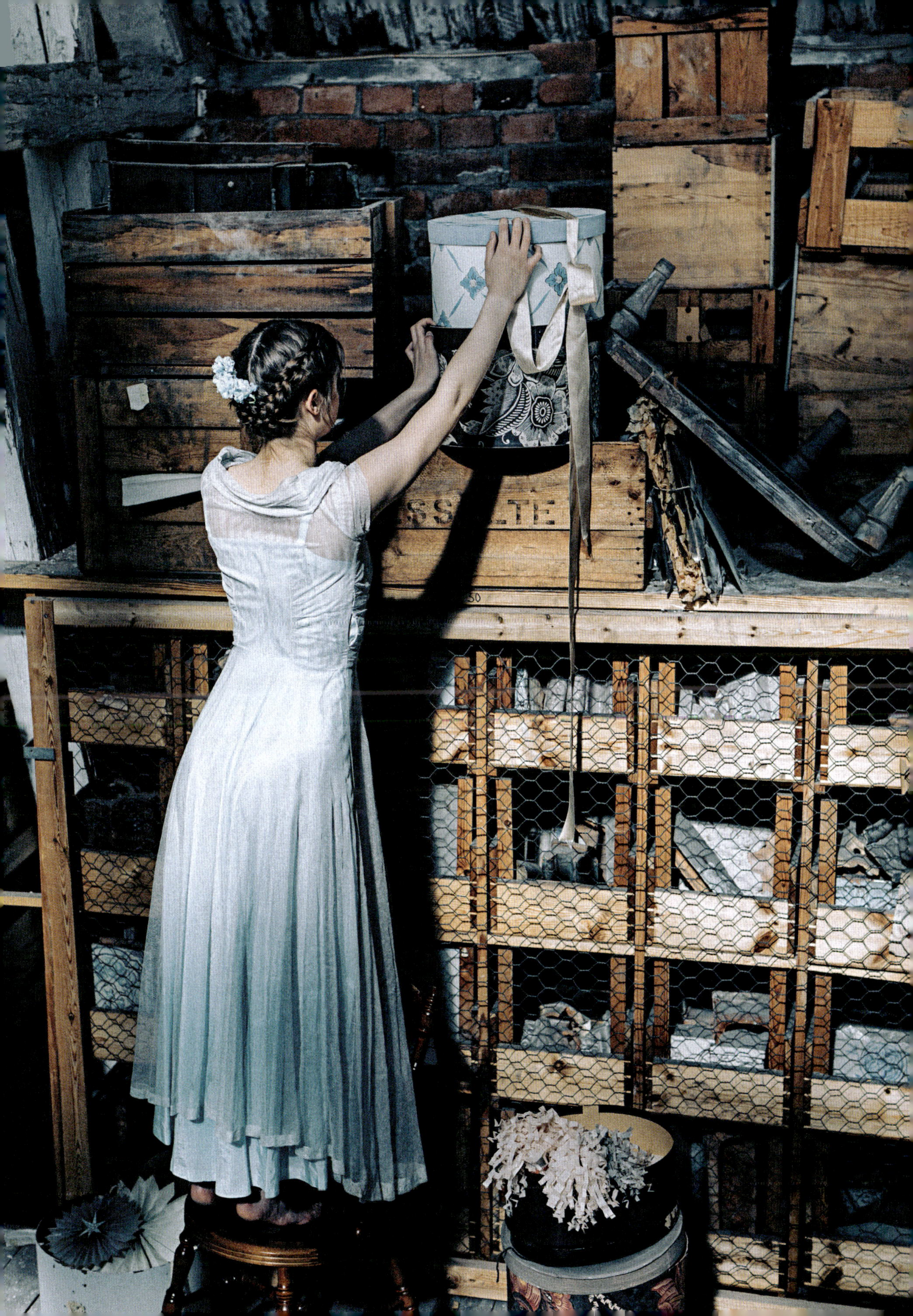
SSLTE

Schachteln & Kisten zum Danach-Ausschau-Halten

Ein **Nähkästchen**, wie man es früher verwendet hat, ist sowohl ein schöner Einrichtungsgegenstand als auch eine sehr stabile Geschenkschachtel. Man kann die Kiste mithilfe eines Handtackers mit Stoff einkleiden und die Klammern mit alten Bändern, die darauf geklebt werden, verdecken. Wer keinen Handtacker hat, kann auch Klebstoff verwenden.

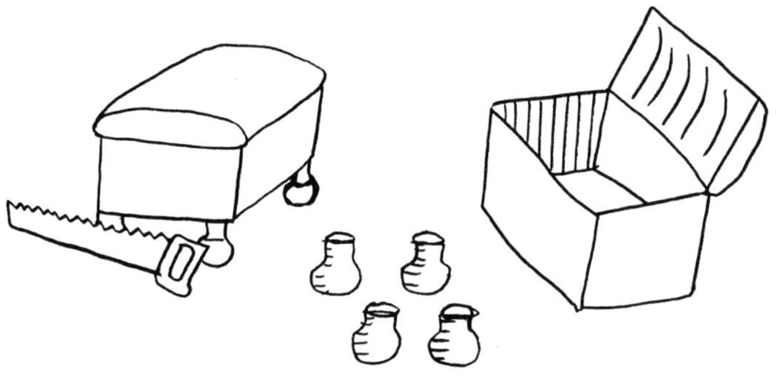

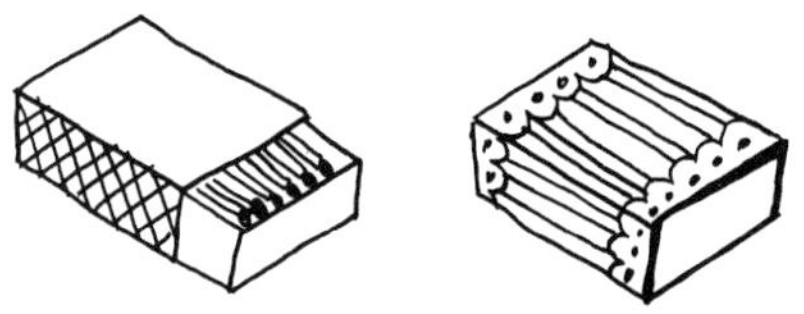

Verzierte **Streichholzschachteln** sind einfach wunderschön. Es lohnt sich, sie, zu sammeln, sodass man immer einen Vorrat zum Basteln hat. Sie eignen sich besonders gut für Geschenke.

Altmodische **Besteck-schatullen** sind wirklich reizend. Innen sind sie oft mit schönem Seidenstoff ausgekleidet. Den Stoff kann man entfernen und das Besteckelement herauslösen, um etwas Watte auf dem Boden zu verteilen und den Stoff dann wieder festzukleben. Dünne Schnur oder ein Stoffband verbergen eventuelle Kleberreste an den Rändern.

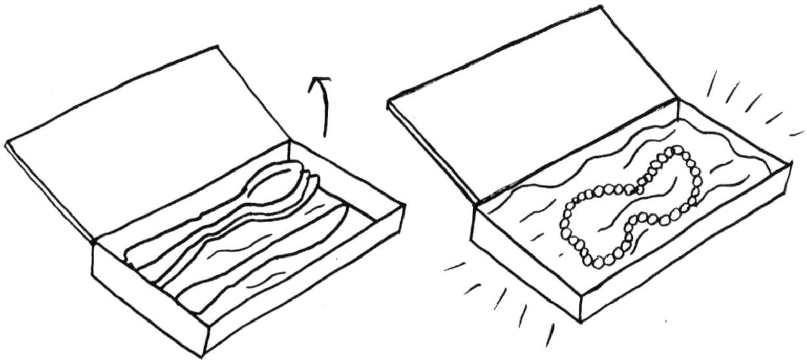

Falzen

Wenn man Papier faltet, ist es geschickt, einen sogenannten Falz zu machen. Auf dieses Weise wird die Faltung gleichmäßig und gerade, ohne dass das Papier knickt oder reißt. Sie kann mithilfe eines Lineals und eines Falzbeins hergestellt werden, mit der stumpfen Seite eines Messers oder einer Stricknadel. Gefalzt wird an derselben Stelle, an der das Papier auch gefaltet werden soll. Das Papier mit der rechten Seite nach oben auslegen und das Lineal an der Markierung zum Falten ausrichten. Mit dem Falzbein am Lineal entlang fahren. So entsteht ein kleines »Tal« auf der rechten Seite des Papiers. Dann vom Falz ausgehend weiter falten (siehe Skizze).

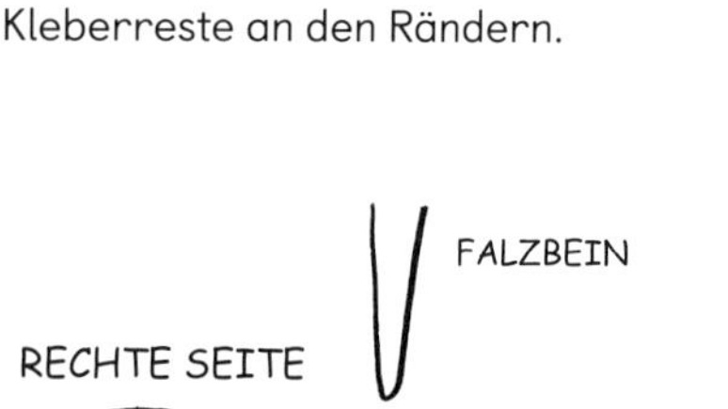

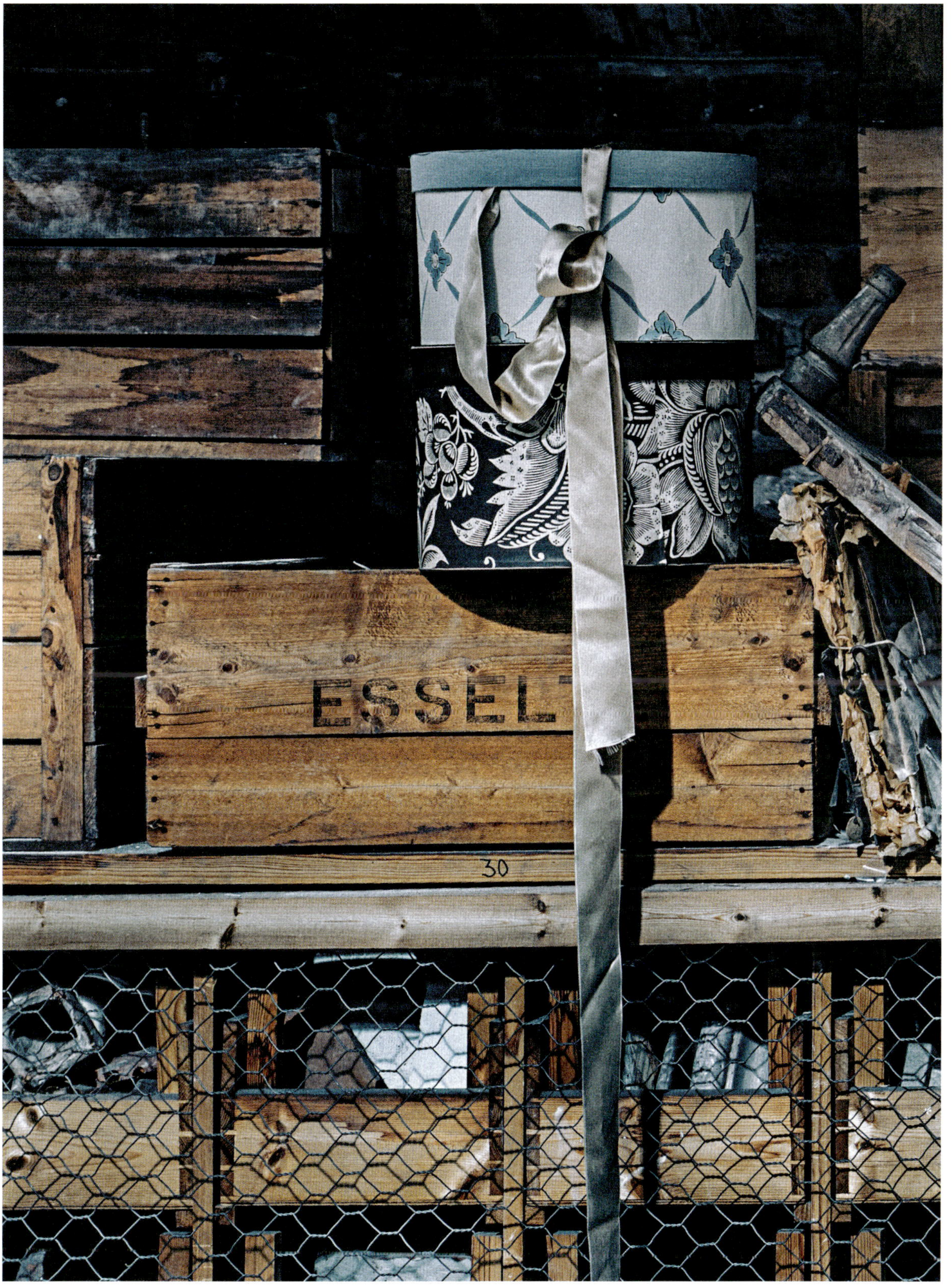
ESSELT
30

Stofftasche

Eine Geschenktüte aus Stoff herzustellen, geht blitzschnell. Man kann dafür ein Tuch vom Flohmarkt, ein Stück kaputten Vorhang oder anderes verwenden. Für die ganz kleinen Tütchen benutze ich Stofftaschentücher. Wenn sie eingestickte Initialen haben, und dann auch noch die richtigen, ist das perfekt. Dann kann man sich das Besticken nämlich sparen und hat gleich eine personalisierte Geschenktüte.

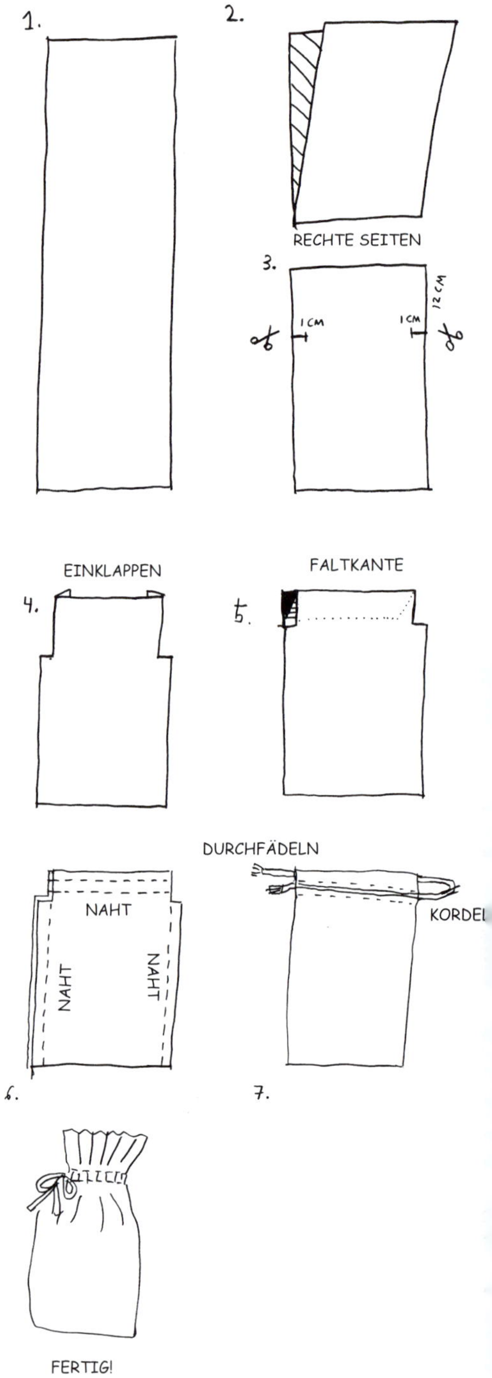

Das wird benötigt:
Stoff
Schere
Nähmaschine
Kordel
Stecknadeln

So funktioniert es:

1. Ein rechteckiges Stück Stoff von 15 x 30 cm zuschneiden. Dass der Stoff in der Länge doppelt so lang wie in der Breite sein sollte, ist ein guter Richtwert für sinnvolle Proportionen.
2. Den Stoff so falten, dass die beiden rechten Seiten aufeinanderliegen.
3. Etwa 12 cm unterhalb des oberen Saums den Stoff links und rechts 1 cm tief einschneiden.
4. Die so entstehende Lasche auf beiden Seiten jeweils nach innen klappen und mit Stecknadeln links fixieren.
5. Den oberen Saum der Tasche nach unten umschlagen und links fixieren. Mithilfe der Nähmaschine einen Kanal für den Tunnelzug der Tasche nähen.
6. Die beiden langen Kanten mithilfe von Nadeln heften (siehe Skizze). Mithilfe der Nähmaschine die Seiten der Tasche nähen, dabei auf etwas Nahtzugabe an den Rändern achten.
7. Die Tasche auf rechts wenden und für den Tunnelzug eine Kordel durch den vorbereiteten Kanal fädeln.

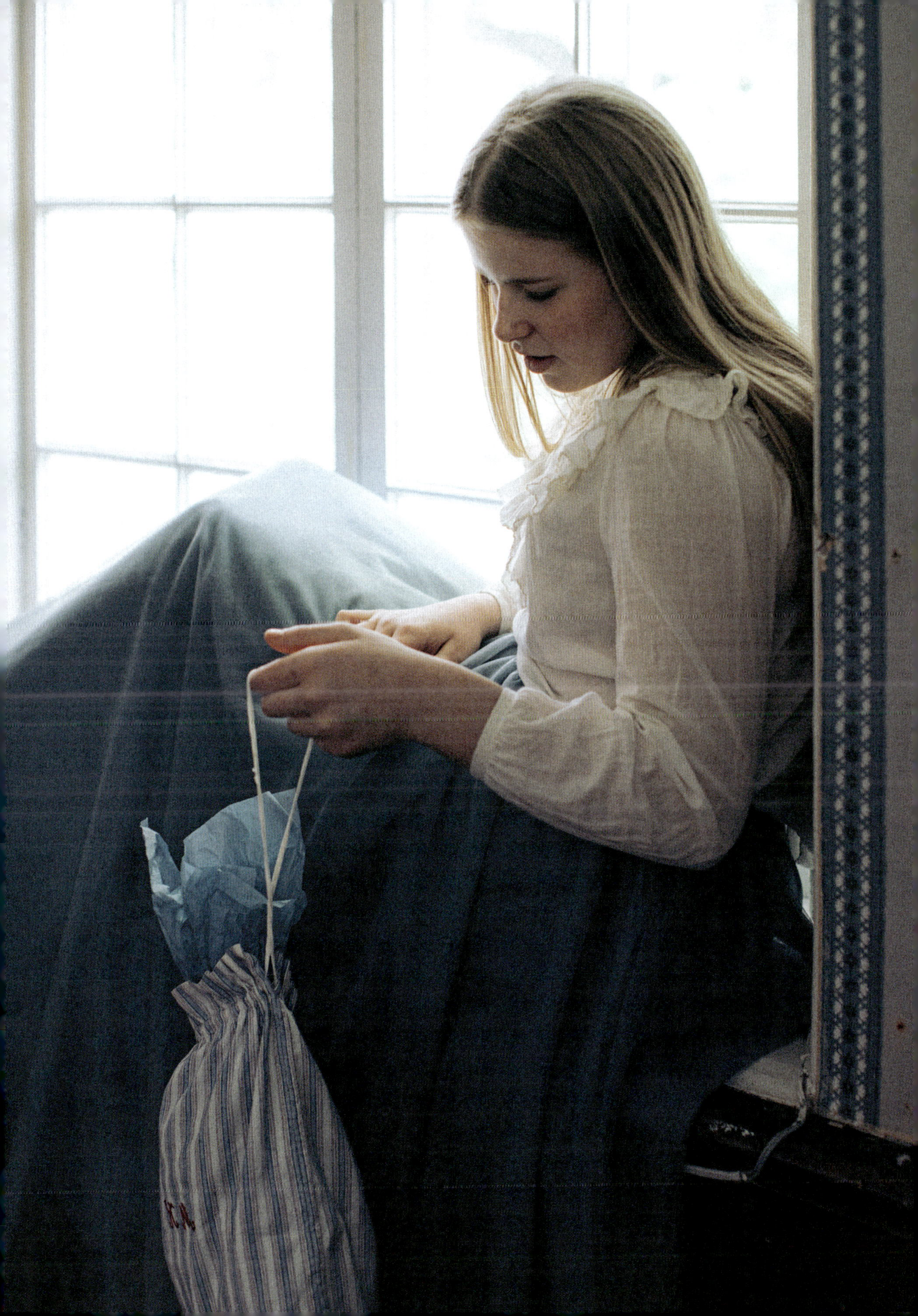

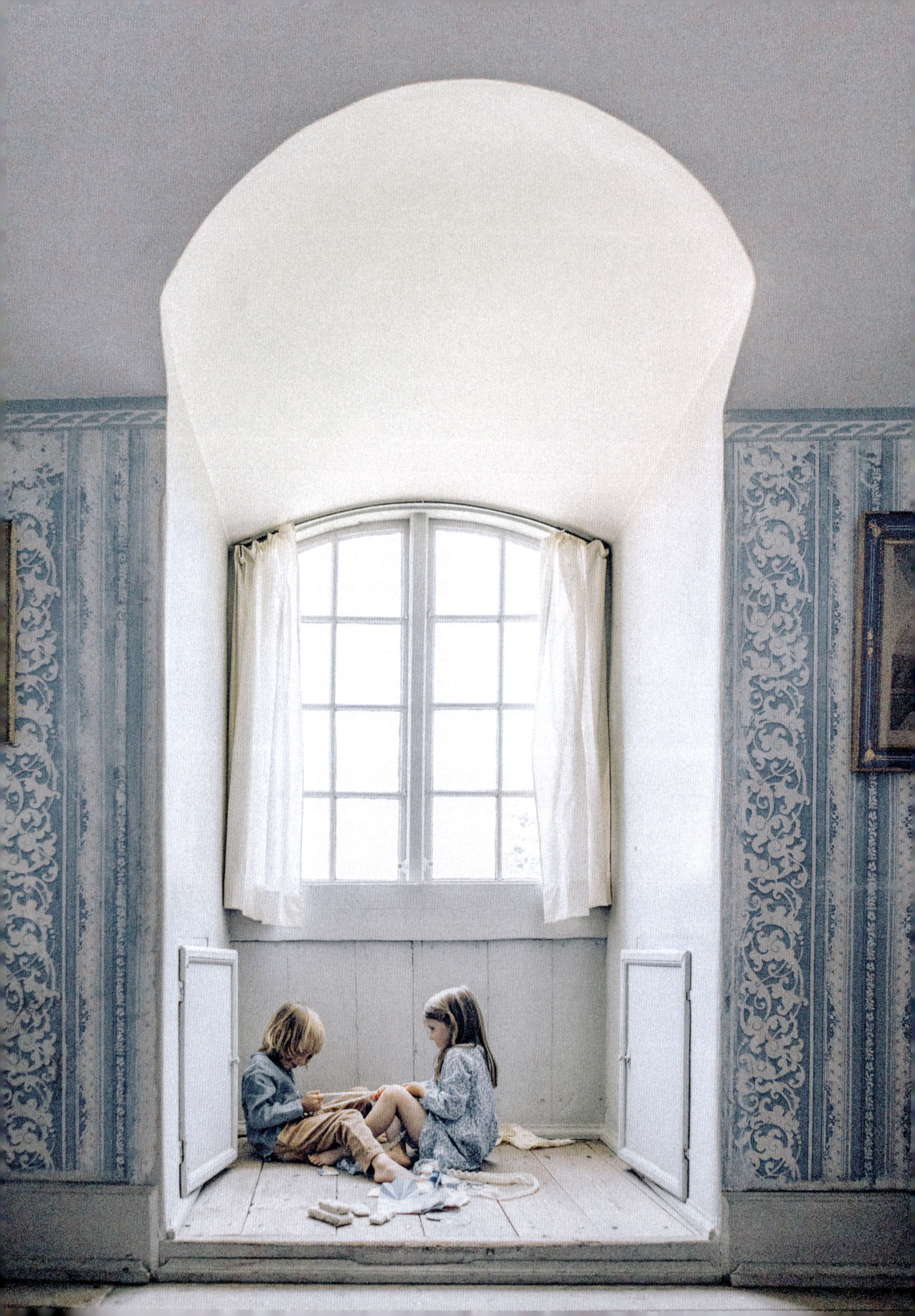

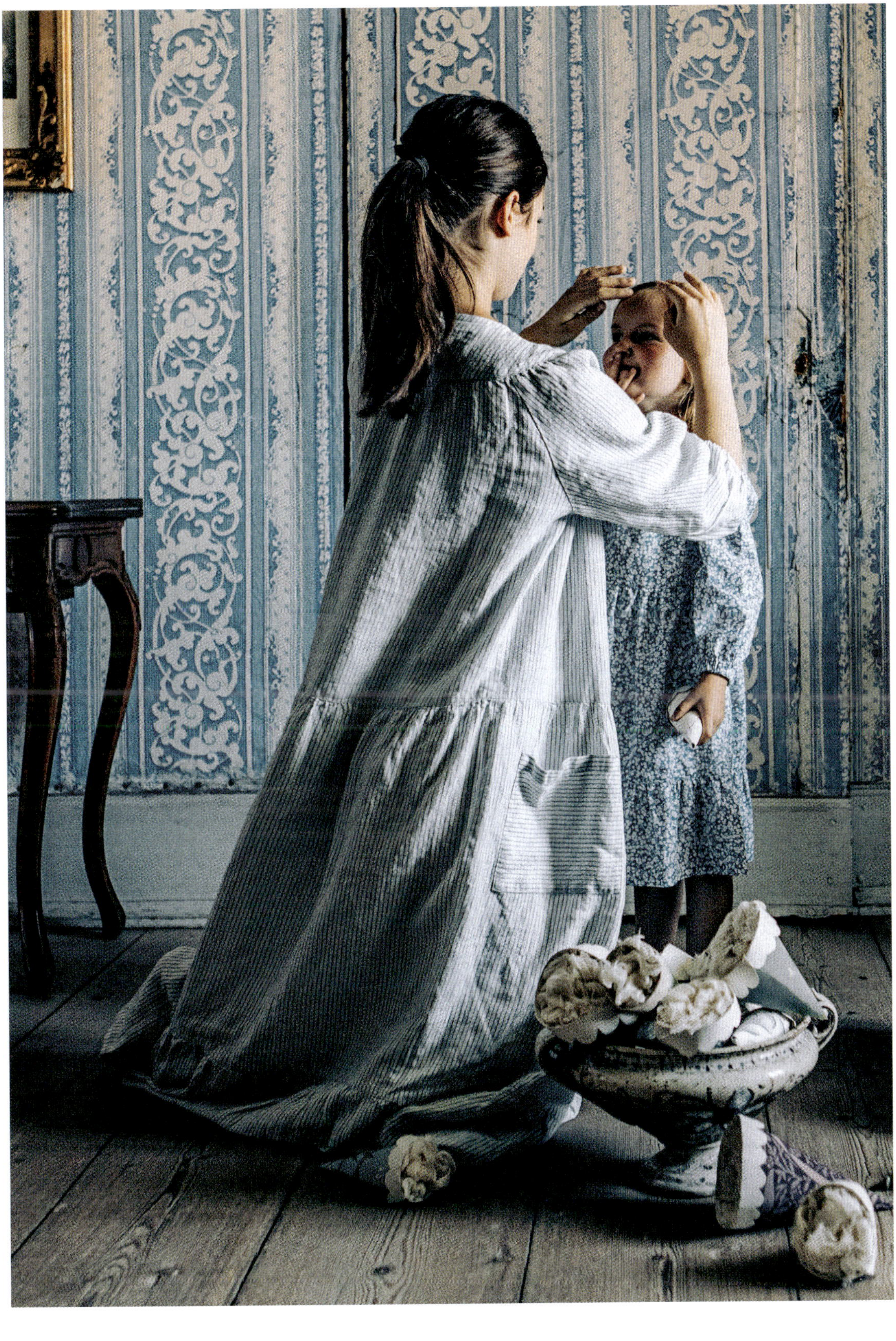

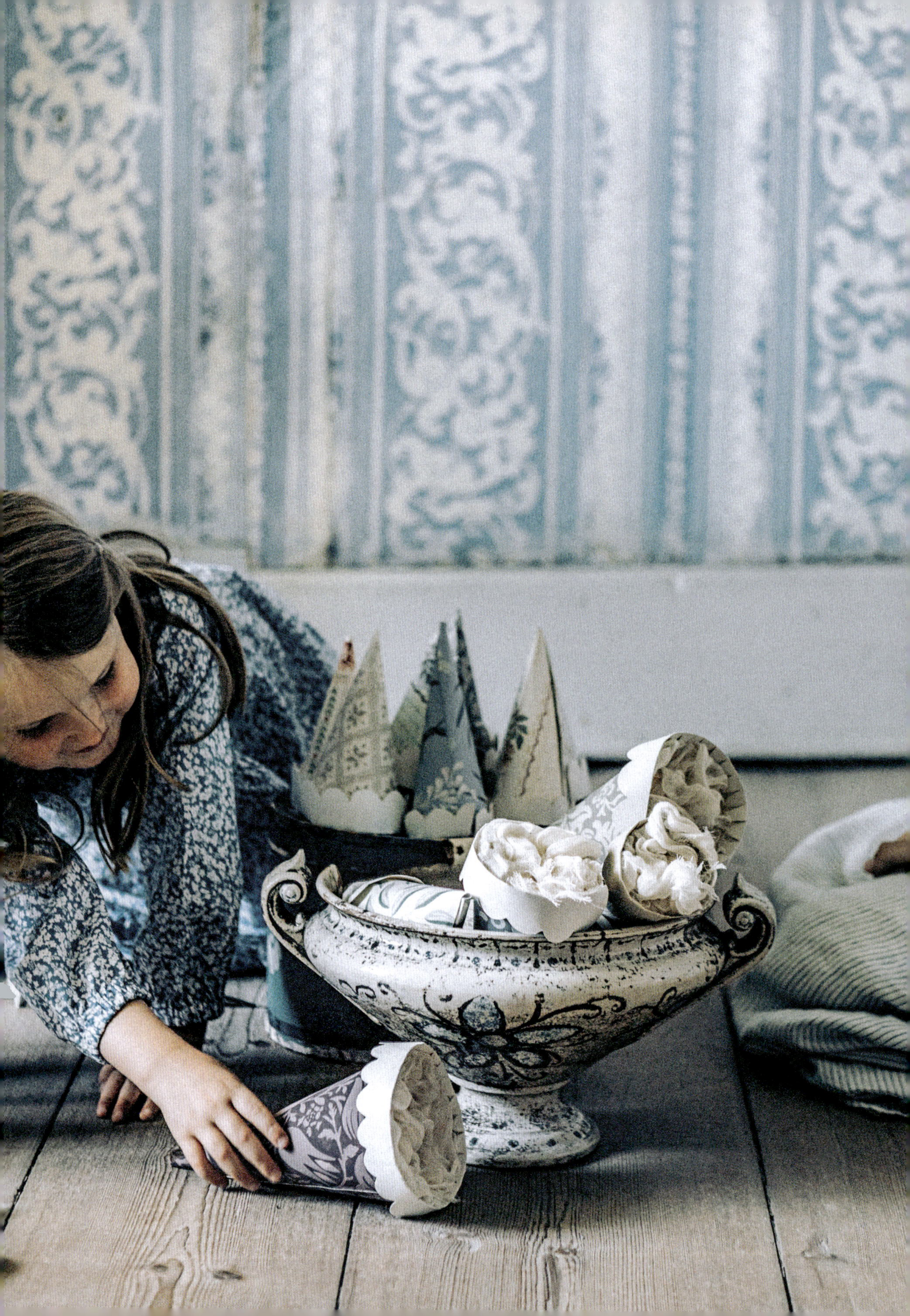

Spitztüten

Ehe Plastiktüten erfunden waren, verpackte man in Spitztüten Süßigkeiten, Obst, Brot und vieles mehr. Es gab elegante Spitztüten, einfache Spitztüten, die vor Ort gefaltet wurden, gefütterte Spitztüten, Spitztüten aus Stoff, aus Papier und Spitztüten mit Fransen daran. Als ich an diesem Buch arbeitete, musste ich einsehen, dass ich ein ganzes Buch mit Spitztüten und ihrer phänomenalen Geschichte füllen könnte. Das Thema ist sicherlich noch nicht ausgeschöpft. Wir stellen hier zwei Varianten von Spitztüten vor – eine mit Rüschen und eine eckige mit einem Herz oben drauf und einem Verschluss aus Bändern.

Spitztüte mit Papierrüschen

Das wird benötigt:

Vorlagen (siehe Seiten 188–189)
Papier in zwei unterschiedlichen Varianten (kräftigeres Papier eignet sich am besten für die Tüte, aber für die Rüschen ist ein dünneres sinnvoller)
Stift
Schere
Klebstoff oder doppelseitiges Klebeband

So funktioniert es:

1. Die beiden Teile den Vorlagen entsprechend abzeichnen und zuschneiden.
2. Die Laschen entlang der gestrichelten Markierungen auf den Rüschen nach unten klappen.
3. Die Tüte zusammenkleben.
4. Klebstoff entlang der Innenseite auf dem oberen Rand des Tütchens verteilen und die Rüschen daran befestigen. Ein Band als Griff an der Spitztüte fixieren.

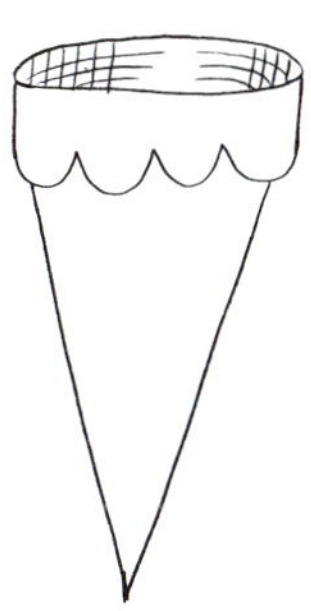

Spitztüte mit Band

Das wird benötigt:

Vorlagen (siehe Seiten 188–189)
Papier
Stift
Falzbein oder Rückseite eines Messers
Schere
Klebstoff oder doppelseitiges Klebeband
Ahle oder Locher

So funktioniert es:

1. Die Spitztüte mithilfe der Vorlagen abzeichnen und zuschneiden. Auch auf die Faltmarkierungen achten.
2. Entsprechend der Markierungen falzen und dann die Tüte falten.
3. Die Tüte zusammenkleben. Die kleineren Teile entsprechend der Markierungen auf der Vorlage für die Spitze bei A und B platzieren. Mithilfe einer Ahle oder eines Lochers ein Loch hineinstechen und dann ein Band oben an der Tüte befestigen.

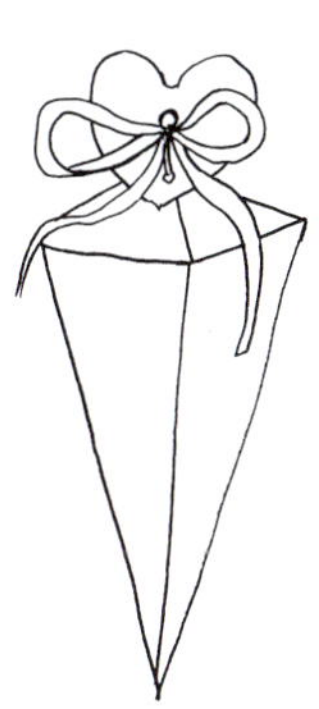

Webherz

Wer erinnert sich nicht an jene Bastelarbeiten, die man mit den Jahren einfach vergisst? Vielleicht hat man sie in der Schule einmal gemacht und später komplett vergessen. Doch plötzlich erkennt man eines Tages, wie wunderschön das Ergebnis damals war. Das Webherz ist ein solches Highlight. Es ist Weihnachtsbaumschmuck und Körbchen in einem und in beliebiger Zahl herzustellen. Inspiriert von Carl Larsson habe ich dieses etwas andere Herz gebastelt.

Das wird benötigt:
Vorlage (siehe Seite 190)
Papier
Schere
Lineal und Falzbein
Klebstoff
Band

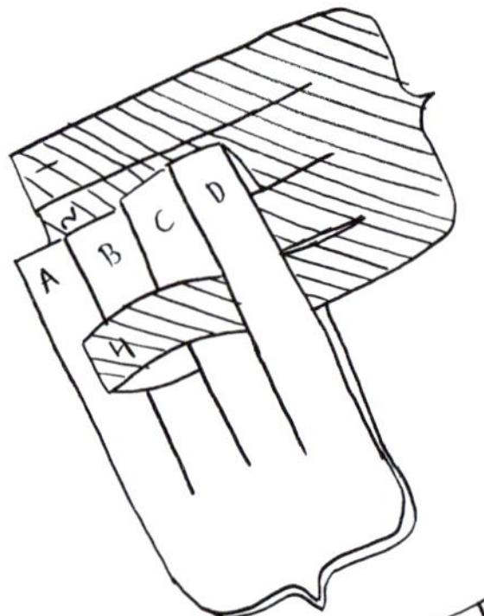

So funktioniert es:

1. Mithilfe der Vorlage 2-mal die Form aus gedoppeltem Papier ausschneiden. Zum Falten des Papiers ein Falzbein verwenden. Gemäß der Abbildung einschneiden.
2. Die Papierteile mit den »Zähnen« nach oben nebeneinanderlegen, ehe sie gefaltet werden.
3. Der Skizze entsprechend falten und darauf achten, das Geflochtene immer möglichst weit nach unten zu schieben.
4. Zum Aufhängen auf der Innenseite des Herzens ein Band festkleben.

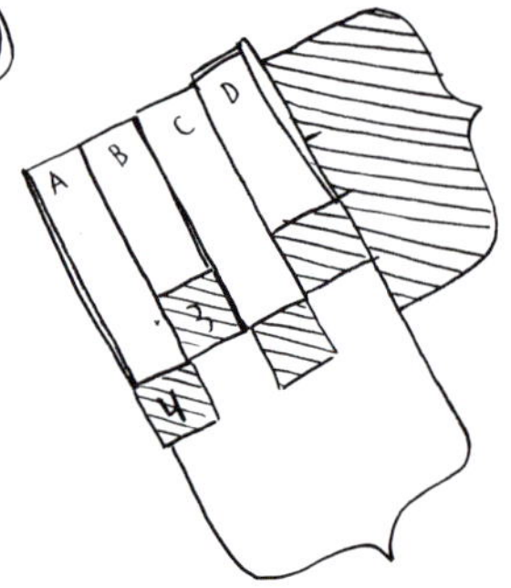

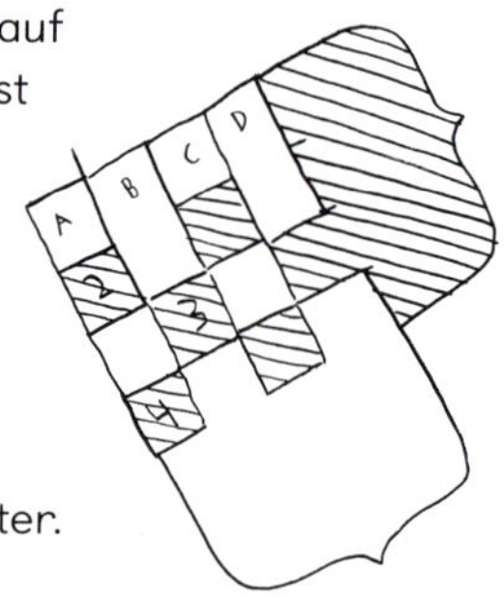

Es ist hilfreich, mit nur einem Streifen zu beginnen. Wenn man das Prinzip verstanden hat, macht man mit den übrigen Streifen weiter. Eigentlich ist es einfach, sein ganz eigenes Herzkörbchen zu basteln, indem man einfach die Streifen abwandelt und die äußeren Ränder einen anderen Ausdruck annehmen lässt. Von anderem Papier und Muster gar nicht erst zu reden! Stärkeres Papier bedeutet weniger Streifen. Wenn man die Technik verinnerlicht hat, kann man alles, was als klassisches Weihnachtsherz gelten mag, auch ganz hinter sich lassen.

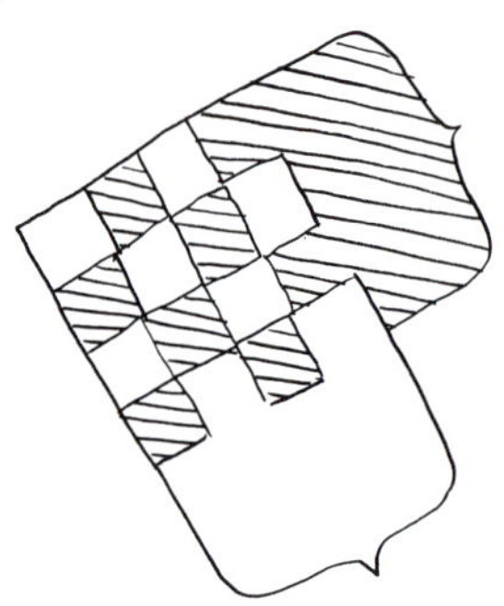

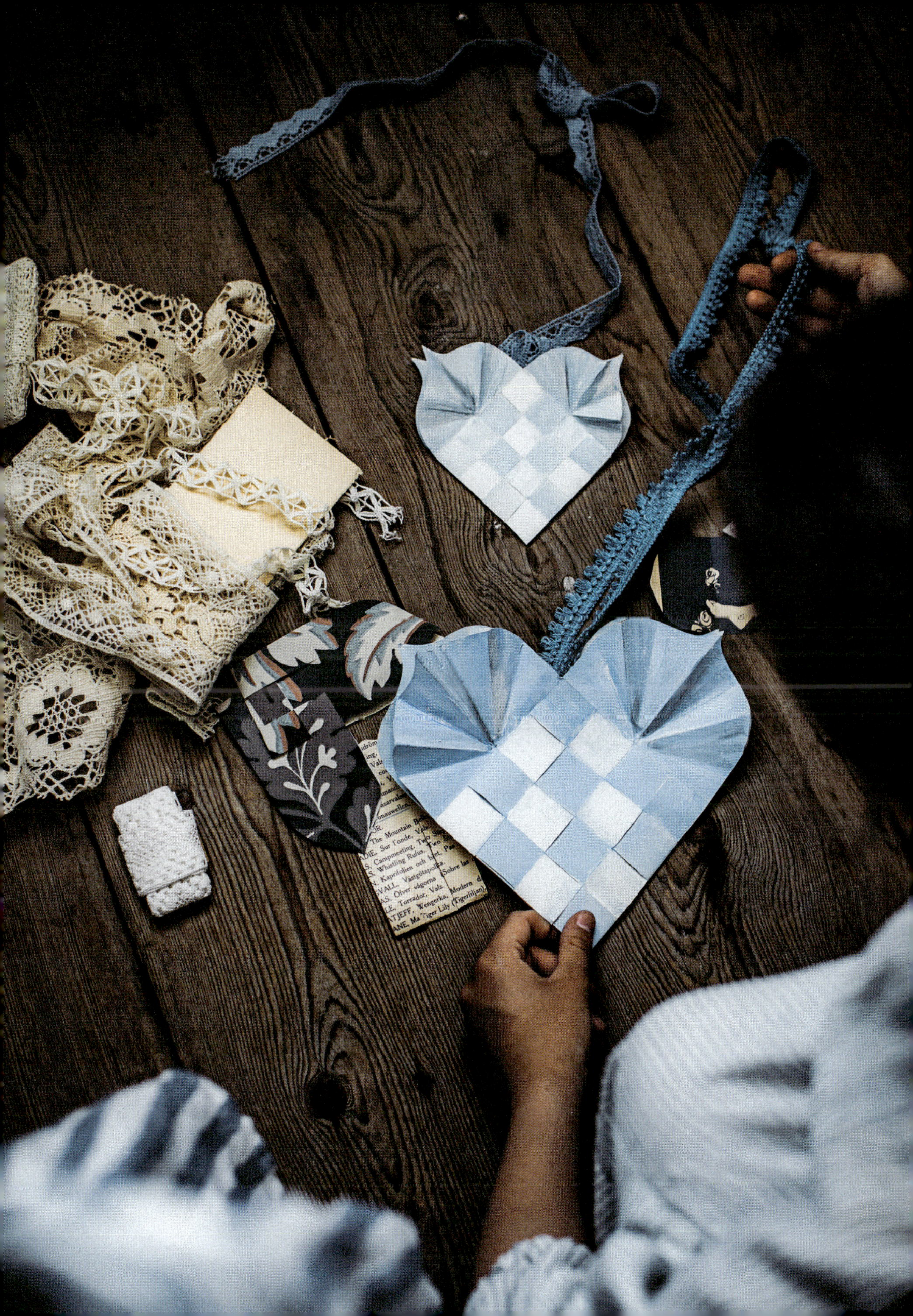

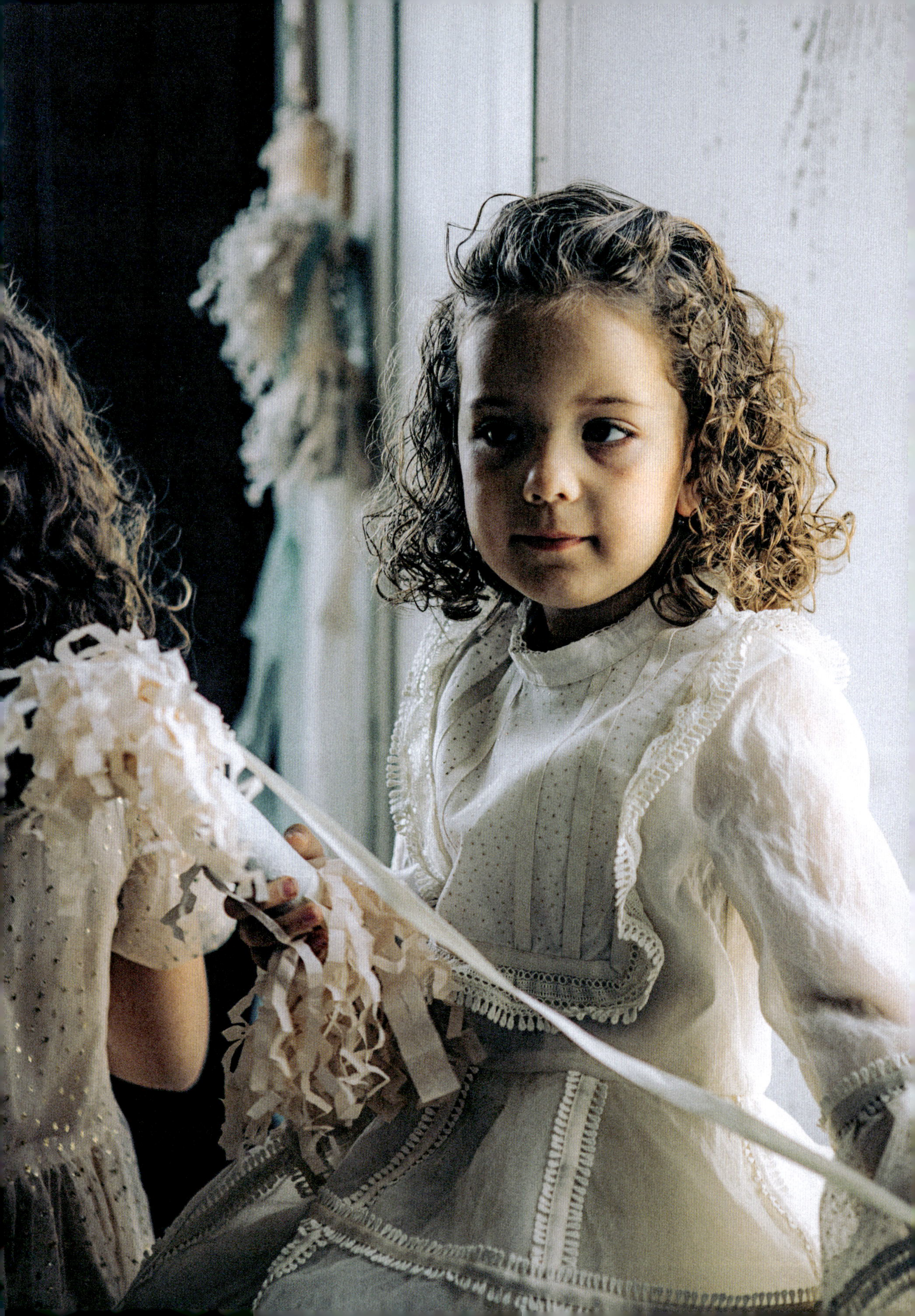

Bonbon ohne Knall

Ich habe in Sammlungen und alten Büchern nach Inspiration für Knallbonbons gesucht und ernenne hiermit das Knallbonbon zu unserem am häufigsten wiederkehrenden weihnachtlichen Bastelprojekt aller Zeiten! Es wimmelt nur so von unterschiedlichen Variationen davon.

Knallbonbons haben eine Vergangenheit, in der es – manchmal verstärkt durch Zündstreifen – nur so rumste, wenn sie auseinandergerissen wurden, sodass die Süßigkeiten herauspurzelten. In alten Büchern finden sich Beschreibungen von Bonbons namens »Raureif« und »Rotkäppchen«. Und das Bonbon »Zuckerstange« war aus rot-weiß gestreifter Tapete.

Das wird benötigt:
Seidenpapier
steiferes Papier
Schere
Klebstoff
Band
Material zum Verzieren

So funktioniert es:

1. Einige Bogen Seidenpapier übereinanderlegen.
2. Eine Rolle in gewünschter Länge aus dem steiferen Papier formen und verkleben. Die Rolle mittig auf den Stapel Seidenpapier legen und auf dem Seidenpapier markieren, wo die Rolle beginnt und wo sie endet.
3. Die kurzen Seiten des Seidenpapiers bis zu den Markierungen wie zu einer Ziehharmonika falten.
4. Das gefaltete Papier in Streifen schneiden.
5. Die Rolle mittig in zwei Hälften schneiden und beide Hälften auf den Stapel legen. Süßigkeiten oder kleine Geschenke in die Rolle füllen. Die Rolle in Seidenpapier einrollen und an der Kante verkleben.
6. Die Enden mit Bändern verschnüren und die Knallbonbons nach Wunsch verzieren.

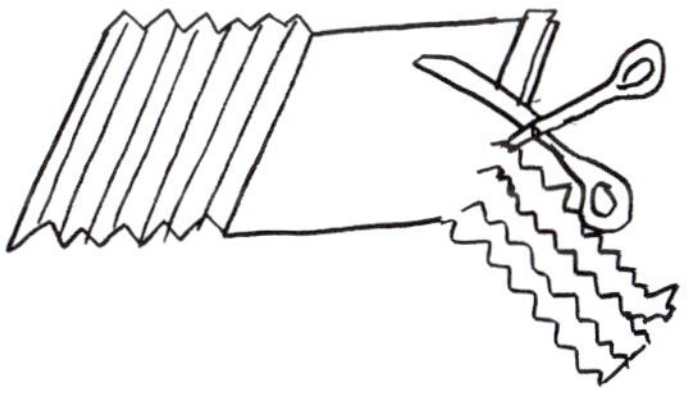

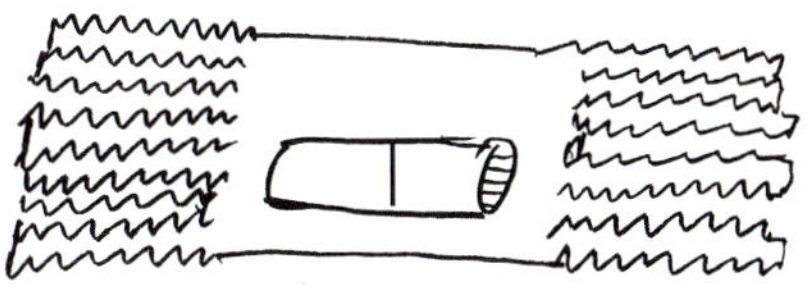

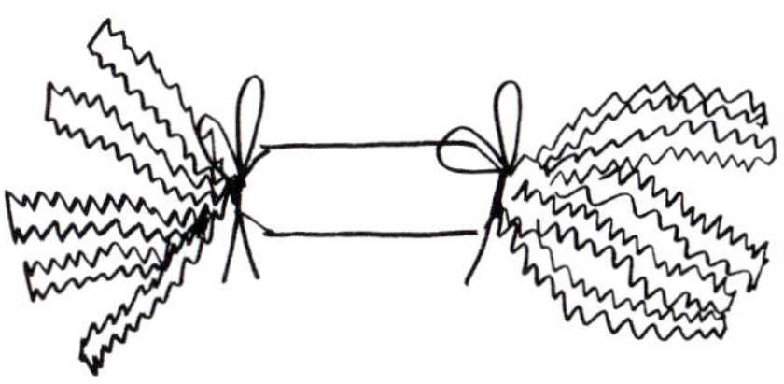

Tipp: Um einen kleinen »Korb« aus dem Bonbon zu machen, die gefältelten Streifen nur an einem Ende anbringen. Am anderen Ende das Seidenpapier in die Rolle hinein umschlagen und ein Band zum Aufhängen an den Rändern befestigen.

Herzkörbchen

Was für eine Kombination! Inspiriert von einem Pfefferkuchen und ein wenig wie ein Korb. Einem Knallbonbon sehr ähnlich, und ebenso als Geschenkverpackung für Kleinigkeiten geeignet. Wenn man ein halbes Bonbon bastelt und eine Form seiner Wahl darauf klebt, ist man schon fertig. Als Verzierung kann alles dienen, was einem so einfällt. Und wenn man ein Monogramm abpaust, muss man in Sachen Schönschrift kein Experte sein.

Das wird benötigt:

Papprolle
Karton
Schere
Seidenpapier
Material zum Verzieren
Band
Klebstoff

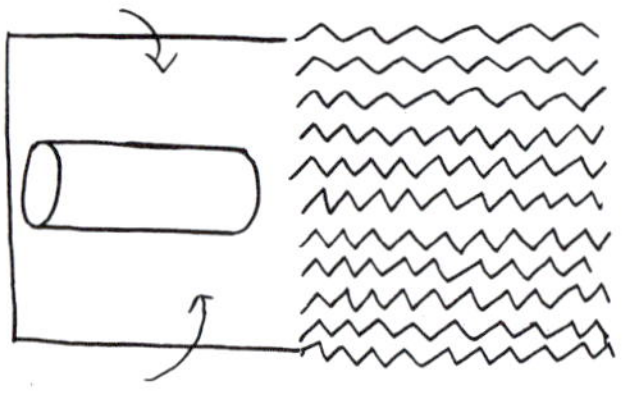

So funktioniert es:

1. Der Anleitung für das »Bonbon ohne Knall« auf Seite 127 folgen, aber nur auf einer Seite Fransen anbringen. Zudem die Papprolle aufschneiden und so zusammenrollen, dass ihr Durchmesser ungefähr halbiert wird. Zusammenkleben und in das Seidenpapier einrollen.
2. Aus Karton 2 identische Herzformen zuschneiden.
3. Die Rolle ein paar Zentimeter unterhalb des oberen Rands auf der Innenseite des einen Herzens mit Klebstoff fixieren.
4. Die beiden Kartonherzen der Skizze entsprechend zusammenkleben, um ein vollständiges Herzkörbchen zu erhalten.
5. Nach Belieben verzieren.
6. Das Band auf der Innenseite des Herzens festkleben.

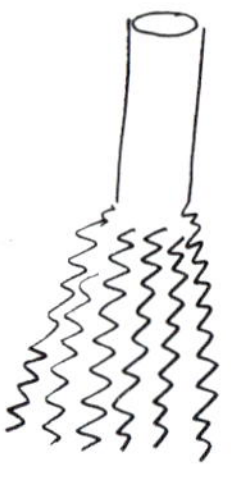

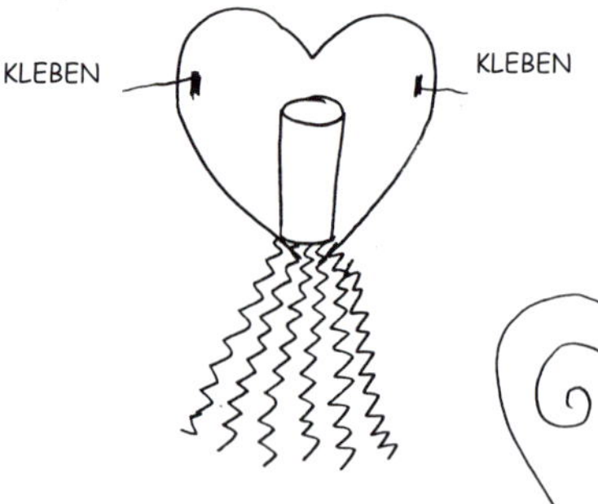

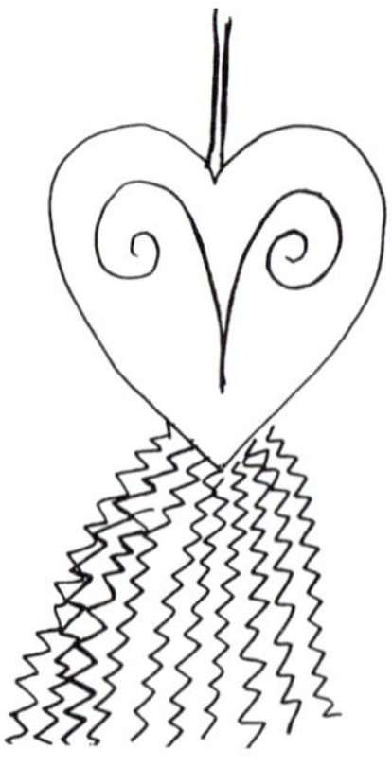

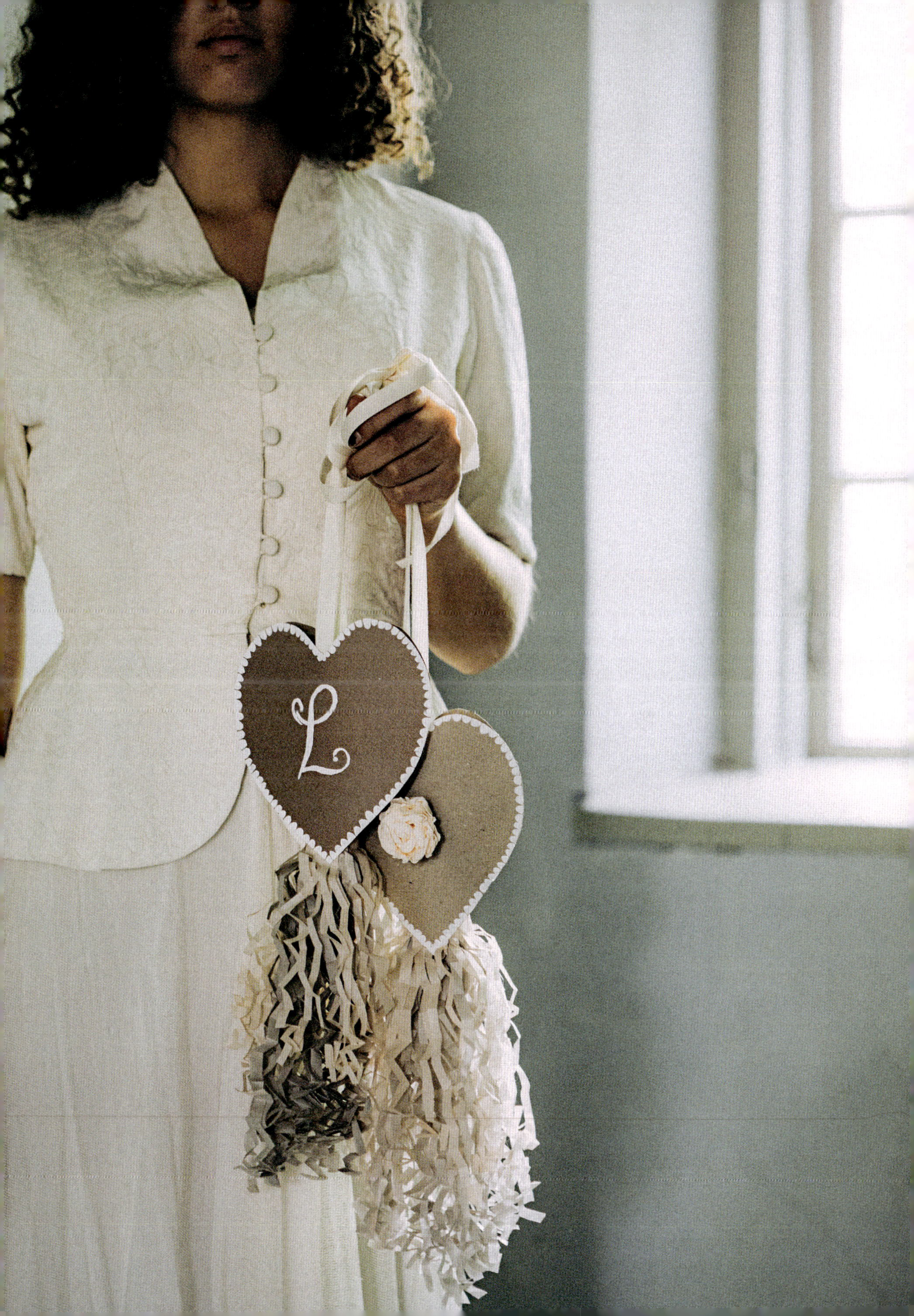
L

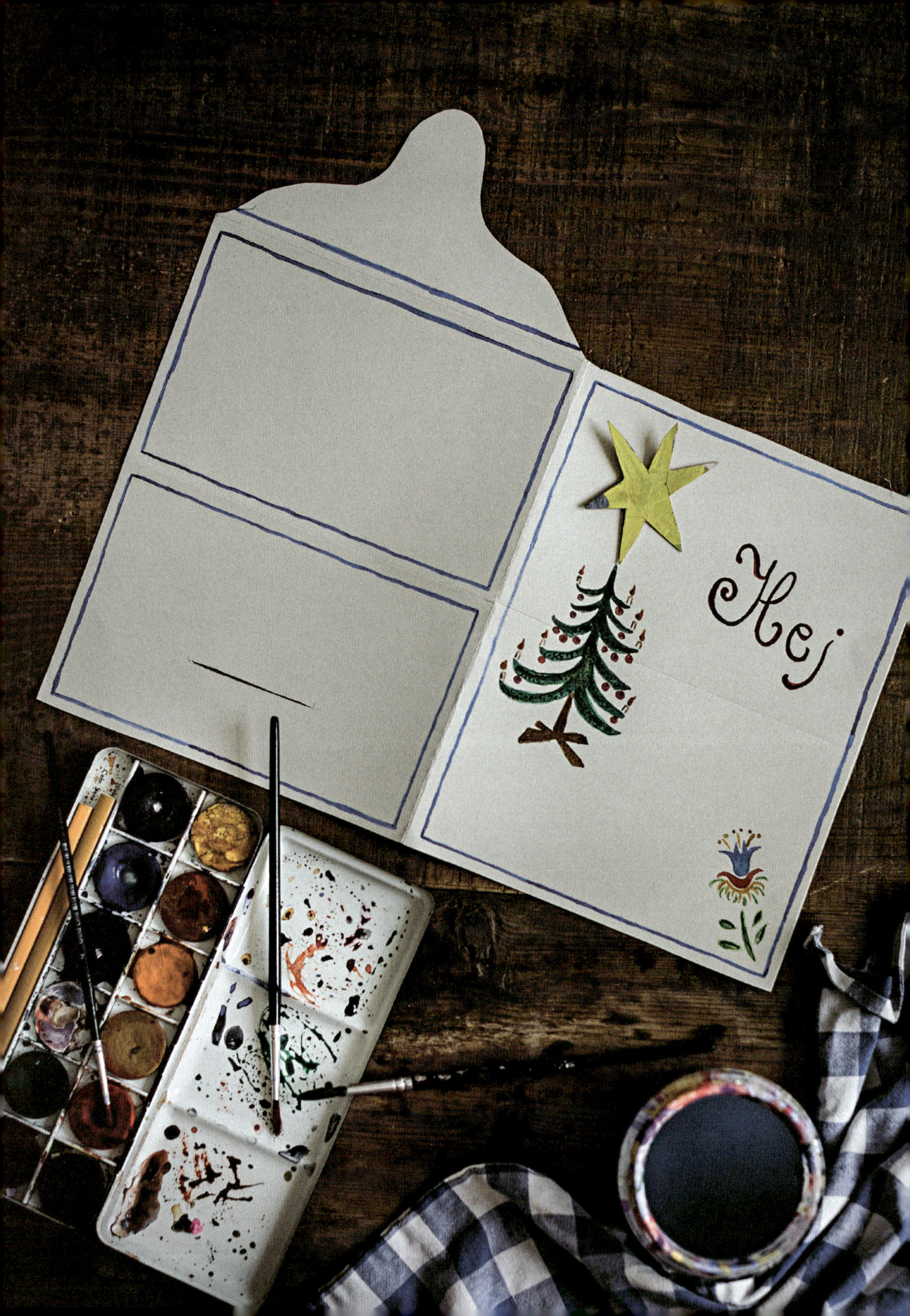
Hej

Gefalteter Brief

Manche Dinge vermisst man erst, wenn sie nicht mehr da sind. Ich glaube, dass der Brief zu diesen Dingen gehört. Das Gefühl, ihn vorsichtig zu öffnen und nicht die leiseste Ahnung zu haben, was einen erwartet: Wer hat geschrieben, worum geht es? Die Sorgfalt und Umsicht in Wortwahl und Schrift. Die Tatsache, dass sich jemand die Zeit genommen hat, einen Brief zu schreiben und Großes wie Kleines zu teilen. Weiter entfernt von einer Emoji-reichen SMS geht nicht. Ein Brief enthält so viel, und auch ästhetisch ist er unschlagbar. Die Papierwahl, die Handschrift, der Duft ... Vielleicht romantisiere ich das, aber ich empfinde es so.

Zum Falten eines guten alten Briefs einfach der Skizze unten sowie der Vorlage auf Seite 185 folgen. Es kann eine Einladung sein, ein Weihnachtsgruß oder einfach nur Platz für ein paar nette Zeilen. Die Vorlage für diesen Brief ist eine Einladung zum Begräbnis der Urgroßmutter meines Papas. Sie wurde stolze 83 Jahre alt.

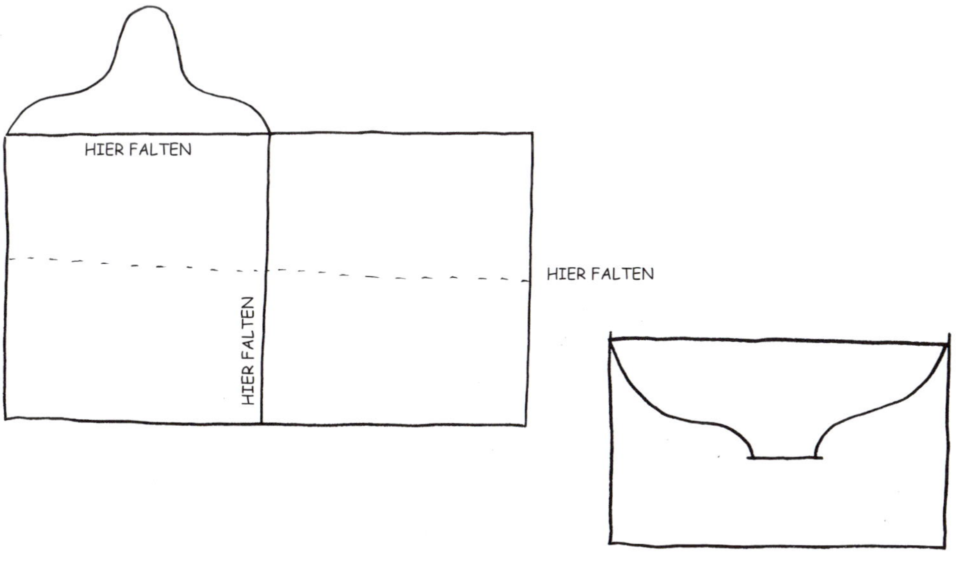

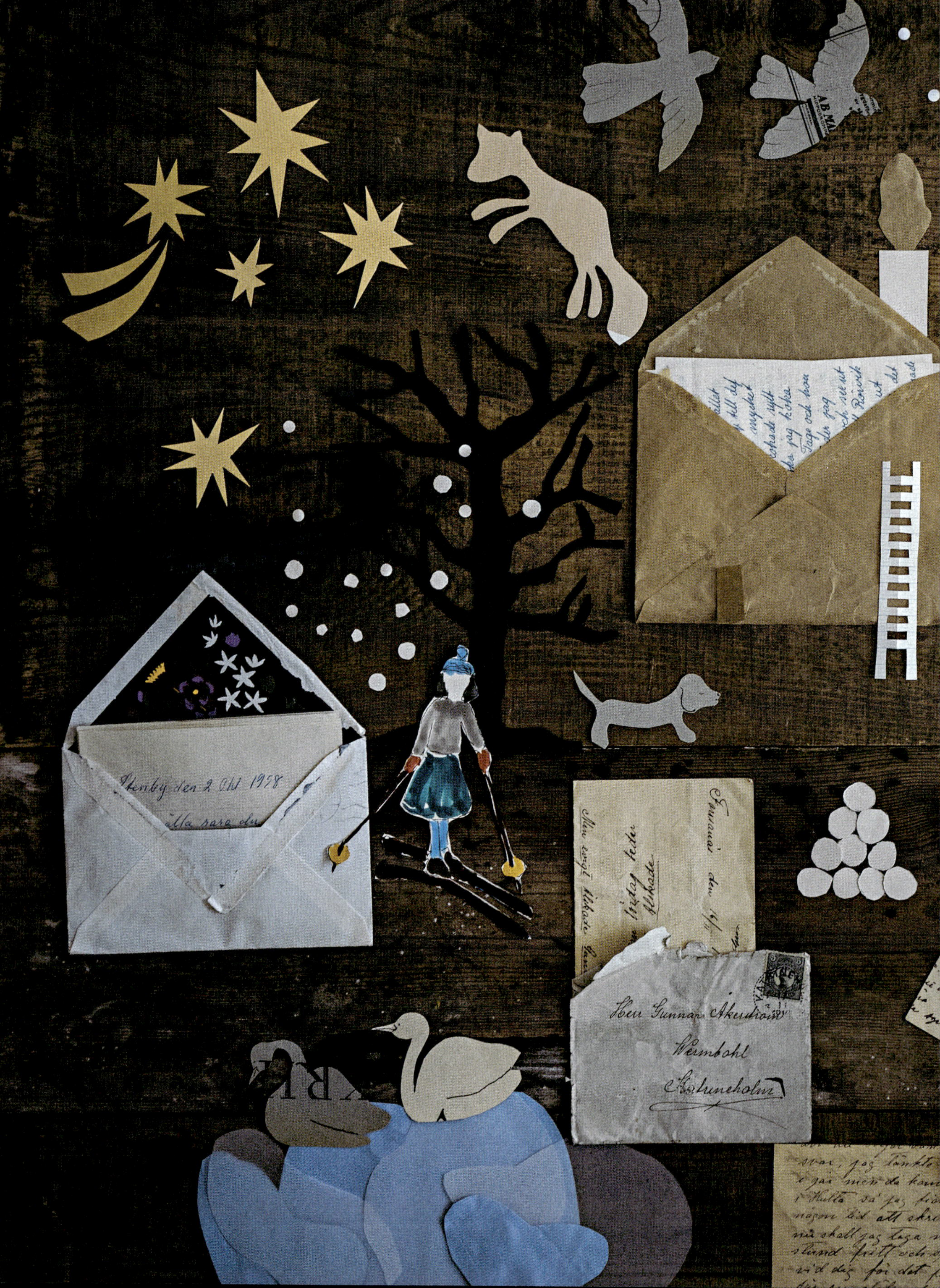

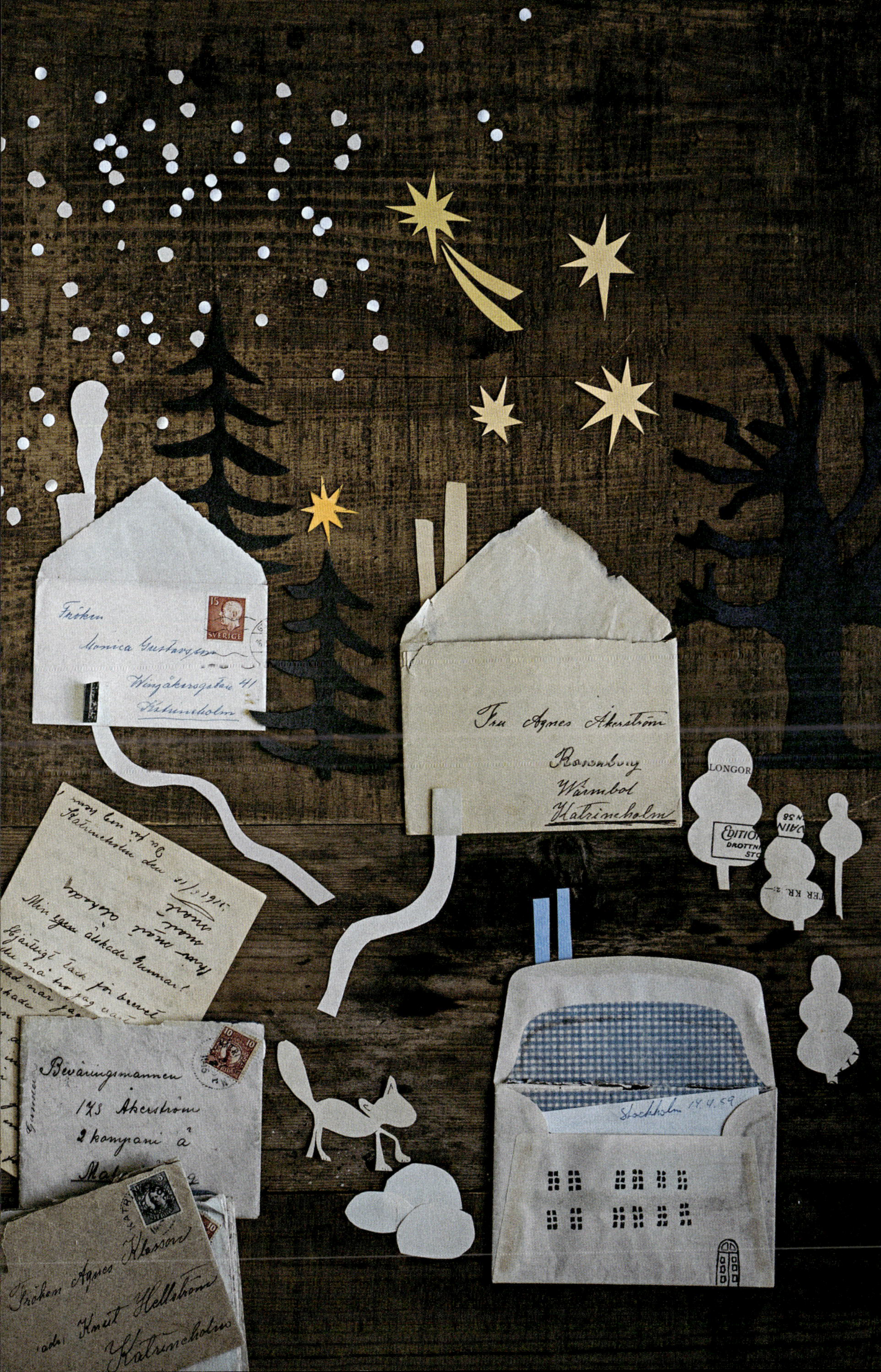
SVERIGE
Fru Agnes Åkerström
Katrineholm
Stockholm 14.4.59

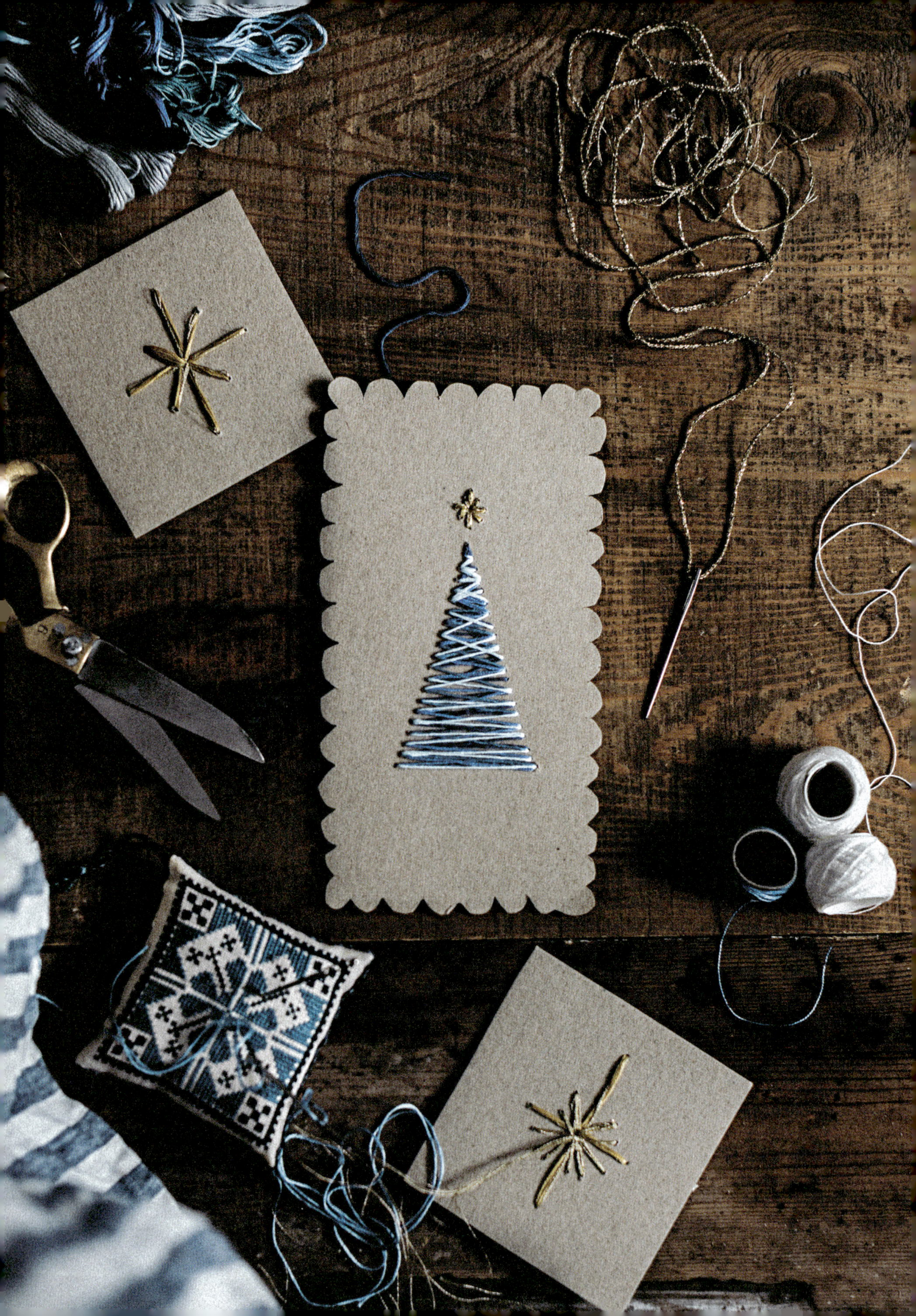

Weihnachtskarte

Wollen wir einen Weihnachtskartenaufstand wagen? Es ist Zeit für die Rückkehr des postalischen Weihnachtsgrußes. Und wenn man damit gleichzeitig zu Handarbeit inspirieren kann, schlägt man zwei Fliegen mit einer Klappe. Oder sogar noch mehr. Schon das Selbstwertgefühl, seine eigene Karte bestickt zu haben, ist unbezahlbar. Der Rest kommt als Bonus obendrauf. Papier bestickt sich einfacher als Stoff. Für richtig kleine Kinder kann man das Papier außerdem vorbereiten, indem man vorab Löcher hineinsticht und sie dann dem Muster entsprechend sticken lässt.

Das wird benötigt:
steiferer Karton
Schere
Stickgarn
Sticknadel

So funktioniert es:
1. Die Karte aus Karton zuschneiden.
2. Frei sticken oder vorher ein Muster auf das Papier zeichnen.
3. Das Garn vernähen. Sollte das schwierig sein, einen kleinen Klecks Klebstoff unter das Garn tupfen.

Tipp: Man kann auch vor dem Sticken mit der Nadel nach einem einfachen Muster Löcher in das Papier stechen und dann von Loch zu Loch sticken.

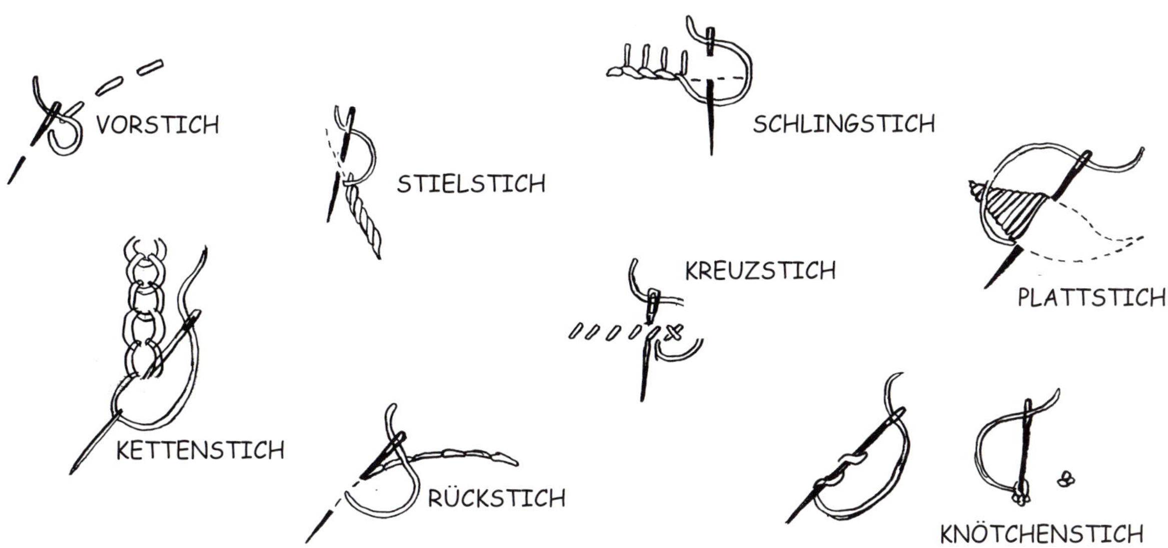

Scherenschnitt

Mit der Schere zu schneiden, mag sich selbstverständlich anfühlen, Tatsache ist aber, dass ich immer wieder Kinder sehe, die nicht wissen, wie man schneidet. Sie haben keine Vorstellung davon, was passiert, wenn man eine Schere in der Hand hält. Zu schneiden macht nicht nur Spaß, sondern ist häufig auch notwendig. Mit einer Schere zu schneiden, verbessert nicht nur die Feinmotorik, sondern stärkt auch die Muskeln in den Händen. Es ist also nicht verkehrt, eine Schere zu haben. Wie gut, dass es sich so wunderbar einfach damit üben lässt!

Am schönsten ist es, die Kinder aus ihrer Fantasie heraus losschneiden zu lassen. Einfach Papier zur Hand zu nehmen und Muster und Formen hineinzuschneiden. Alles, was Linie und Vorlage heißt, hat hier keine Bedeutung! Denn zu schneiden ist ein wenig wie Zauberei. Wenn man dann die Technik beherrscht, kann man sich auch Schneekristallen und anderem widmen.

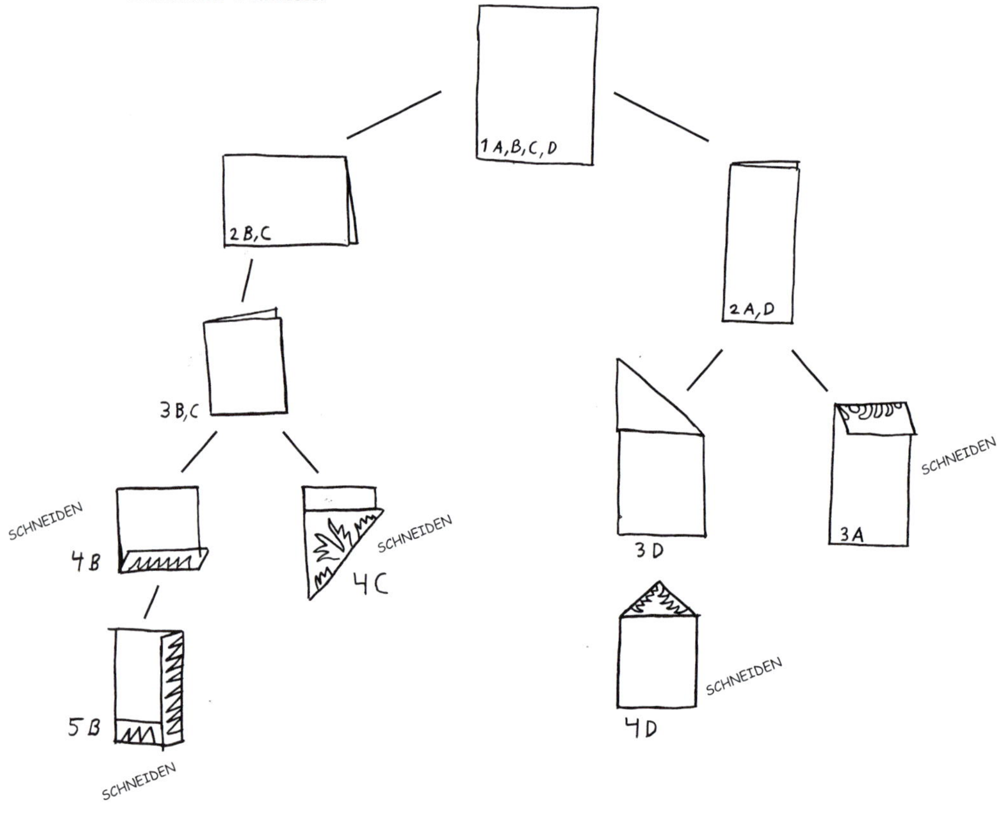

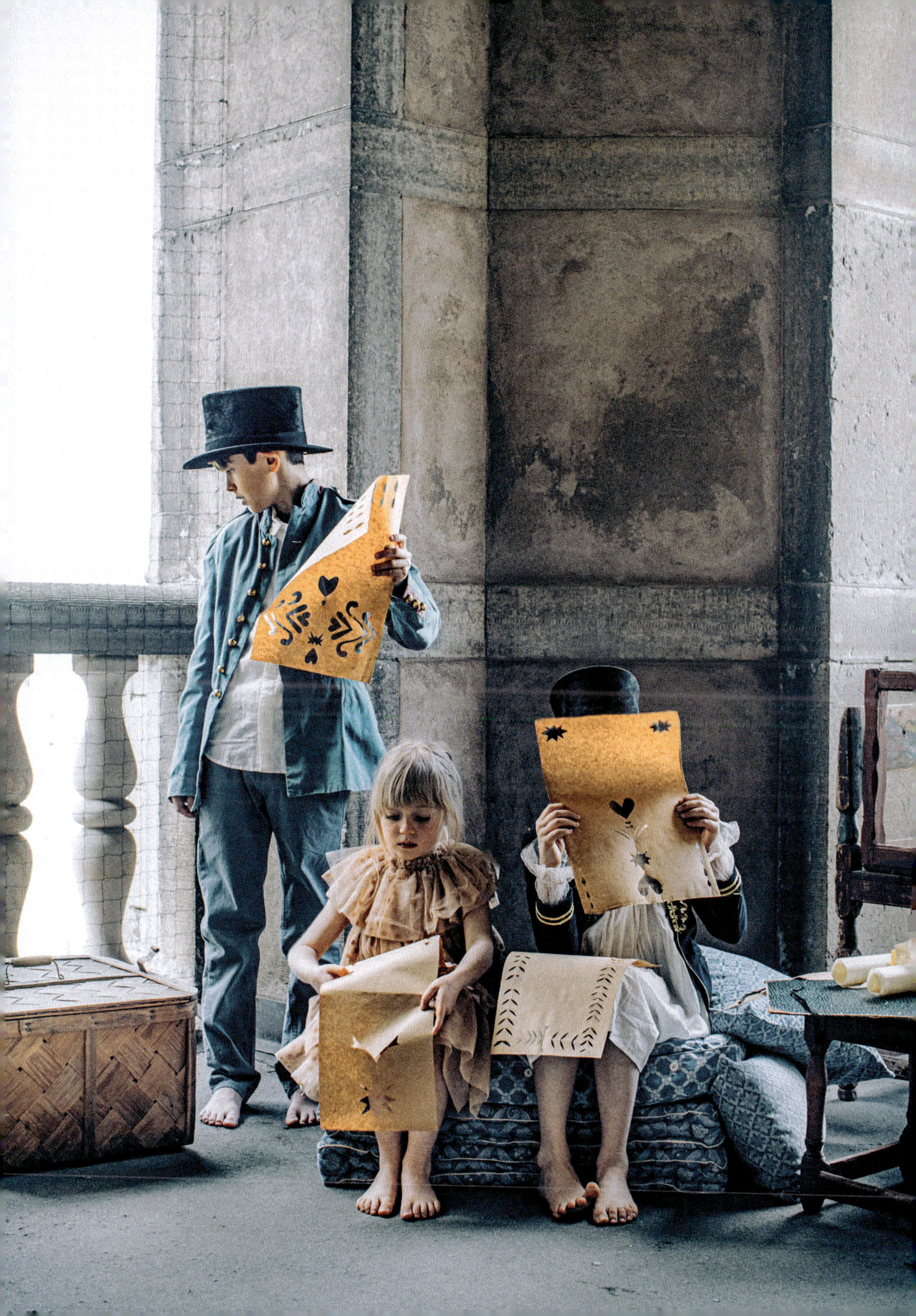

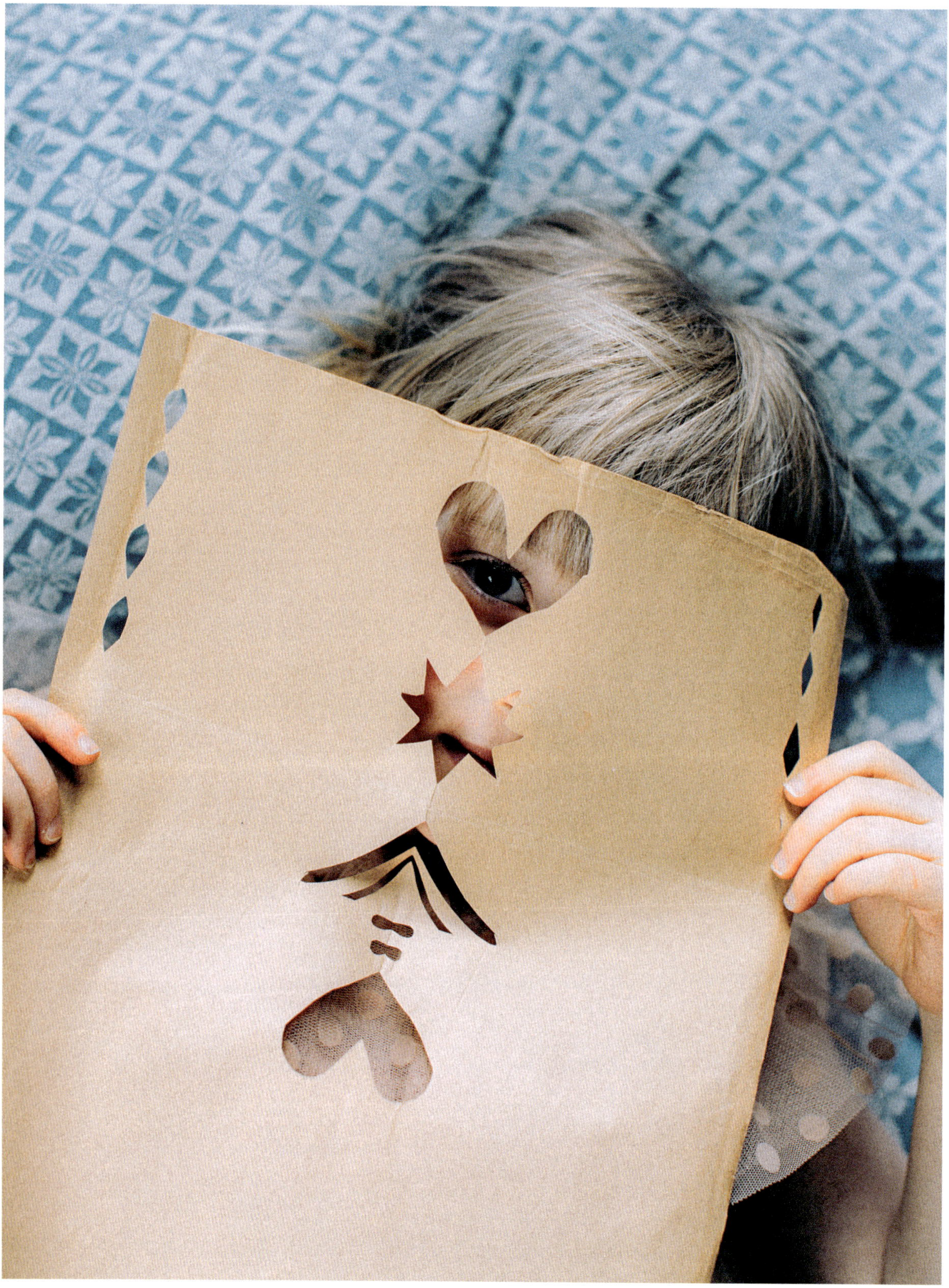

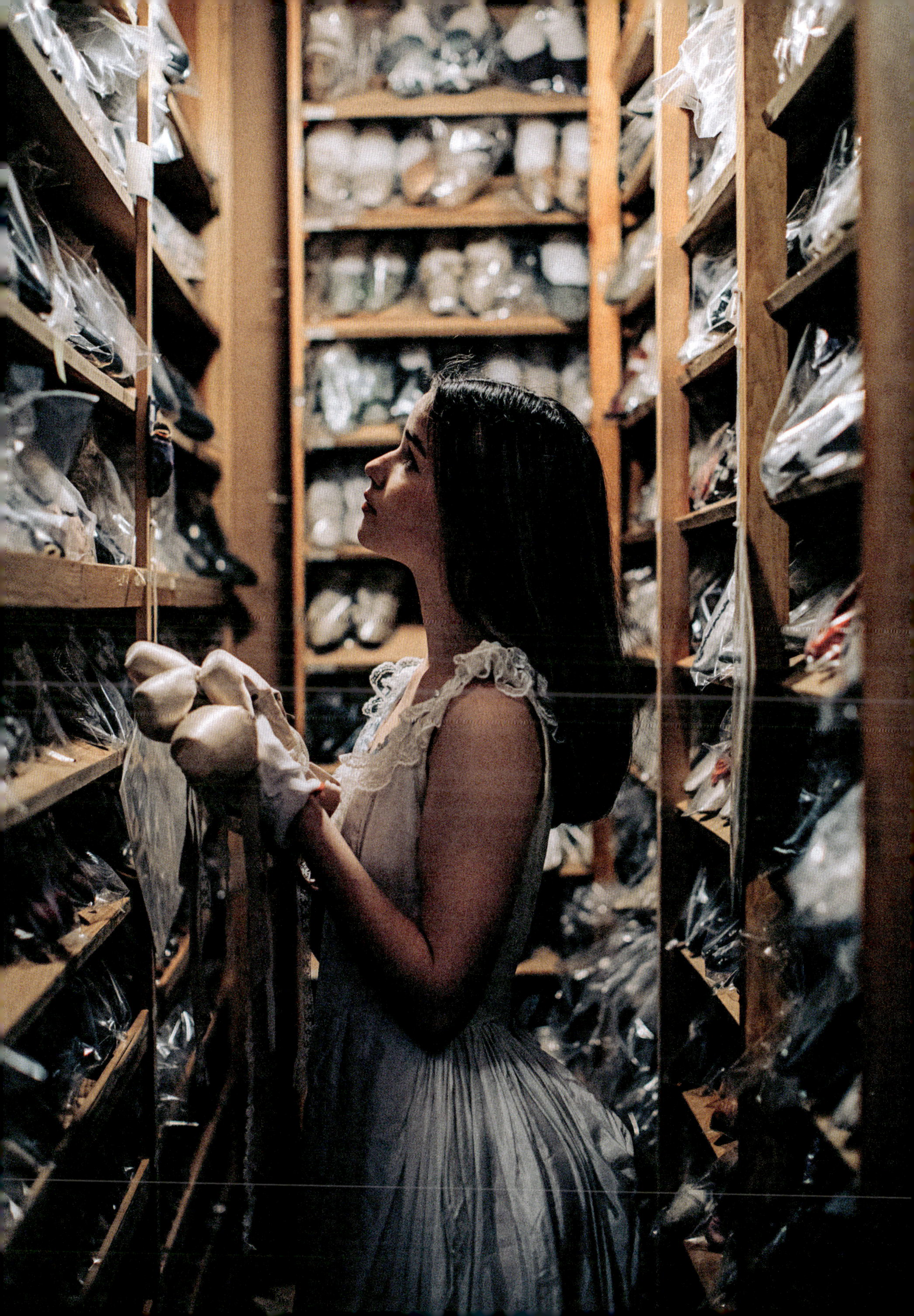

Tracht

»Solche Kleider trägt man natürlich nur zu festlichen Gelegenheiten, nicht zur Schule.«

»Das stimmt überhaupt nicht«, fand Nomi und fragte sich, ob es in Wirklichkeit nicht gerade umgekehrt war. Das war in der ersten Klasse, und ein edles Kleidungsstück hatte sie noch nie davon abgehalten, am ausgelassensten zu spielen, am höchsten zu klettern und am schnellsten zu rennen. Sie hatte keine Angst, dass ihre Kleider Schaden nehmen würden, was sie auch nie taten. Ein Glück, dass sie so »modebewusst« war. Es war ihr schlicht egal, was andere sagten.

Nomi hatte schon immer ein ganz besonderes Gespür für Kleider. Wir haben zusammen nach traditioneller Kleidung auf Flohmärkten und im Norden Thailands gesucht, von der man den Staub herunterpusten und die Spinnweben abbürsten musste. Nomi hat auch ihre eigenen Kleider aus Gardinenborten genäht. Mieder und Hauben wurden gewünscht, Anzüge und Aktentaschen sich ausgeliehen. Auch Haute Couture wurde gegoogelt. Schon als sie ganz klein war, wurde schnell klar, dass Kleider ihr etwas bedeuteten. Mit einfachen Kleidungsstücken hatte Nomi nichts am Hut. Sie wollte Gefühl, Glamour, Fantasie, Freiheit und Mut.

Es war auf einem Klassenausflug zum Nordischen Museum, mit Fokus auf der Geschichte Schwedens, als sich einem Mädchen von acht Jahren eine ganz neue Welt eröffnete. Und zwar in der Trachtenabteilung.

Vielleicht fand sie alles dort einfach unglaublich schön. Und vermutlich tat die Mitarbeiterin, die durch die Ausstellung führte, ihr Übriges dazu, dass der Besuch so besonders wurde. Als Nomi jedenfalls nach Hause kam, konnte man die Gedanken, die in ihrem Kopf in Sachen textiles Kunsthandwerk herumschwirrten, beinahe greifen. Sie wünschte sich nichts sehnlicher, als einen ganzen Schrank voller Trachten, eine für jeden Tag des Jahres. Am allerschönsten fand sie die Tracht aus Leksand im schwedischen Dalarna.

Meine Mama brachte meine alte Tracht vorbei. Und obwohl Nomi wusste, dass erst eine andere Bluse, eine spezielle Brosche, eine Haube und besondere Schuhe das Ganze beinahe ganz exakt so wie im Museum gemacht hätten, war sie zufrieden. Und beim Schuljahresabschlussfest in der zweiten Klasse war sie die Feinste von allen.

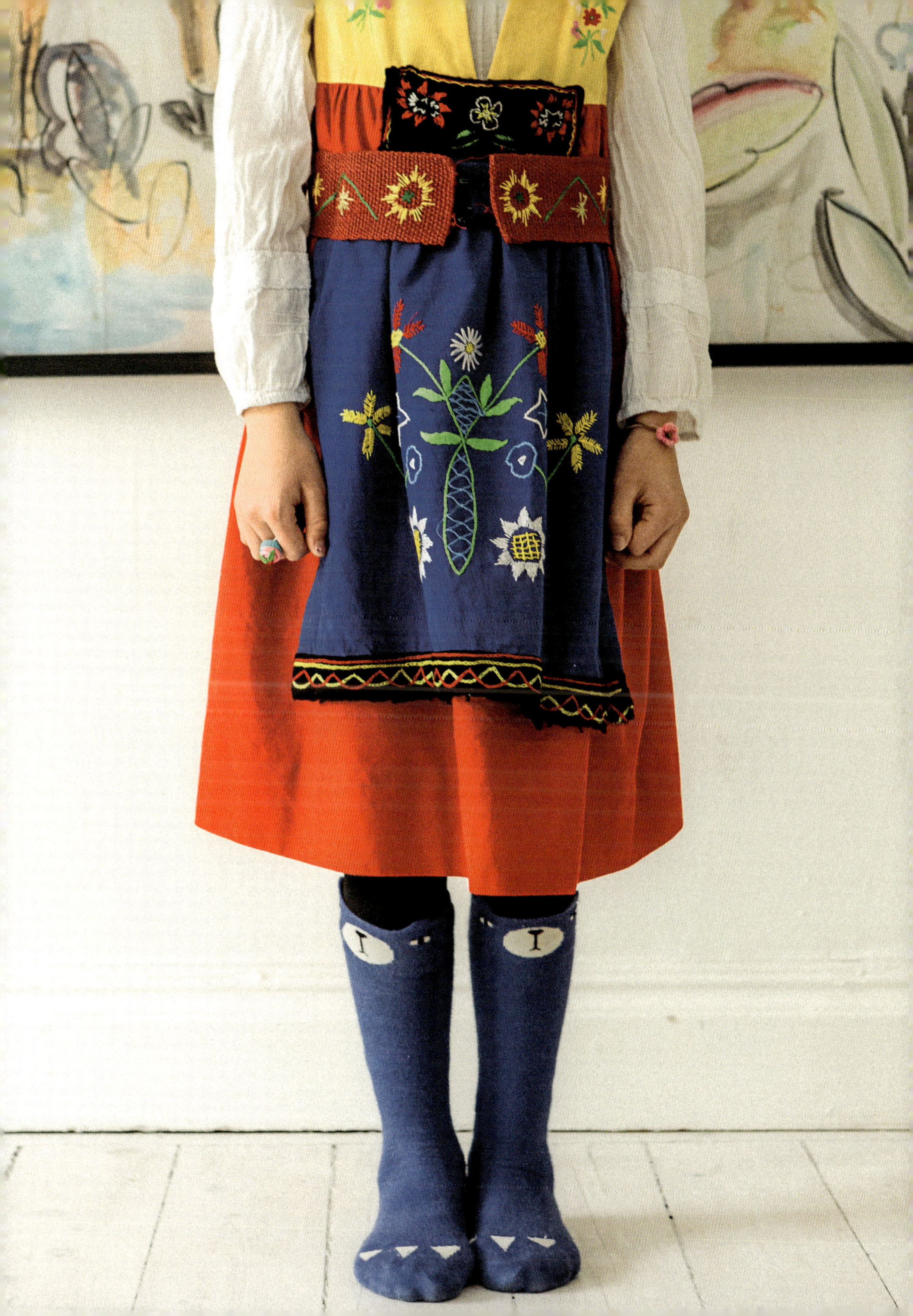

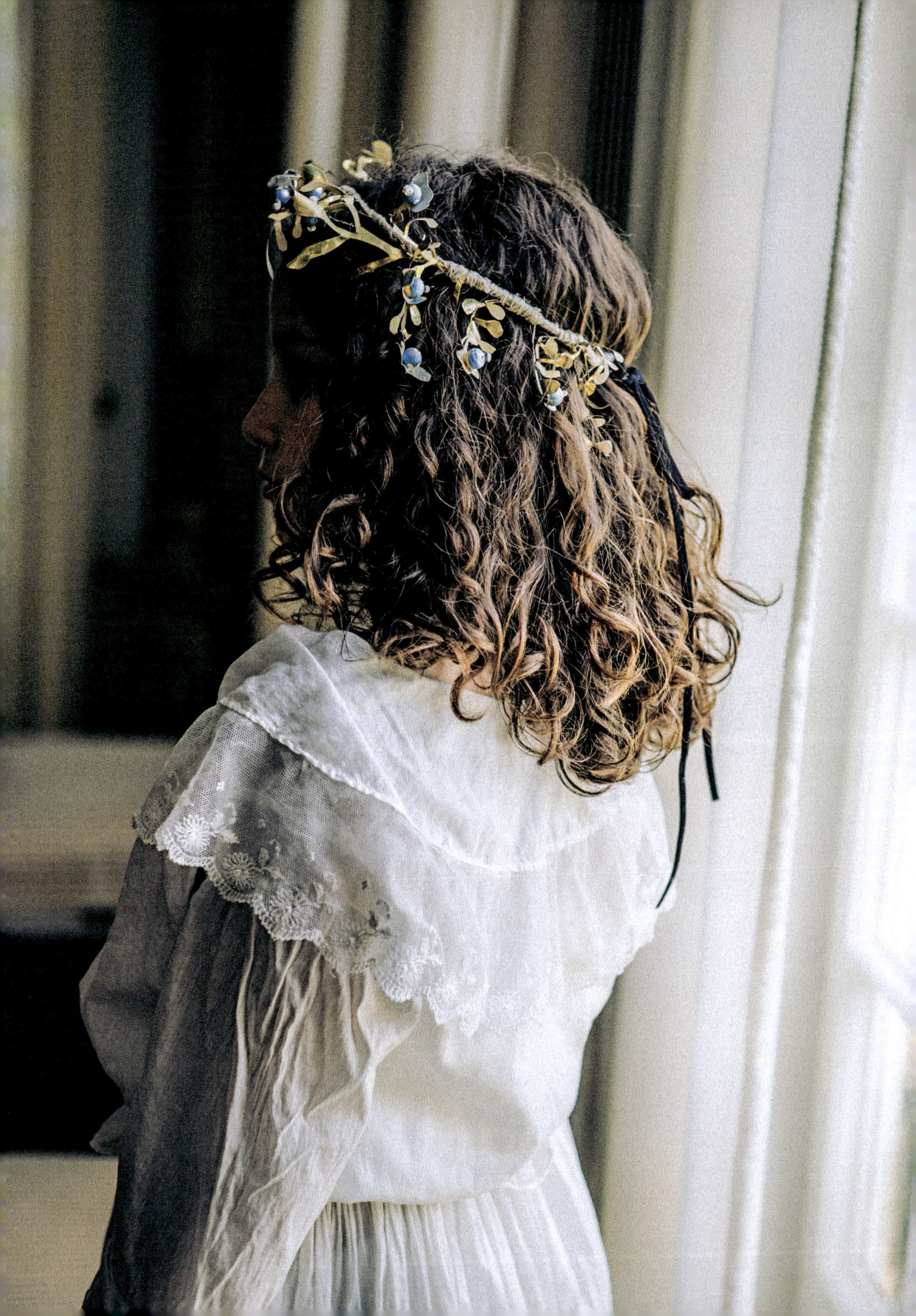

Haarkranz

Im Winter verzieren wir den Kranz mit goldenen Blättern und blau bemalten Holzperlen. Die Schablone auf Seite 175 kann man verwenden, um Zweige aus Metall auszuschneiden, die man dann um den Draht wickelt. Zum Schluss klebt man vorsichtig die Perlen an.

Das wird benötigt:
dickerer Basteldraht
dünner Blumendraht
Seitenschneider
Material zum Verzieren
Klebstoff
Textilband
Schere

So funktioniert es:

1. Entscheiden, wie groß der Kranz werden soll.
2. Kleine Ösen in die Enden des Drahtes biegen und den Draht in Form bringen.
3. Das Material zum Verzieren verwenden und mithilfe von Blumendraht am Kranz befestigen. Bei Bedarf mit Klebstoff arbeiten.
4. Die Sträußchen so überlappen lassen, dass die Stiele verdeckt sind.
5. Schließlich ein Band zwischen die Haken binden, um die Weite des Kranzes anpassen zu können.

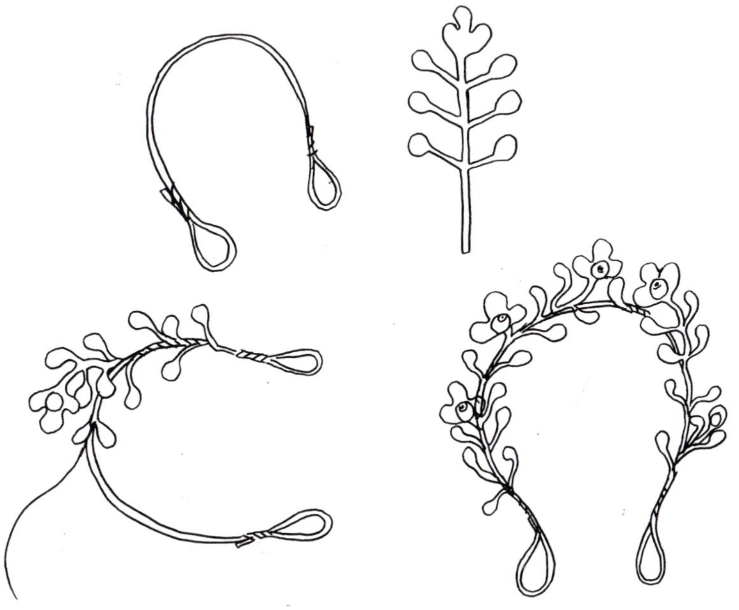

Winterrock

Ich liebe einfache Muster, die man immer wieder anpassen kann. Wenn ich einen Rock nähen möchte, ist die einfachste Variante das Tellermodell. Wenn ich aber noch eine transparente Lage Stoff ergänze, kann man ihn z. B. mit Pompons füllen. Und plötzlich ist ein ganzes Kostüm fertig, das sich endlos variieren lässt. Im Winter füllen wir den Rock mit Wattekugeln in Weiß und anderen eisigen Nuancen – wie das Gewand einer Schneekönigin.

Das wird benötigt:

2 Lagen Stoff (wir haben uns für einen einfachen Baumwollstoff als Unterstoff und dünnen weichen Tüll darüber entschieden)
Maßband
Stift und Schnur
Schere
Nähmaschine
Wattekugeln (aus dem Bastelbedarf)
Heftfaden
breites Gummiband (gerne 5 cm oder breiter)

So funktioniert es:

1. Die Maße für den inneren Kreis berechnen. Dazu das Taillenmaß nehmen plus etwas mehr für das Reihen veranschlagen. Durch 6 teilen. Unser Rock hat einen Taillenumfang von 60 cm plus 20 cm für das Reihen. 60 + 20 = 80 cm. 80 cm geteilt durch 6 = etwa 13 cm.
2. Die Maße für den äußeren Kreis berechnen. Die gewünschte Länge des Rockes abmessen und die in Schritt 1 berechneten Maße zugeben. Unser Rock ist 60 cm lang, die Berechnung ergibt also 60 + 13 = 73 cm.
3. Den Stoff rechts auf rechts in der Mitte falten. Vom Mittelpunkt ausgehen und die Maße aus Schritt 2 heranziehen, um den Stoff rechts, links und ganz unten in der Mitte zu markieren. Bei unserem Rock wurden die Markierungen nach allen Seiten hin 73 cm von der Mitte entfernt angezeichnet.
4. Den Markierungen entsprechend mithilfe eines Stifts und einer Schnur von derselben Länge wie den in Schritt 2 berechneten Maßen einen Halbkreis anzeichnen. Das eine Ende der Schnur am Mittelpunkt festhalten und den Stift von Kante zu Kante über den Stoff führen.
5. Ausgehend von den Maßen aus Schritt 1 genauso mit dem inneren Kreis verfahren.
6. Nun Schritt 3 und 4 mit dem zweiten Stoff wiederholen, er soll die äußere Lage des Rockes bilden.
7. Die beiden Rockteile ausschneiden und unten zusammennähen.
8. Den Rock nach Belieben mit Wattekugeln füllen. Wir haben etwa 500 Stück verwendet. Beachten, dass auch die leichtesten Exemplare etwas wiegen, wenn es viele sind. Für einen Rock in einer kleineren Größe also weniger Pompons verwenden.
9. Die beiden Rockteile oben mit dem Heftfaden reihen. Auf diese Weise wird der Rock in der Taille gleichmäßig gefältelt.
10. Ein Gummiband auf die gewünschte Länge zuschneiden. Die Enden zusammennähen.
11. Den Rock wenden.

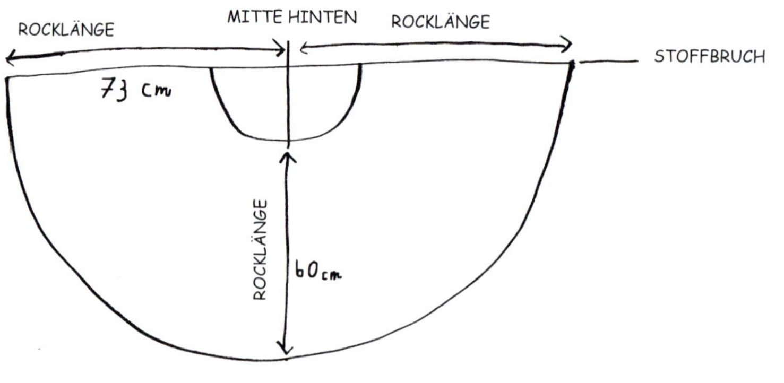

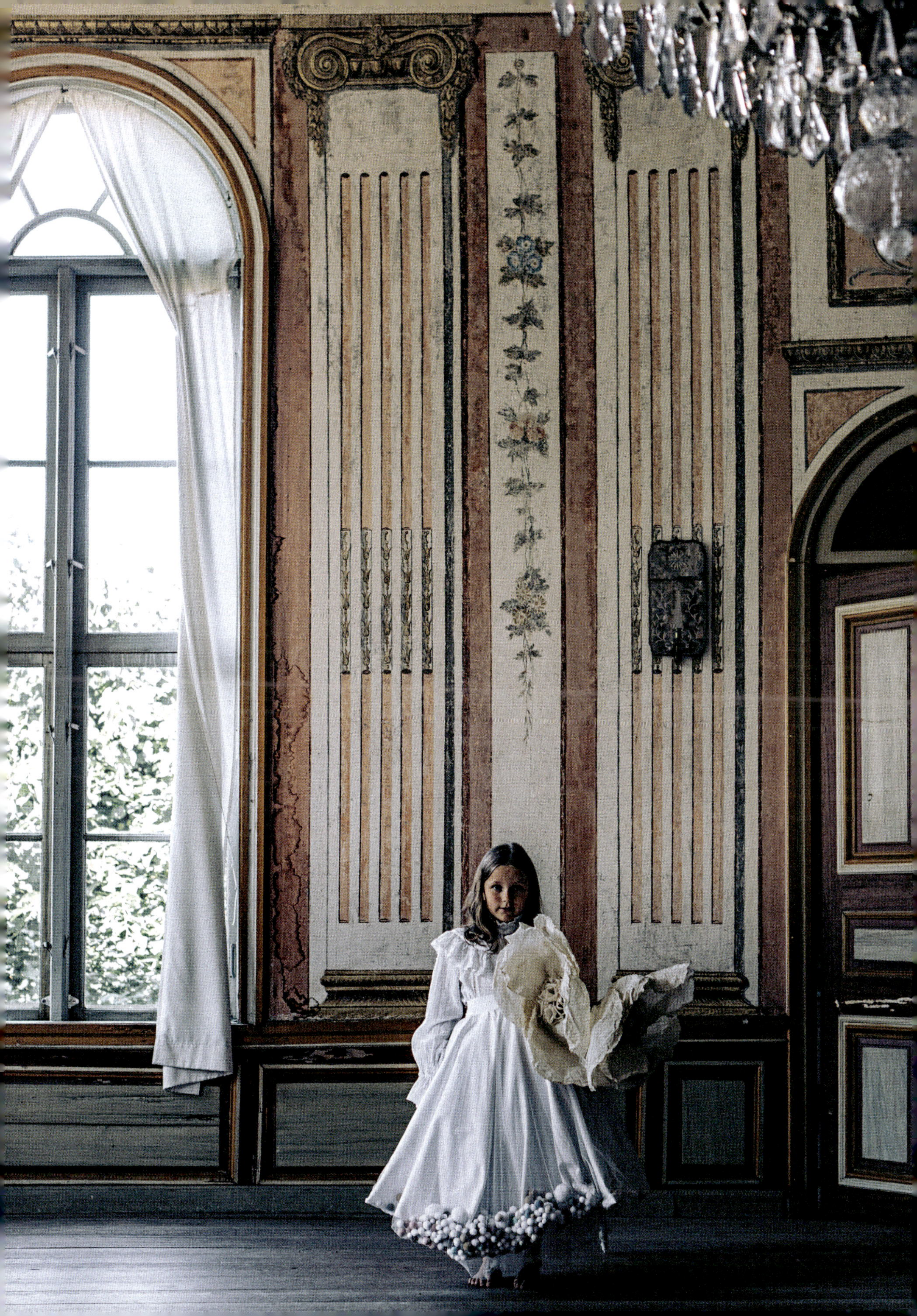

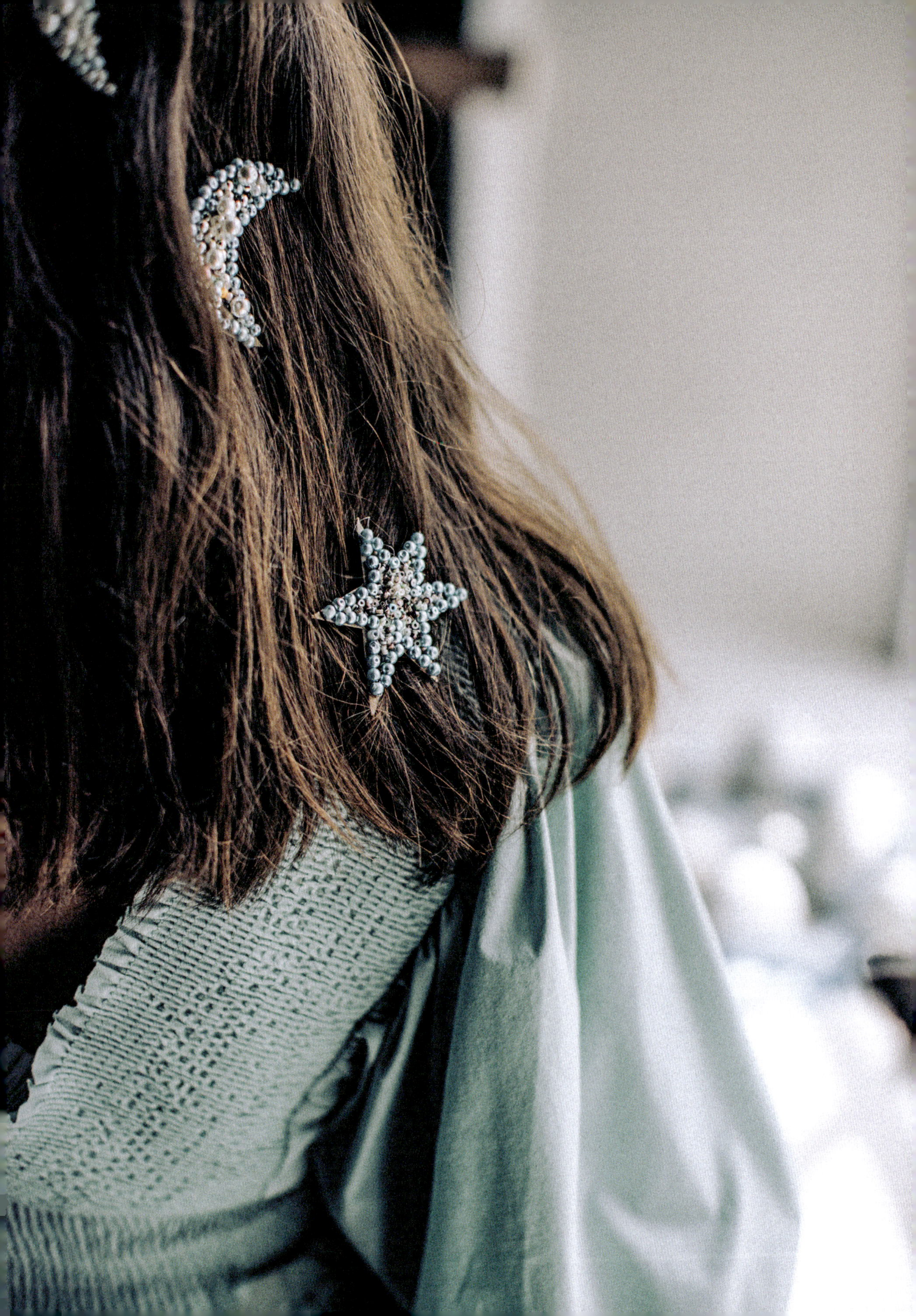

Haarschmuck

Eine Haarklammer mit Perlen ist der perfekte Schmuck in der dunklen Winterzeit, glitzernd wie ein Stern. Und wenn wir alte Perlen von diversen Flohmärkten zusammentragen, haben wir so viel Material beisammen, dass wir die ganze Welt mit Haarschmuck versorgen könnten. Also nichts wie los!

Das wird benötigt:
Vorlagen (siehe Seite 186)
Karton
Schere
Klebstoff
Perlen, vorzugsweise vom Flohmarkt
alte Haarklammern

So funktioniert es:

1. Mithilfe der Vorlagen Sterne und Monde aus Karton ausschneiden.
2. Eine Seite der ausgeschnittenen Formen vollständig mit Klebstoff bestreichen und Perlen darauf kleben.
3. Je eine alte Haarklammer auf der Rückseite jeder Kartonform mit Klebstoff fixieren.

Flügel

Vermutlich haben wir alle den Traum vom Fliegen. Vielleicht ganz besonders, wenn die Welt weiß ist und uns vor lauter Schnee ganz schwindelig wird. Das Schöne ist, dass man diese Flügel exakt in der gewünschten Optik gestalten kann – freundlich, wütend, glitzernd, fluffig, gruselig, weich, in allen Farben des Regenbogens und alles Mögliche andere. Glücklicherweise lassen sich solche Flügel supereinfach selbst basteln.

Das wird benötigt:
2 einfache Metallkleiderbügel
Seitenschneider
Tape (möglichst sehr starkes, wie aus dem Baumarkt oder Malerbedarf)
Basteldraht
Tüll
Bänder

So funktioniert es:

1. Den oberen gebogenen Teil der Kleiderbügel mit einem Seitenschneider abknipsen. Die Kleiderbügel einander gegenüber legen und in der Mitte mit so viel Tape zusammenkleben, dass die Konstruktion sich stabil anfühlt.
2. Ein Stück Basteldraht vorbereiten und den Tüll in Streifen von etwa 30 cm Länge und 5 cm Breite schneiden. Tüll ist dünn und lässt sich vor dem Zuschneiden in mehreren Lagen aufeinanderstapeln. Für unsere Flügel haben wir 4 Laufmeter Tüll und Basteldraht verwendet.
3. Vier Streifen Tüll aufeinanderlegen und an den Basteldraht knoten (siehe Skizze). Für einen fluffigen Flügel sind 80–100 Knoten nötig.
4. Den Basteldraht mit den Tüllschleifen daran um den Kleiderbügel herumlegen und mit mehr Draht daran fixieren, bis beide Kleiderbügel einmal umwickelt sind.
5. Schließlich 2 Bänder an das Verbindungsstück der Flügel binden. Jetzt lassen sich die Flügel auf den Rücken schnallen. Fertig!

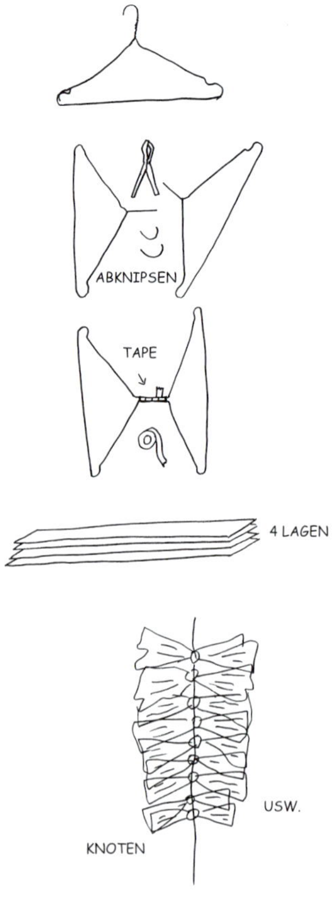

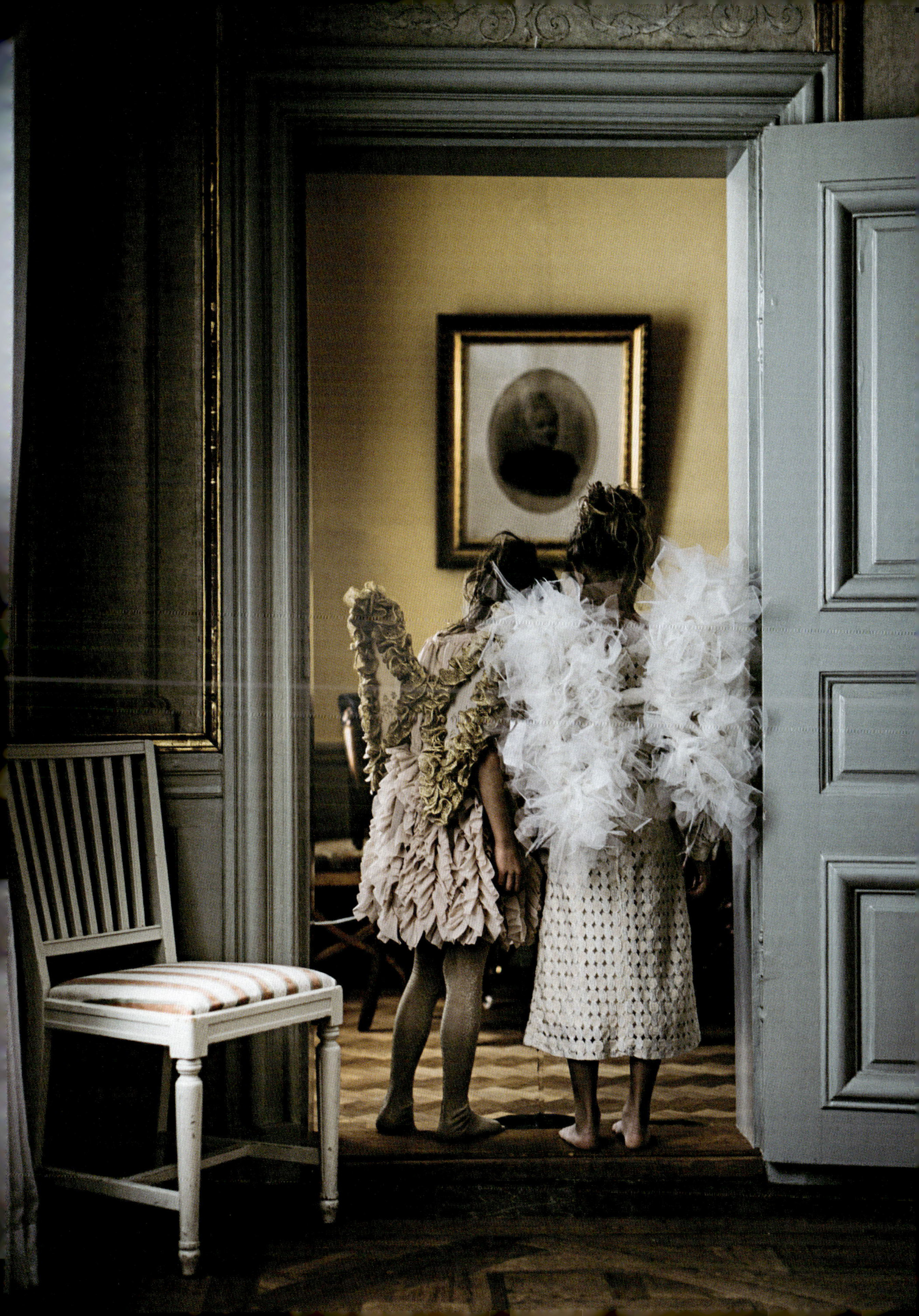

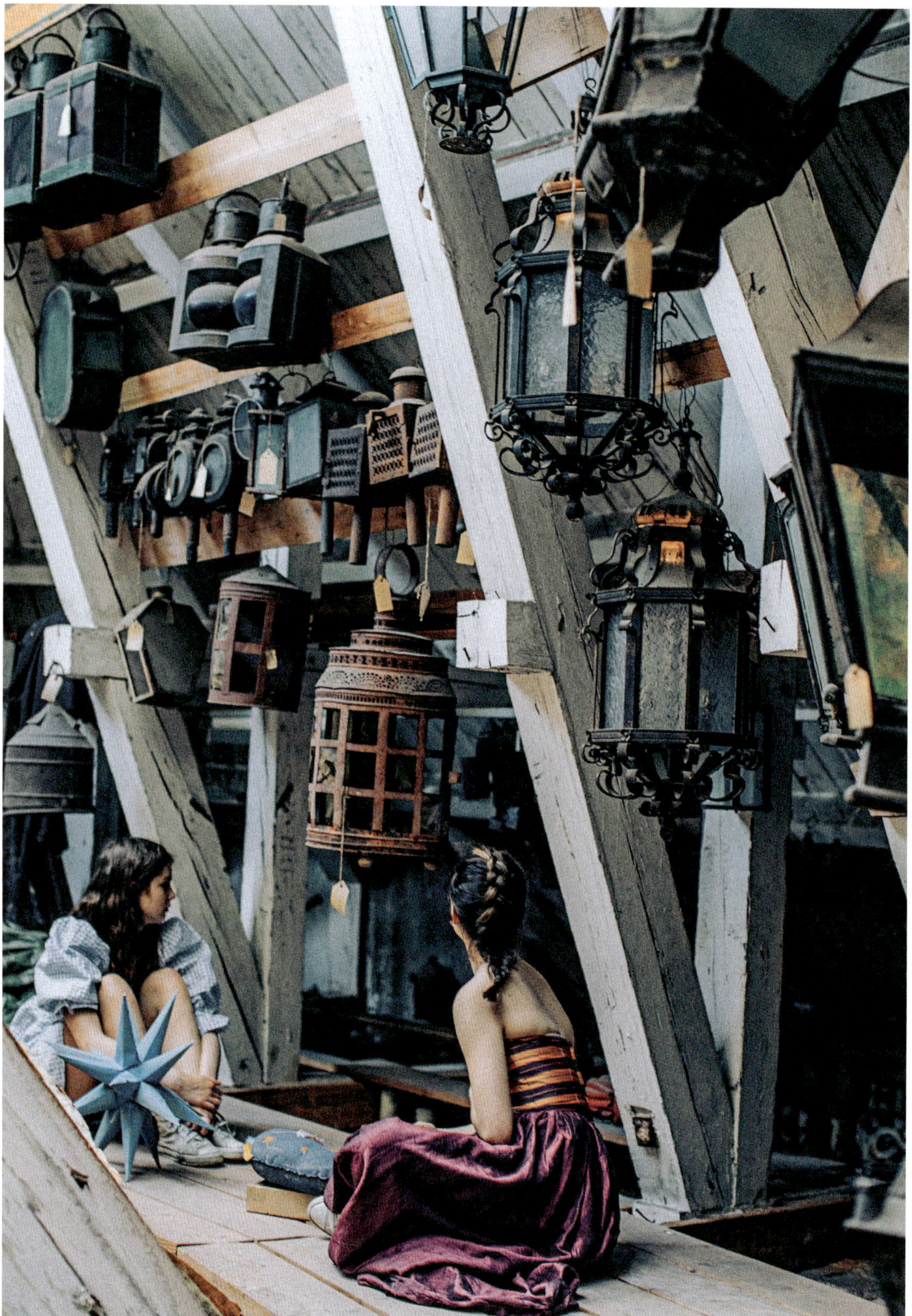

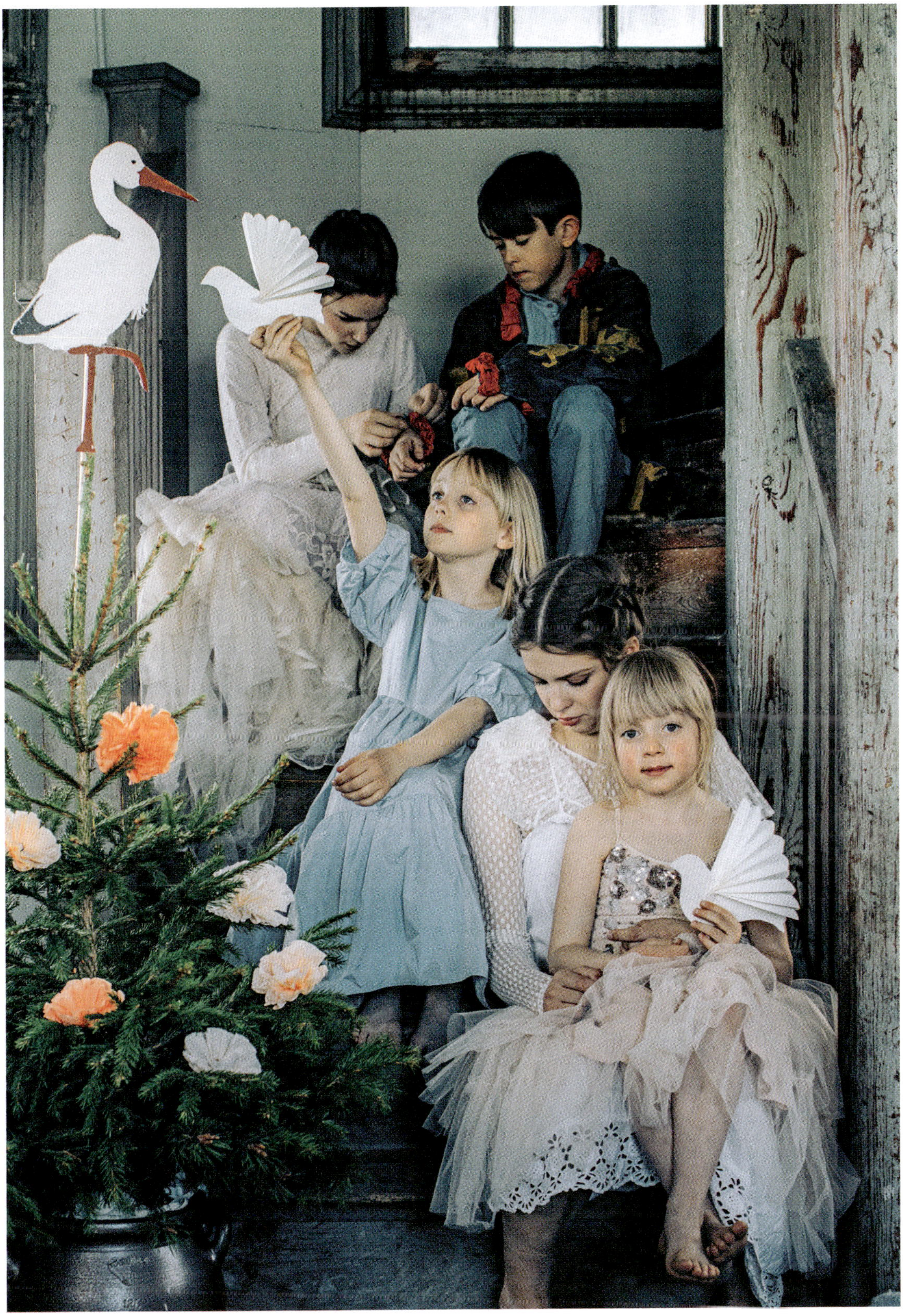

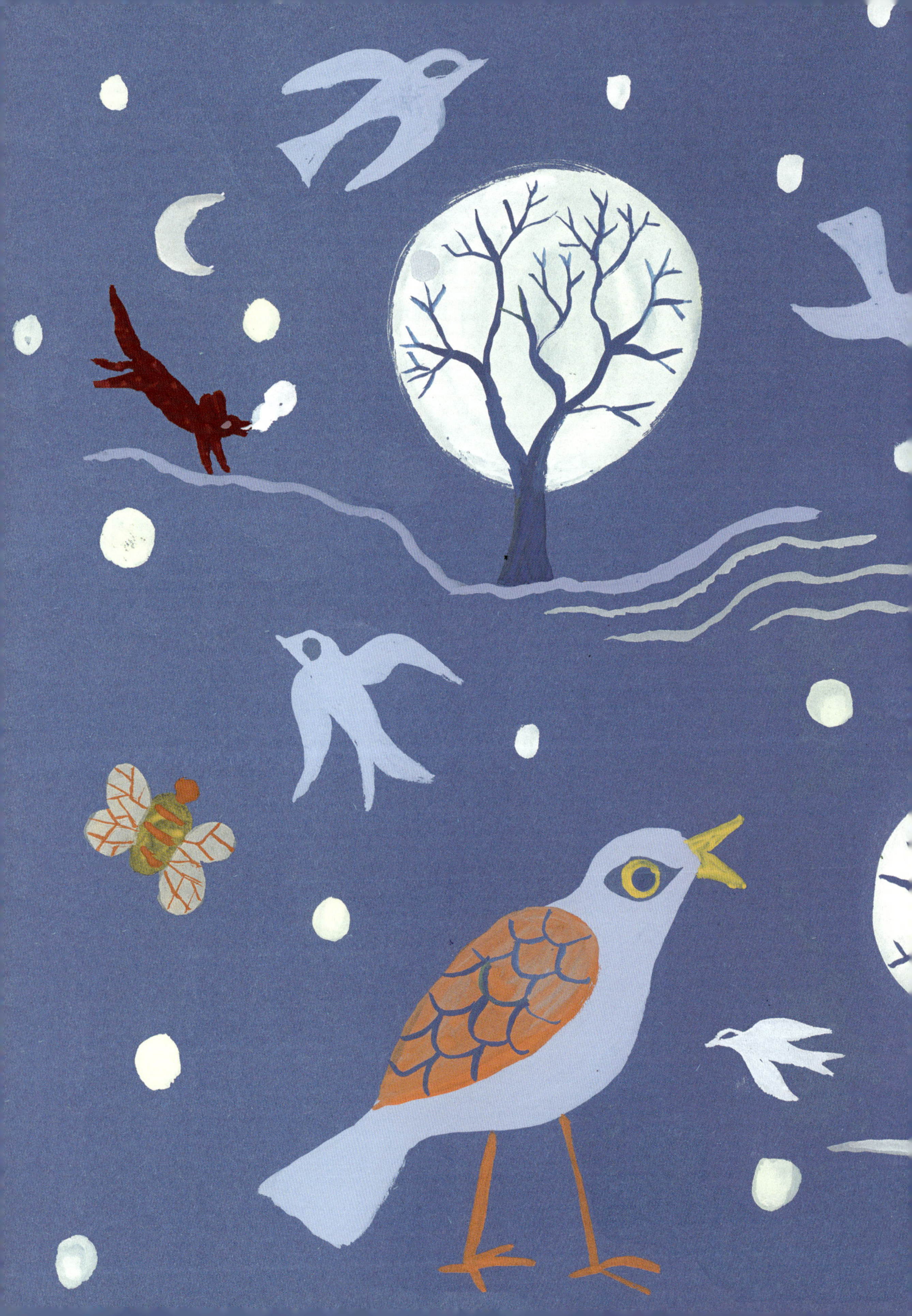

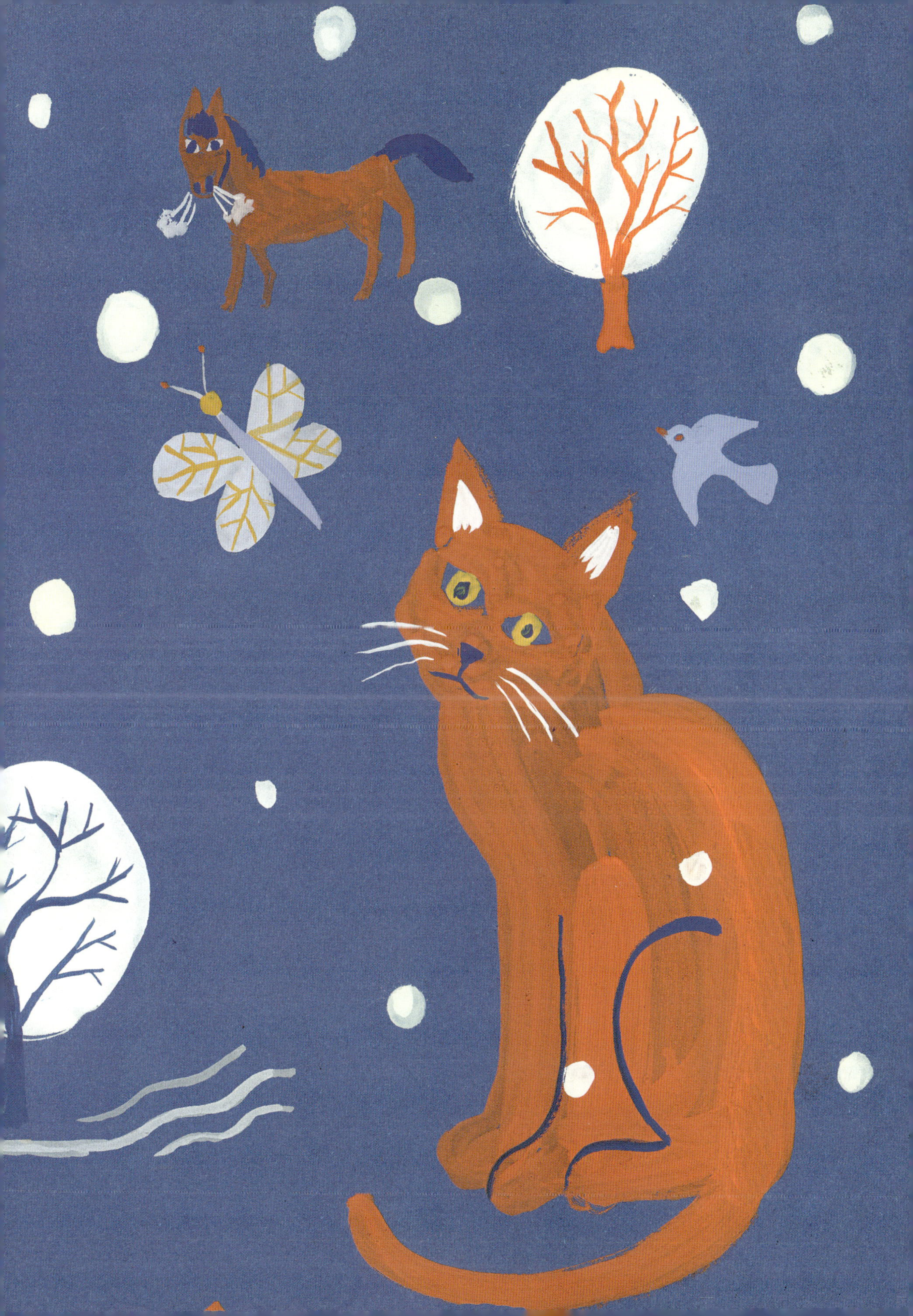

Wintersonnenwende

Es war an einem Dezembertag, drei Tage vor Weihnachten. Du sagtest schon am Morgen, dass die Winterwelt gerade heute besonders schön sein würde. Dass diese Schönheit aber nicht von langer Dauer und das Glitzern ein außerordentlich vorübergehendes Phänomen wäre. Es war in jeglicher Hinsicht der kürzeste Tag des ganzen Jahres, an dem die Stunden nur halb so lang waren wie sonst, wenn überhaupt. Man konnte der Zeit selbst nicht so ganz trauen. Es galt also, sich zu beeilen, wenn wir den Zauber nicht verpassen wollten.

Überall lag Raureif, und als wir den Blick zum Himmel hoben, wussten wir, dass die Wolken voller Schnee hingen, der am Abend fallen würde. Schneeflocken waren um diese Jahreszeit immer voll von Wünschen, Träumen und Liebe. Je mehr sie wirbelten, umso klarer wurden ihre Konturen, als ob sie aus ihrem eigenen Tempo heraus Kraft schöpften. Und wenn es uns gelang, eine zu fangen und auf der Zunge schmelzen zu lassen, konnten wir ganz sicher sein, dass alles wahr war. Und als ob das nicht ausreichte, war der Nebel auch noch tausend Sterne, die nur darauf warteten, am Himmel verstreut zu werden. Sternenstaub beginnt immer in der Welt über den Wolken. Genau in der Sekunde, in der jemand die Himmelskuppel wie ein Fenster weit öffnet, um zu uns hinunterzusehen. Genau in der Sekunde segeln Meteoriten und Kometen über das Dunkel herab. Als ob jemand Glitzerstaub vom Fensterbrett gewischt hätte. Und meine Güte, was wir uns nicht alles wünschten. Beinahe, als wenn es kein Morgen gäbe.

Das Einzige, was wir an diesem Tag sicher wussten, war, dass wir keine Gesellschaft vom Sonnenlicht bekommen würden. Dennoch fühlte es sich ganz besonders an, einen kleinen Spaziergang in der Dunkelheit zu unternehmen, obwohl es noch nicht einmal drei Uhr nachmittags war. Ehe wir uns versahen, wurde die Welt von weichem Schnee zugedeckt und die Silhouetten waren innerhalb einer Sekunde verwischt. Die Bäume wurden zu Bällen, die Gräser wurden zu umgedrehten

Eiszapfen, und unsere Fußspuren wurden wieder zugeschneit und waren verschwunden, noch ehe wir den nächsten Schritt taten. Es ist eine eigenartige Idee, am kürzesten Tag des Jahres einen Spaziergang zu unternehmen. Ehe wir uns versahen, war es schon stockduster. Und wir hatten es gerade einmal bis zum nächsten Waldstück geschafft.

Plötzlich hörten wir etwas flüstern. Es kam aus nächster Nähe, neben uns. Aber der Schnee wirbelte so stark, dass wir uns nicht sicher sein konnten, aus welcher Richtung es kam. Es kam sozusagen aus dem Schnee. Aus der verschneiten Dunkelheit sahen sie uns an. Pferde, Hunde und Vögel. Alle Tiere, deren Namen wir jemals gelernt hatten. Sie sprachen, standen ganz still und sahen uns an. Wir starrten zurück, wussten aber, dass sie nicht antworten würden, wenn wir sie fragten. Jetzt schneite es noch mehr. Exakt in diesem Moment sahen wir die Kugel, die über den Himmel hinwegflog. Jemand sagte, dass es ganz bestimmt ein Stein aus dem All war. Jemand anders dachte laut, dass es mehr wie ein sehr kurzes und spontanes Feuerwerk war. Einfach aus dem Nichts. Das Einzige, dessen wir uns sicher waren, war, dass es keinesfalls eine Sternschnuppe war. Vielleicht mehr wie ein heimliches Fest in der Ferne. Dann gab es plötzlich eine Art Rascheln und Knacksen und wir spürten das Einbrechen der Dunkelheit. Sie holte eine Glaskugel mit einer Winterwelt darin heraus und schüttelte sie, als gälte es ihr Leben. Plötzlich war es, als ob alle Flocken auf der ganzen Welt in ihrer Bewegung verharrten. Sie schwebten irgendwie, ohne sich auch nur einen Millimeter von der Stelle zu bewegen. In der Luft festgenagelt. Alle Geräusche verschwanden, und obwohl wir nur raten konnten, wussten wir, dass das Universum für einen Moment zum Stillstand kam. Die Milchstraße war plötzlich so nah, dass wir sie berühren konnten, und die Sterne blendeten uns einen kurzen Moment lang. Jemand wünschte, wir hätten eine Himmelsleiter mitgenommen, um einen Blick dorthin zu werfen, wo wir niemals hingelangen können. Vielleicht denen winken, die wir vermissen. All die tausenden Schneeflocken wirbelten so, dass wir beinahe den Boden unter unseren Füßen nicht mehr sehen konnten. Und doch konnten wir plötzlich den Mond als eine schmale Sichel erkennen. Er leuchtete wie ein Streifen durch den fallenden Schnee und teilte ihn wie einen Vorhang. Wir erkannten, dass es sich wie zu Hause anfühlte. Wie der hintere Teil unseres eigenen Gartens. Wir sahen vier Sternschnuppen und konnten ihnen mit unseren Blicken folgen, bis sie genau dort wieder auf den Boden trafen, wo die Ulme gestanden hatte, ehe sie gefällt werden musste. Das war dann doch ungewöhnlich – gleich vier Sternschnuppen –, dem konnte ich nur zustimmen.

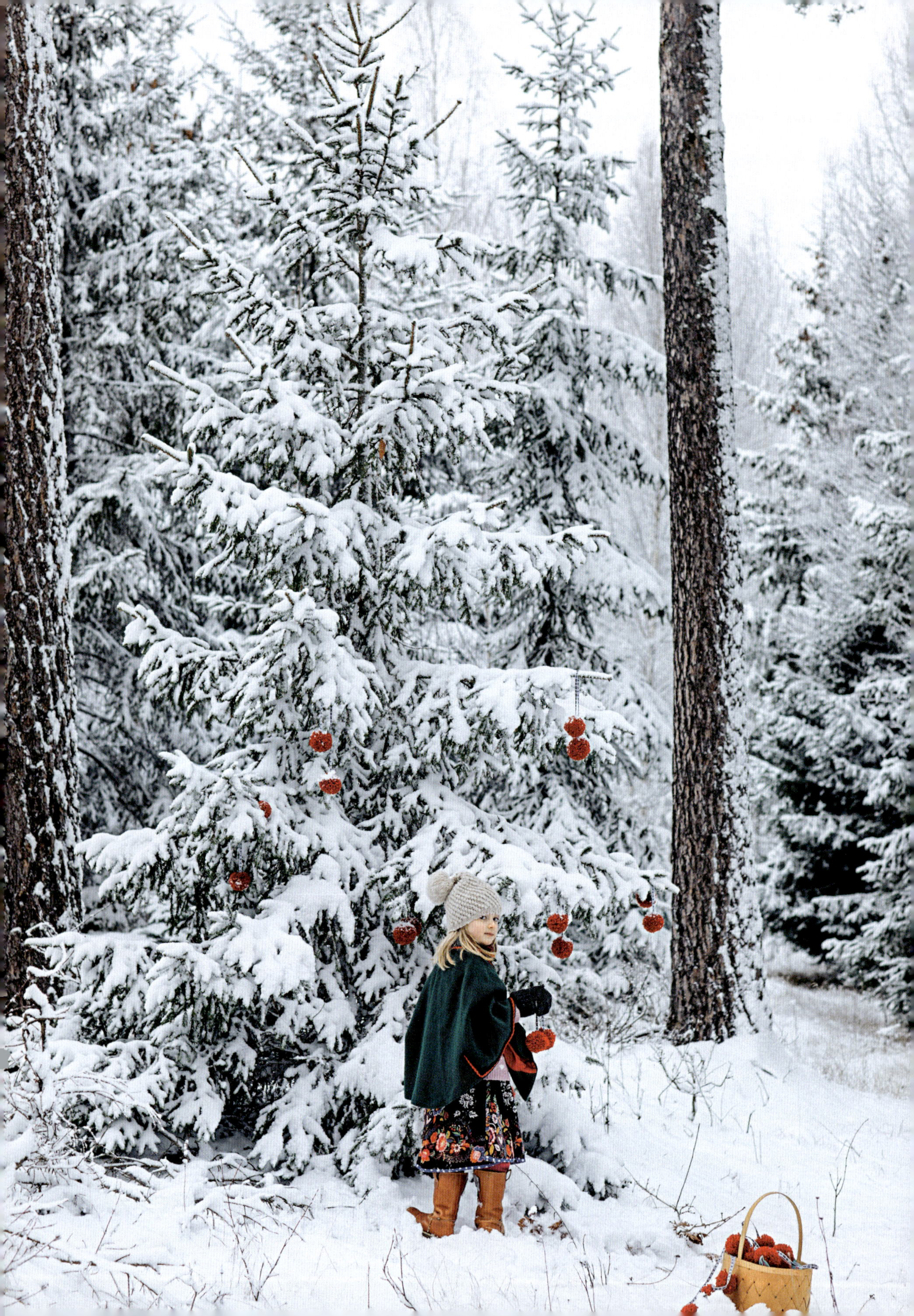

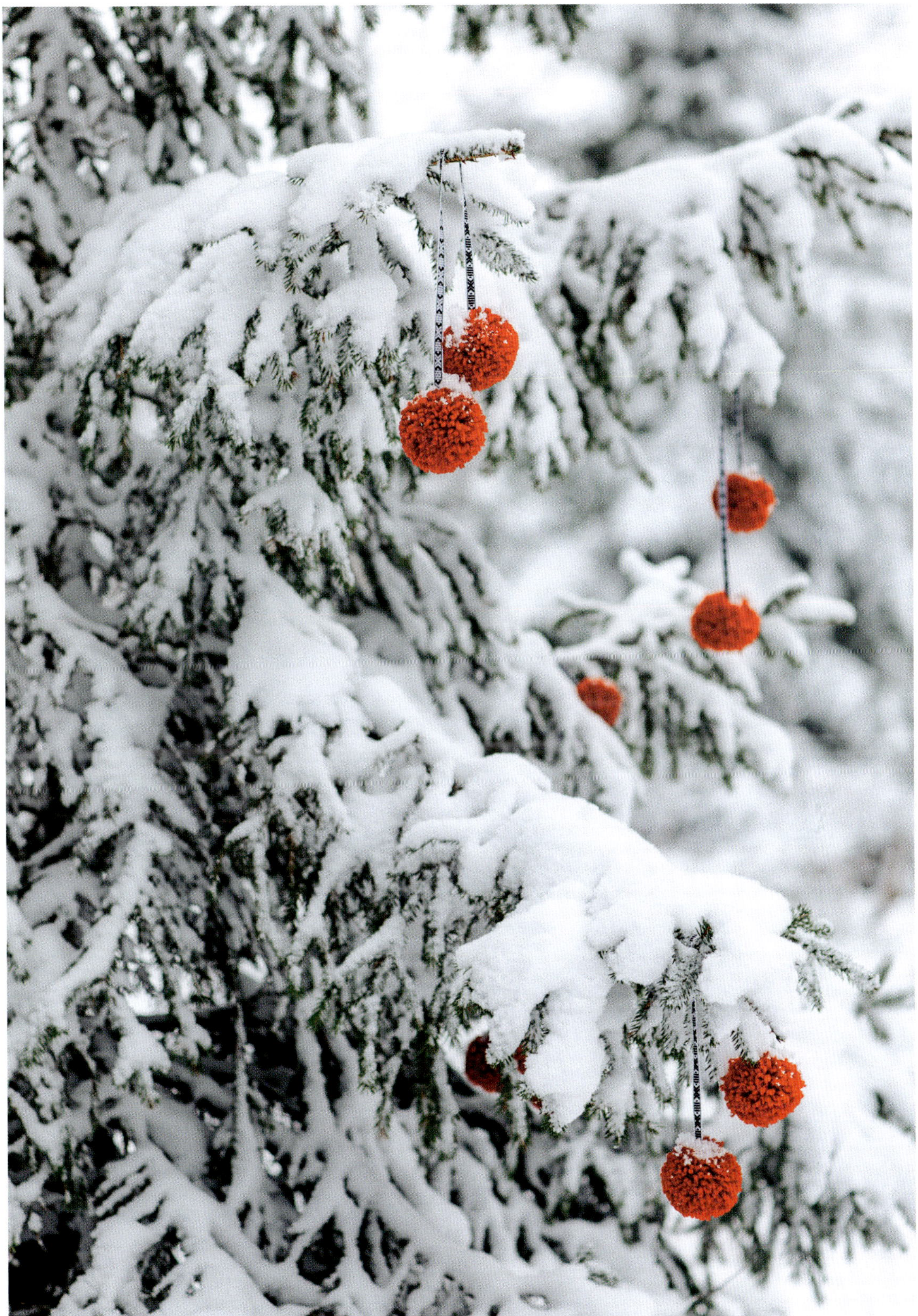

Vogelfutter

Den Vögeln im Winter eine Extraportion Liebe zukommen zu lassen, ist eine schöne Aufgabe, die mit einem Filmspektakel vor dem Fenster belohnt wird. Und wenn man das Glück hat zu sehen, wie sich Scharen von knallroten Dompfaffen in den Bäumen niederlassen, wird das nächste Jahr gut – so heißt es. Es ist einfach, den Vögeln ein Festmahl zu bereiten, indem man »Körnerplätzchen« und Girlanden mit roten Beeren in die Bäume hängt. Die gefiederten Gesellen werden es einem danken und im Frühling den Garten mit ihrem Gezwitscher erfüllen.

Körnermischung

Vögel haben unterschiedliche Lieblingsgerichte. Im Winter sollte man beachten, dass ihr Futter so viel Energie wie möglich enthalten soll. Großartig sind z. B. Rosinen und fettreiche Körner wie Sonnenblumenkerne, Hanfsamen und ungesalzene Erdnusskerne.

Das wird benötigt:

Körner
Äpfel
Erdnussbutter
Schnur

So funktioniert es:

1. Die Körner in einer großen Schüssel vermengen.
2. Die Äpfel in Scheiben schneiden, jeweils ein Loch in die Mitte machen und ein Stück Schnur als Anhänger hindurchziehen.
3. Die Erdnussbutter auf den Apfelscheiben verstreichen.
4. Die mit Erdnussbutter bestrichenen Apfelscheiben in die Körner tauchen.
5. Die Körnerplätzchen draußen aufhängen oder im Gefrierfach aufbewahren, wenn sie nicht sofort benötigt werden.

Cranberry-Girlanden

Das wird benötigt:

Getrocknete Cranberrys
Nadel mit einem großen Öhr
Schnur

So funktioniert es:

1. Die Cranberrys auf die Schnur fädeln und in die Enden der Schnur je einen Knoten machen.
2. Draußen aufhängen.

Eislaterne

Solange ich denken kann, machte mein Papa im Winter Eislaternen. Und das tat er weiterhin, auch als ich schon von daheim in mein eigenes Haus gezogen war. Wie dankbar war ich für diese Laternenlieferung bei Minusgraden. Keine Minusgrade – keine Laternen. Dass es nur dann möglich war, wenn der Winter es erlaubte, machte die Sache erst recht magisch. Man kann aber auch schummeln und Wasser in einer Gugelhupfform im Gefriergerät zu Kristall machen.

Das wird benötigt:
Wasser
Gugelhupfform
Gefriergerät

So funktioniert es:
1. Eine Gugelhupfform mit Wasser füllen.
2. Bei Minusgraden nach draußen stellen (in der Schummelvariante ins Gefrierfach).
3. Leicht antauen lassen und aus der Form stürzen.
4. Ein Teelicht in die Eismulde stellen.

Süßes Stockbrot

Bei Schneemangel muss man anderweitig für Winterstimmung sorgen. Und manchmal ist Frost ja auch mindestens so schön wie meterhohe Schneeberge. Es ist keine Übertreibung, sondern eine Tatsache, dass man noch tagelang davon zehrt, wenn man im Winter draußen gegessen hat. Egal, ob bei Frost, bei Schnee oder in einem frühlingshaften Januar. Auch im schneelosen Garten kann man ein Waffeleisen verwenden. Das Grillen von Würstchen funktioniert ebenfalls sehr gut! Oder Apfelpunsch in der Thermoskanne! Oder heiße Schokolade mit Sahne – was für ein Leben!

Den Teig für das Stockbrot sowie die Füllung zu Hause vorbereiten und fertig mit zum Grillplatz oder an die Feuerstelle nehmen.

Für den Teig:
210 g Weizenmehl Type 405
1 Prise Salz
2 EL Zucker
1 TL Backpulver
150 ml Vollmilch

Für die Füllung:
100 g weiche Butter
4 TL Zimt
3 EL Zucker

So funktioniert es:
1. Das Mehl, das Salz, den Zucker und das Backpulver vermengen.
2. Die Milch hinzufügen und alles zu einem festen Teig verkneten. In Frischhaltefolie wickeln und beiseitestellen.
3. Für die Füllung die Butter mit dem Zimt und dem Zucker vermengen und in eine Dose oder ein Glas füllen.
4. Den Teig zu Strängen rollen und auf einen Stock oder alternativ einen Grillspieß wickeln. Darauf achten, dass der Teig ein wenig über das obere Ende des Stocks hinausragt, damit beim Grillen ein Teigboden entsteht.
5. Das Stockbrot ins Feuer halten und gleichzeitig den Stock um seine eigene Achse drehen.
6. Den Stock aus dem Brot ziehen, wenn es Farbe genommen hat und fertig gebacken ist. Anschließend etwas Füllung in das Loch im Brot löffeln und schmelzen lassen.

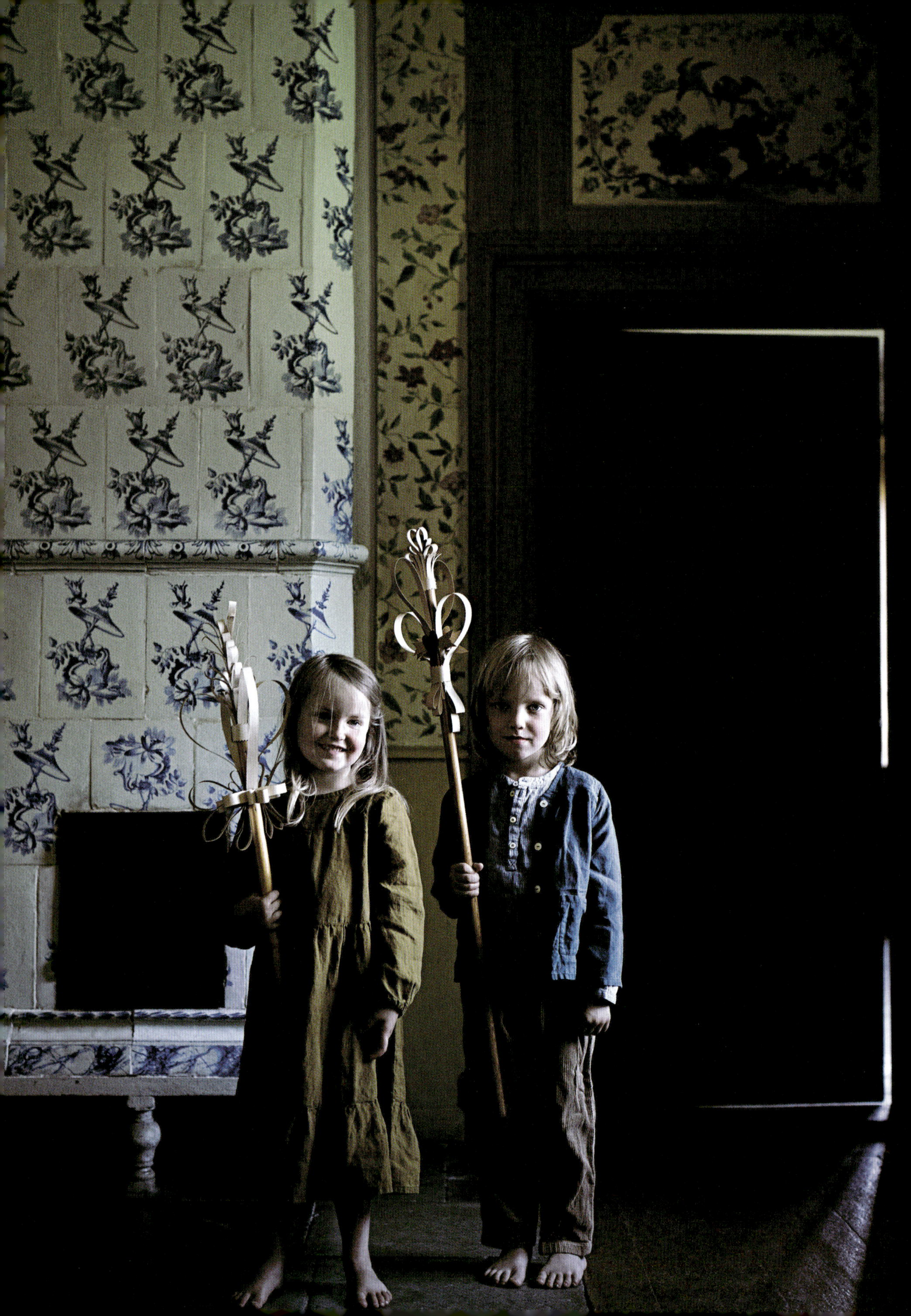

Weihnachtsfrieden

In der Winterzeit einen »Weihnachtsstab« (siehe Seite 23) vor seinem Heim aufzustellen, ist eine der schönsten Traditionen, von denen ich je gelesen habe. Unter anderem in Dalarna bei uns in Schweden ist dieser Brauch noch lebendig. Auf beiden Seiten der Eingangstür zu den Häusern wurden traditionellerweise solche hoch aufragenden Prachtstücke aufgestellt – »Julstänger«, »Julruskor« oder »Tomaskors« genannt. Letztendlich sind es festlich geschmückte Stangen, erhellt von flackerndem Laternenschein. In früheren Zeiten wurden sie am 21. Dezember zur Wintersonnenwende, die mit dem Namenstag des heiligen Tomas zusammenfällt, aufgestellt – am dunkelsten Tag des Jahres also. Die Weihnachtsstange als Zeichen für Frieden und Unbeschwertheit (und auch ein wenig zum Schutz vor übernatürlichen Wesen) leitete den Weihnachtsfrieden ein, der dann bis zum zwanzigsten Tag nach dem Fest währte. Die Stange konnte sehr hoch aufragen, höher sogar als der Dachfirst. Gleichzeitig war die Konstruktion sehr oft einfach und bestand aus langen, von ihrer Rinde befreiten Ästen mit Querhölzern. Meist wurde die Spitze mit Kränzen oder zu diesem Zweck aufbewahrten Tannenspitzen geschmückt. Ich persönlich denke, dass wir unserer Fantasie freien Lauf lassen sollten. Auch eine noch so kleine Stange tut ihren Dienst, aber geschmückt mit allen Herrlichkeiten, die unseren Weihnachtsfrieden symbolisieren sollen, darf sie ruhig sein.

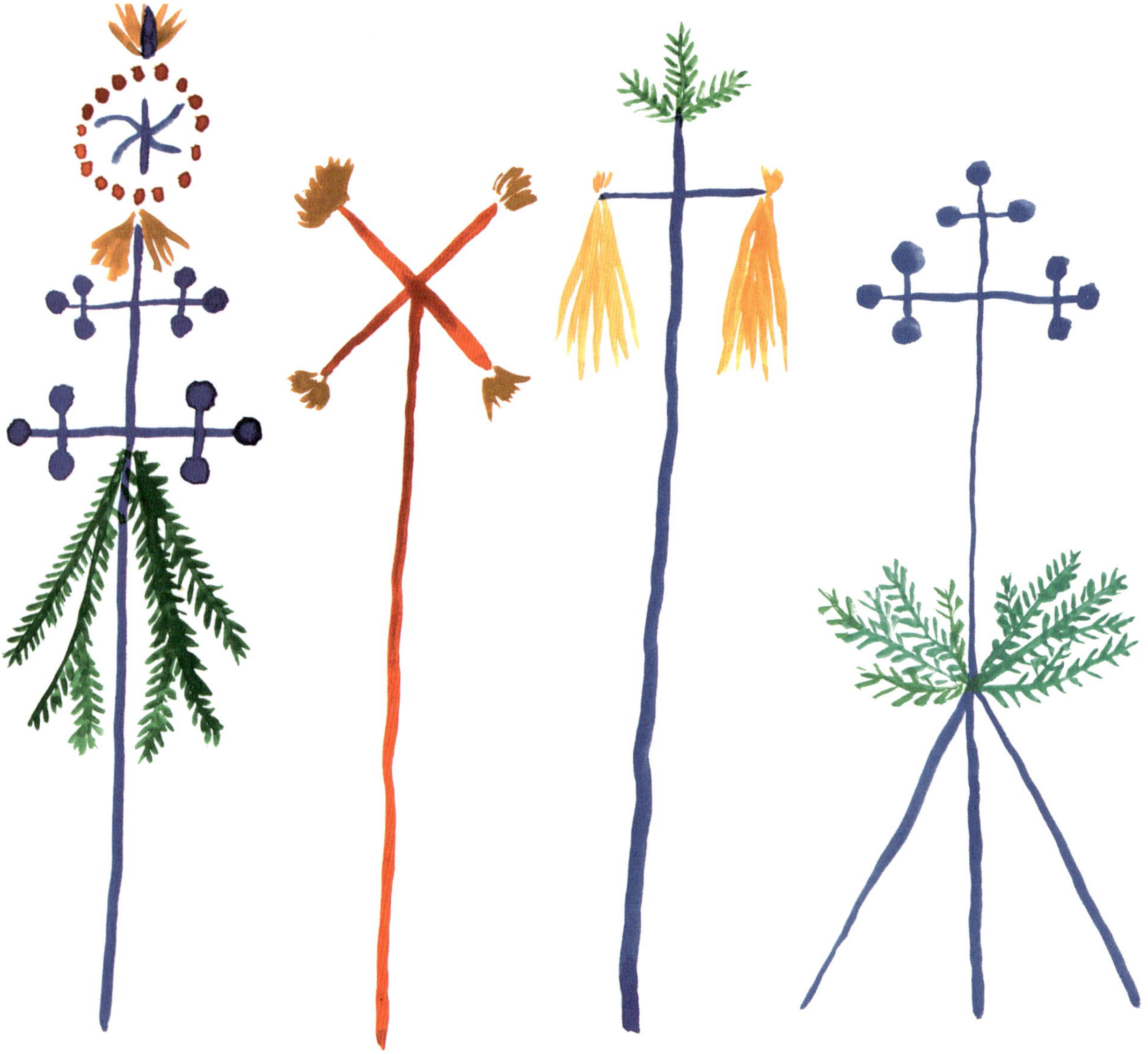

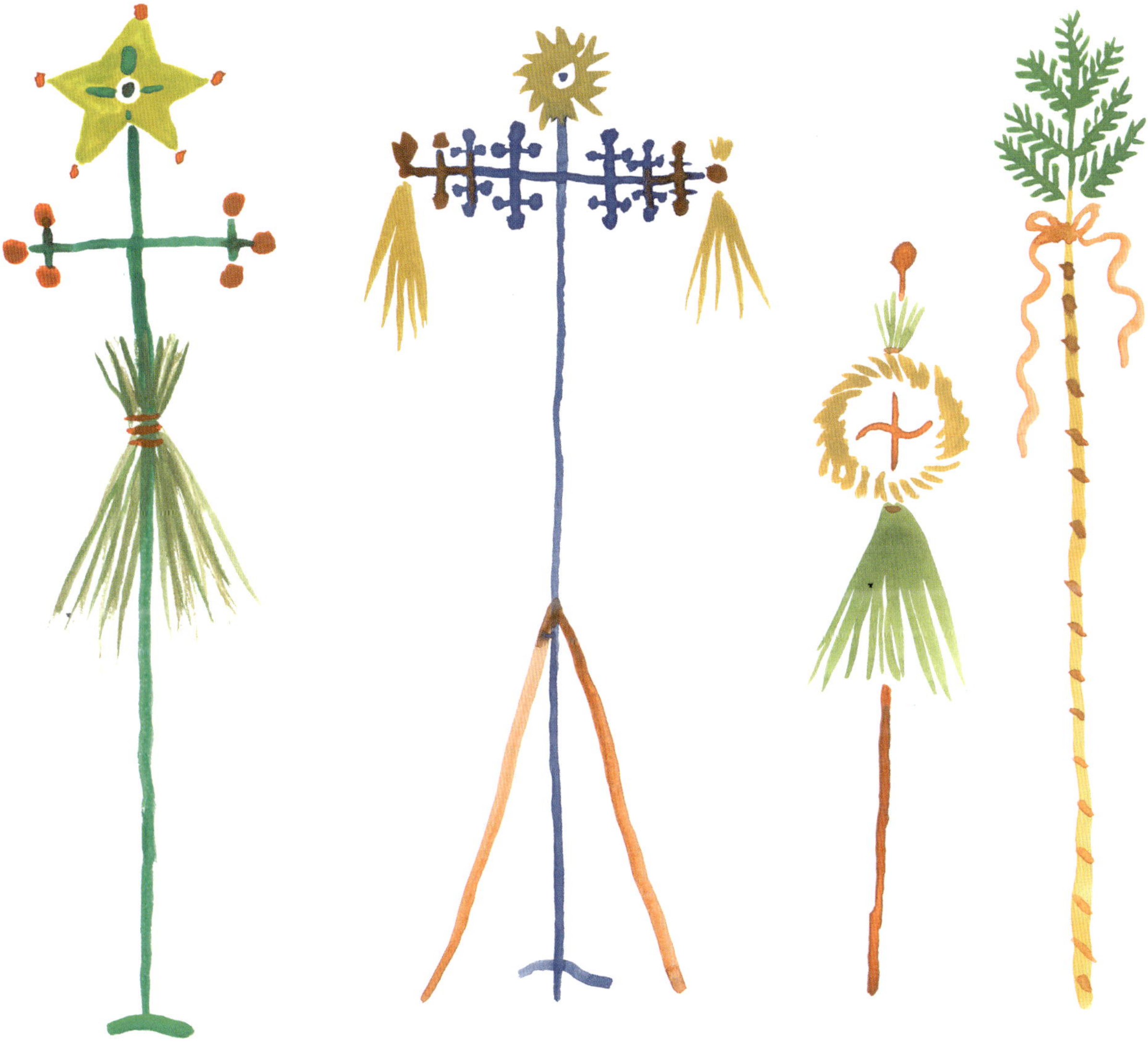

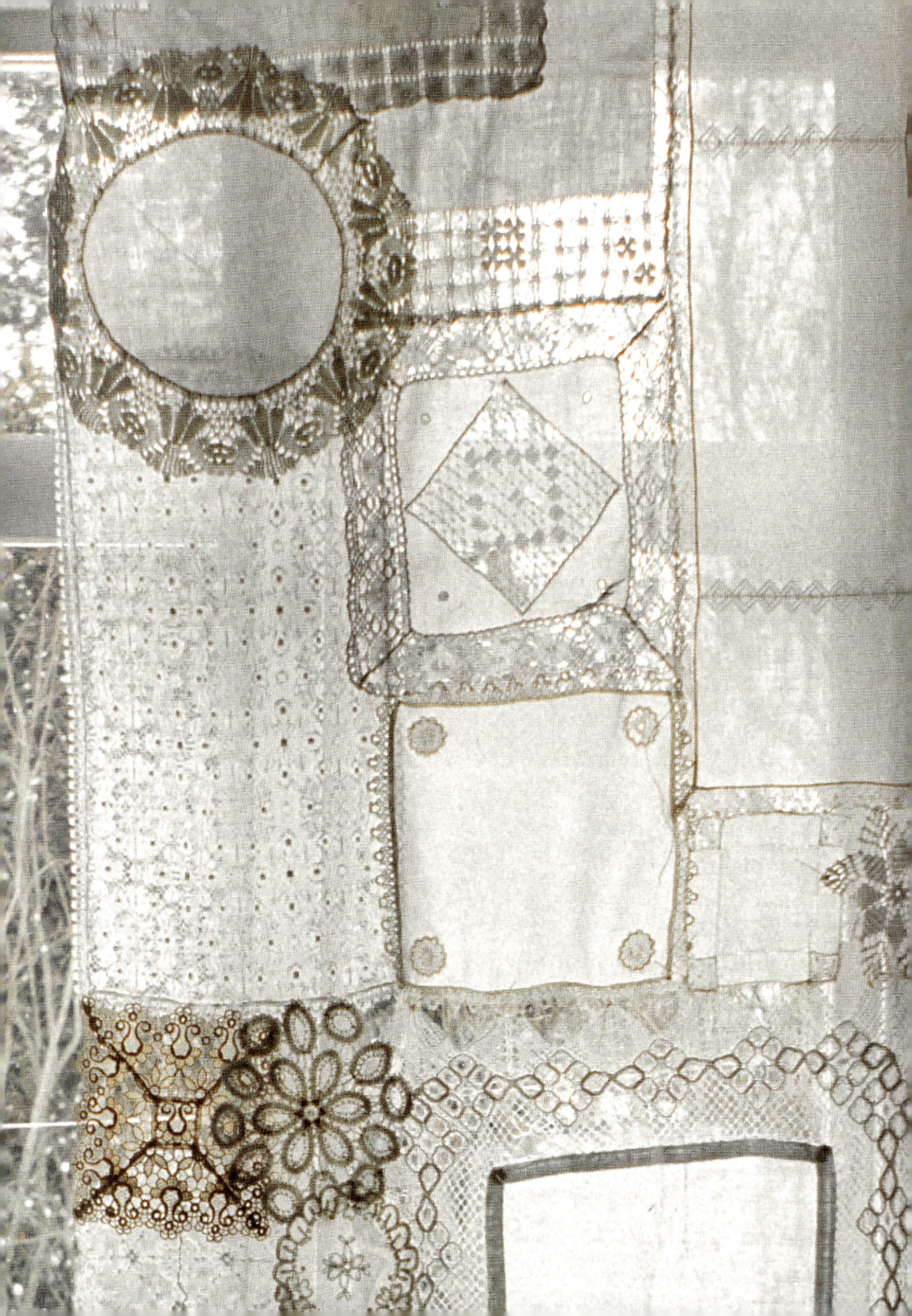

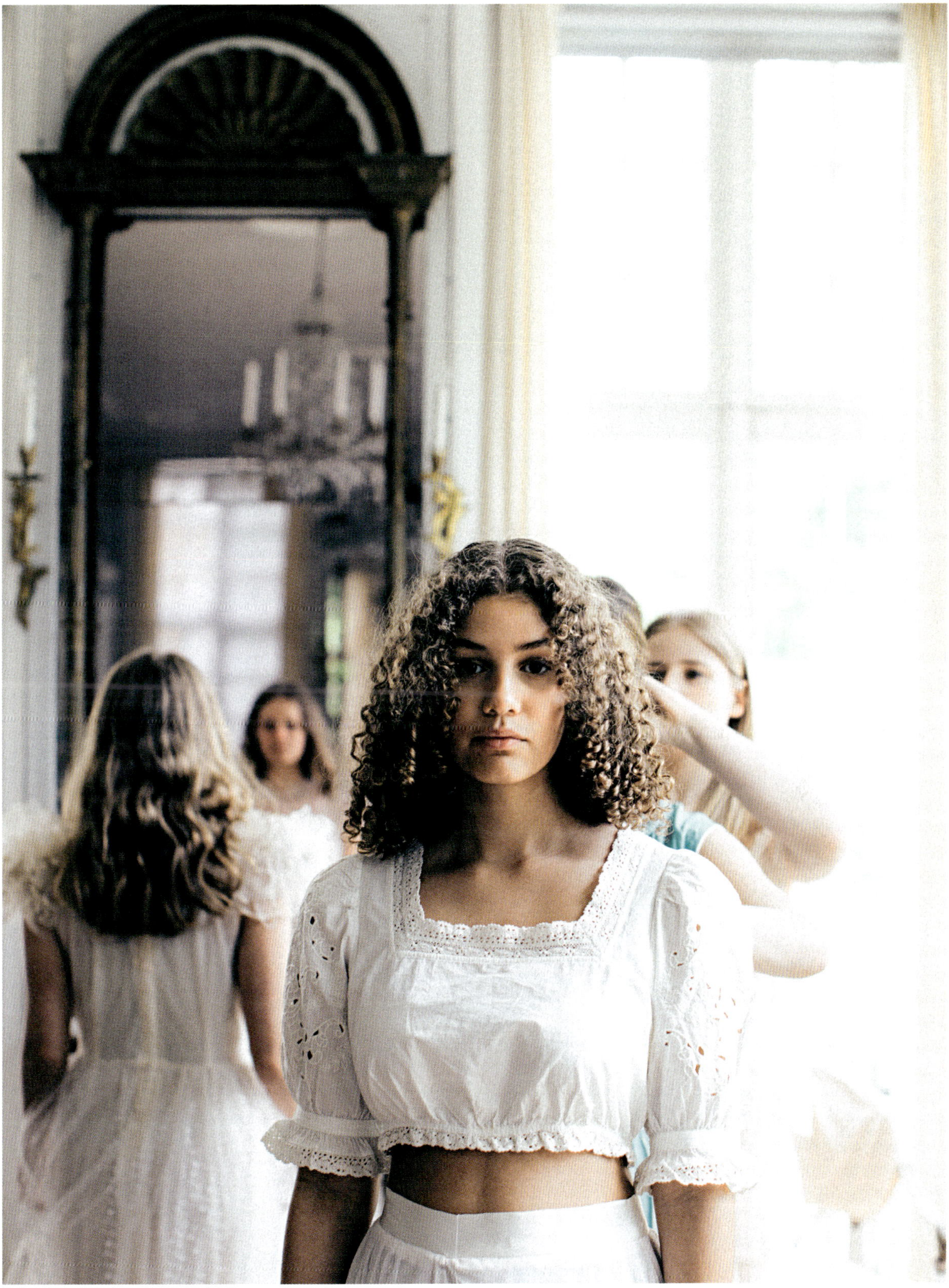

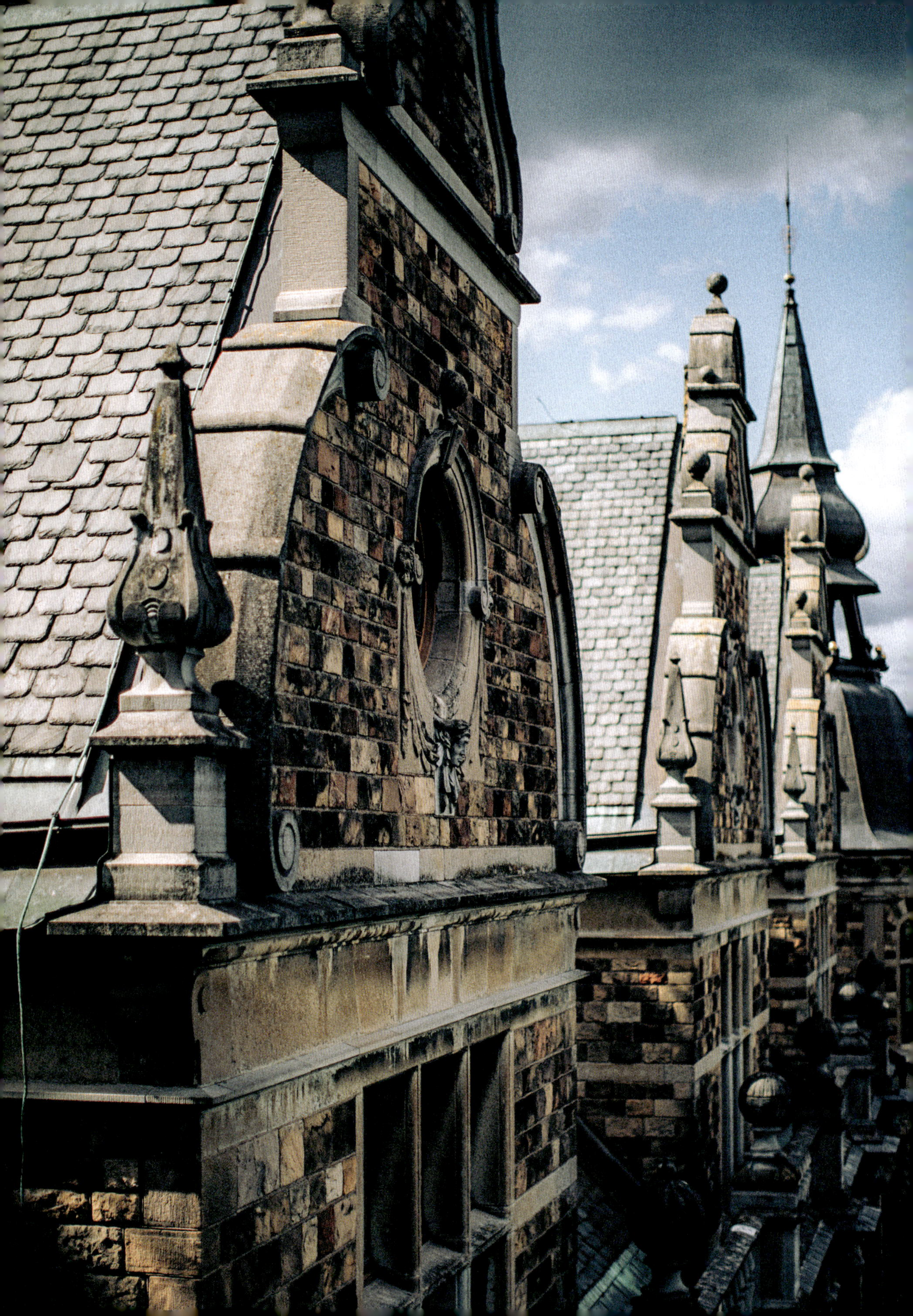

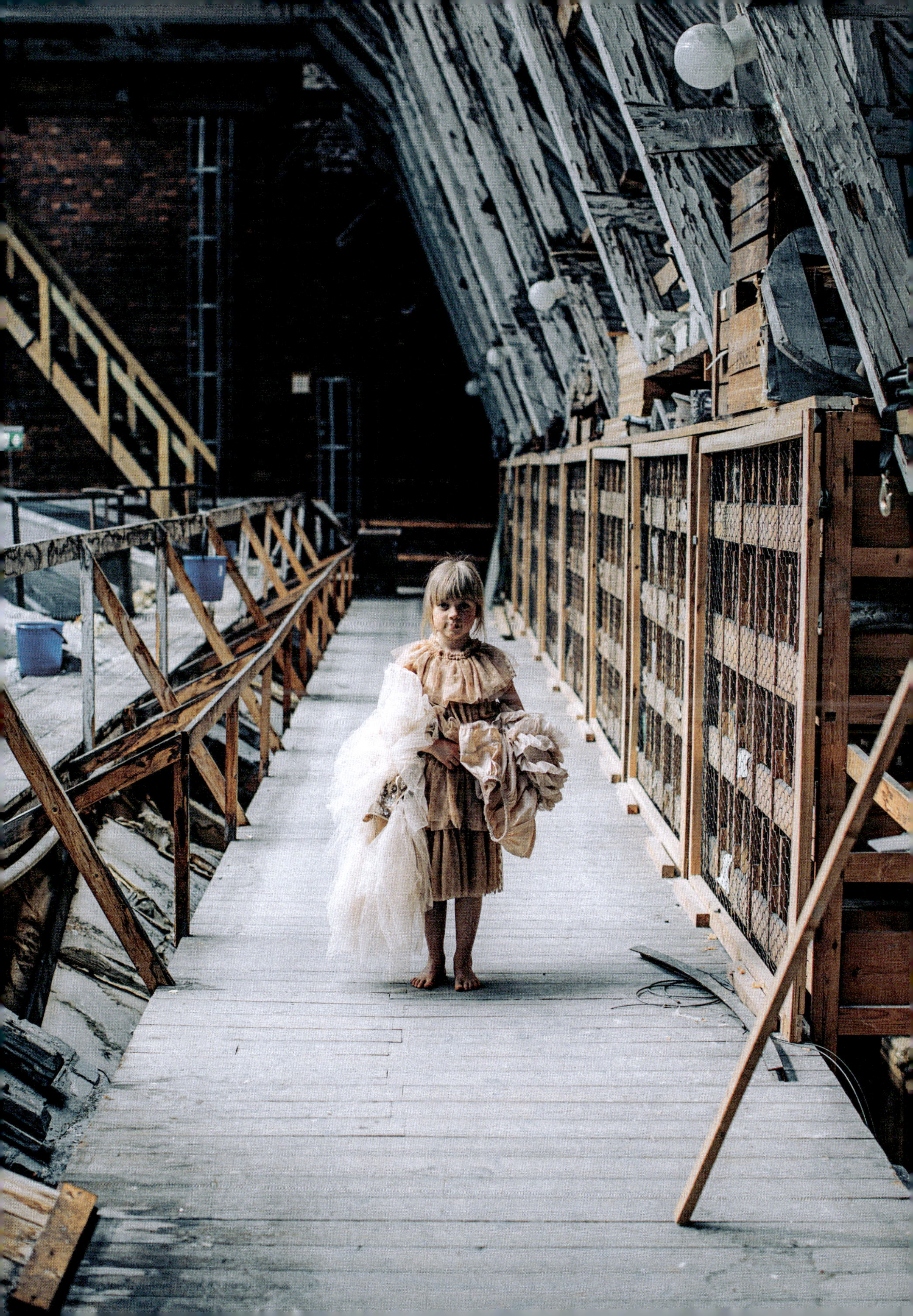

Nordisches Museum

Die Bilder in diesem Buch wurden zu großen Teilen im Nordischen Museum in Stockholm sowie in den dazugehörigen Herrenhäusern Svindersvik und Julita Gård fotografiert. Ich durfte in eine Umgebung eintauchen, die dem Rest der Welt verborgen bleibt. Es war, als würde ich ganze Tage in einer Schatzhöhle verbringen.

Bei allem Respekt vor diesen Orten haben wir sie doch mit Leben erfüllt. Ich habe Seite an Seite mit Kindern dort gearbeitet – sowohl mit meinen eigenen als auch denen anderer. Neue Gespräche wurden zwischen den alten Mauern angestoßen, und unsere Augen haben Dinge gesehen, von deren Existenz wir gar nichts gewusst hatten. Wir sind zusammen auf Entdeckungsreise gegangen und haben der Vergangenheit zumindest für eine kleine Weile Leben eingehaucht.

Es ist etwas Besonderes, über die Schwelle von Orten zu treten, die sonst nicht immer zugänglich sind. Als ob man ihnen einen heimlichen Besuch abstatten würde. Man weiß nicht, was man finden oder wie man sich fühlen wird. Aber es macht etwas im Schaffensprozess mit der Kreativität und dem Gefühl. Die Sonnenstrahlen wandern auf eine ganz besondere Weise durch den Raum, die Geräusche sind anders als die gewohnten, die Gerüche sind unerwartet. Die Zeit scheint stillzustehen, aber Licht und Schatten wechseln heute noch auf dieselbe Weise. Ganz zu schweigen von den Exponaten, die wir sehen. An eine Wand gepinnte hundert Jahre alte Notizen. Kachelöfen, die in ihre Einzelteile zerlegt und sorgfältig in Fächer einsortiert wurden. Gezeichnete Skizzen, wie Kunstwerke auf Karton. Speicher voller Kleider und Schuhe. Aufgestapelte Kisten voller Haarschmuck, Hauben und Broschen – und alles in raschelndes Seidenpapier gewickelt. All die Dinge, die zu früheren Zeiten als besonders schön erachtet und bewusst für zukünftige Generationen aufbewahrt wurden. Da ist z. B. die Laternensammlung unter dem Dach. Voller Exponate, die deinstalliert wurden, als die Elektrizität nach Stockholm kam – eine Laterne fantasievoller als die andere. Wenn Objekte Geschichten erzählen können, dann diese Laternen. Und dann ist da dieses liebenswerte Atelier auf dem Dachboden. Tausend Treppenstufen führen zu diesem Raum zwischen uralten Zinnen und Türmen mit Fenstern gen Norden.

Vielleicht ist das Gefühl, das mich während der Entstehung dieses Buches begleitete, dasselbe, das Artur Hazelius Ende des 19. Jahrhunderts empfand. Das Gefühl, die Dinge in eine Zeitkapsel verfrachten zu wollen. Auch ich möchte diese Schätze bewahren.

Artur, Gründer des Nordischen Museums und des Freilichtmuseums Skansen, und seine Frau Sofi bemerkten auf einer Reise nach Dalarna im Jahre 1872 mit Betroffenheit, dass die bäuerliche Kultur für die künftigen Generationen in Vergessenheit geraten könne. Städte wuchsen in ungeheurer Geschwindigkeit und die industrialisierte Gesellschaft gewann zunehmend an Bedeutung. Traditionen und Bräuche wurden durch Neues und Modernes ersetzt.

Noch an Ort und Stelle begannen sie mit dem Zusammentragen von traditionellen Gegenständen. Aus diesem Einfall wurde eine Sammlung von etwa 1,5 Millionen Objekten, Briefen und Berichten von Menschen über ihr Leben. Dazu kommen sechs Millionen Fotografien und etwa 4000 Regalmeter Bücher.

Hazelius baute über das ganze Land hinweg ein gigantisches Netzwerk sogenannter Beschaffer auf. Diese halfen ihm, Dokumente früherer Zeit zusammenzutragen. Dass Hazelius weder für Sammlungen noch für zukünftige Gebäude über das notwendige Kapital verfügte, ist ein interessantes Detail. Es wurde ihm alles in der ein oder anderen Form geschenkt, als ob das Ganze ein Gemeinschaftswerk der Zeit um die Jahrhundertwende gewesen wäre. 1907 wurde das Nordische Museum auf der Stockholmer Insel Djurgården eingeweiht. Eigentlich hätte es 4-mal so groß werden sollen, aber auch seine jetzigen Ausmaße sind beeindruckend. Heute ist das Nordische Museum das größte kulturhistorische Museum in ganz Schweden. Eine gigantische Schatzkammer der Geschichte, aus der man schöpfen kann. Als würde alles dort nur darauf warten, als Basis für neue Formen und Ideen zu dienen. Für mich ist es mit all der Historie, dem Handwerk, der Folklore, den traditionellen Kunstformen und Geschichten aus vergangenen Zeiten eine unglaubliche Quelle der Inspiration. All diese Dinge bieten die Möglichkeit, in einen heutigen Kontext übertragen zu werden. Sie helfen einem auch dabei, sich zu vergegenwärtigen, wie man Dinge früher verwendete und mit dem, was man hatte, kreativ im Alltag umging.

Manchmal überlege ich, wie es wäre, wenn auch ich an einem derart der Zeit entrückten Ort verschwinden würde. Man stelle es sich einmal vor: Sie verschwand im Nordischen Museum und ward nie mehr gesehen. Das wäre natürlich traurig, aber in gewisser Weise wie ein Traum. »Und sie lebte sie glücklich bis ans Ende ihrer Tage, zwischen Ausstellungsstücken und Büchern.«

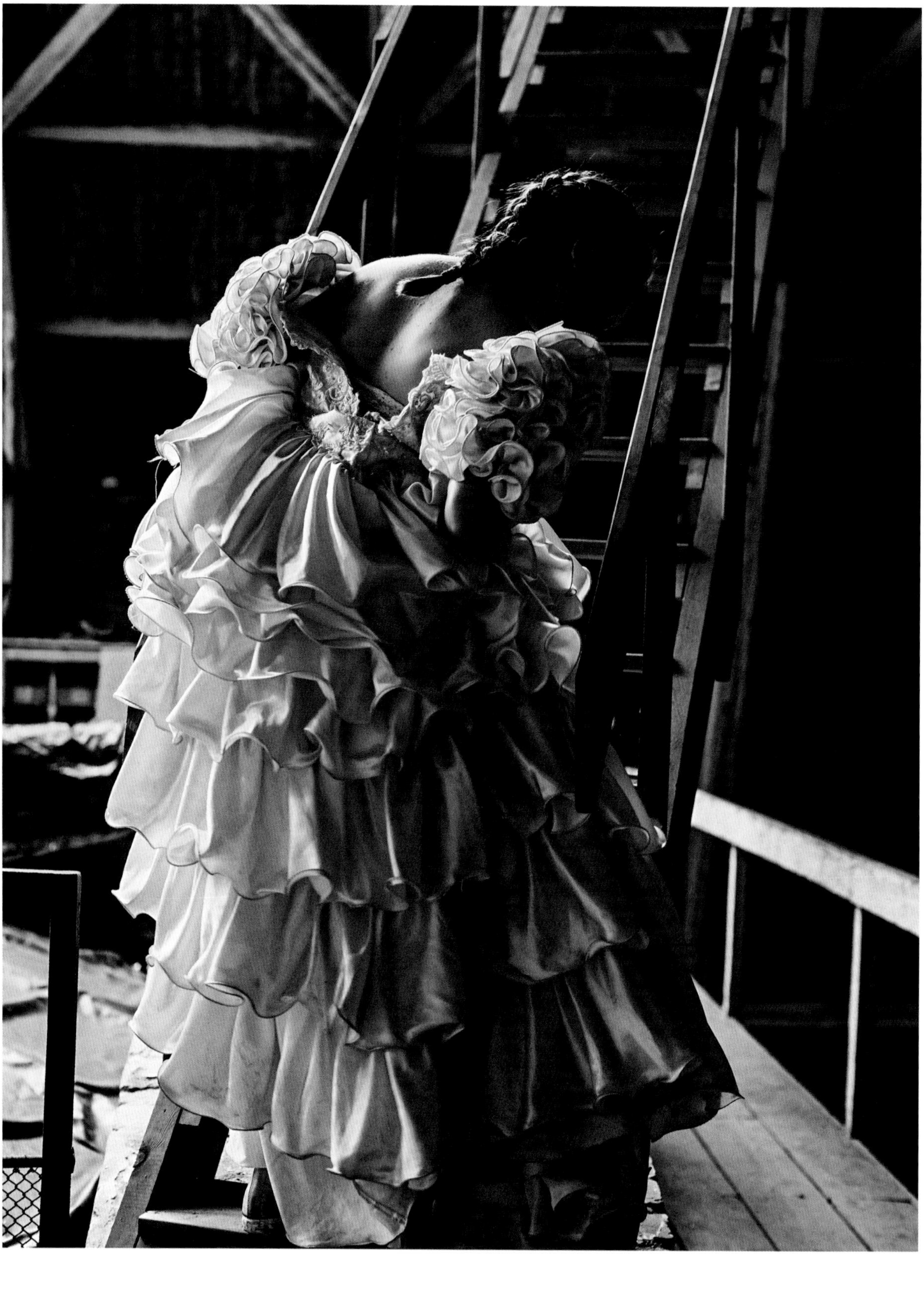

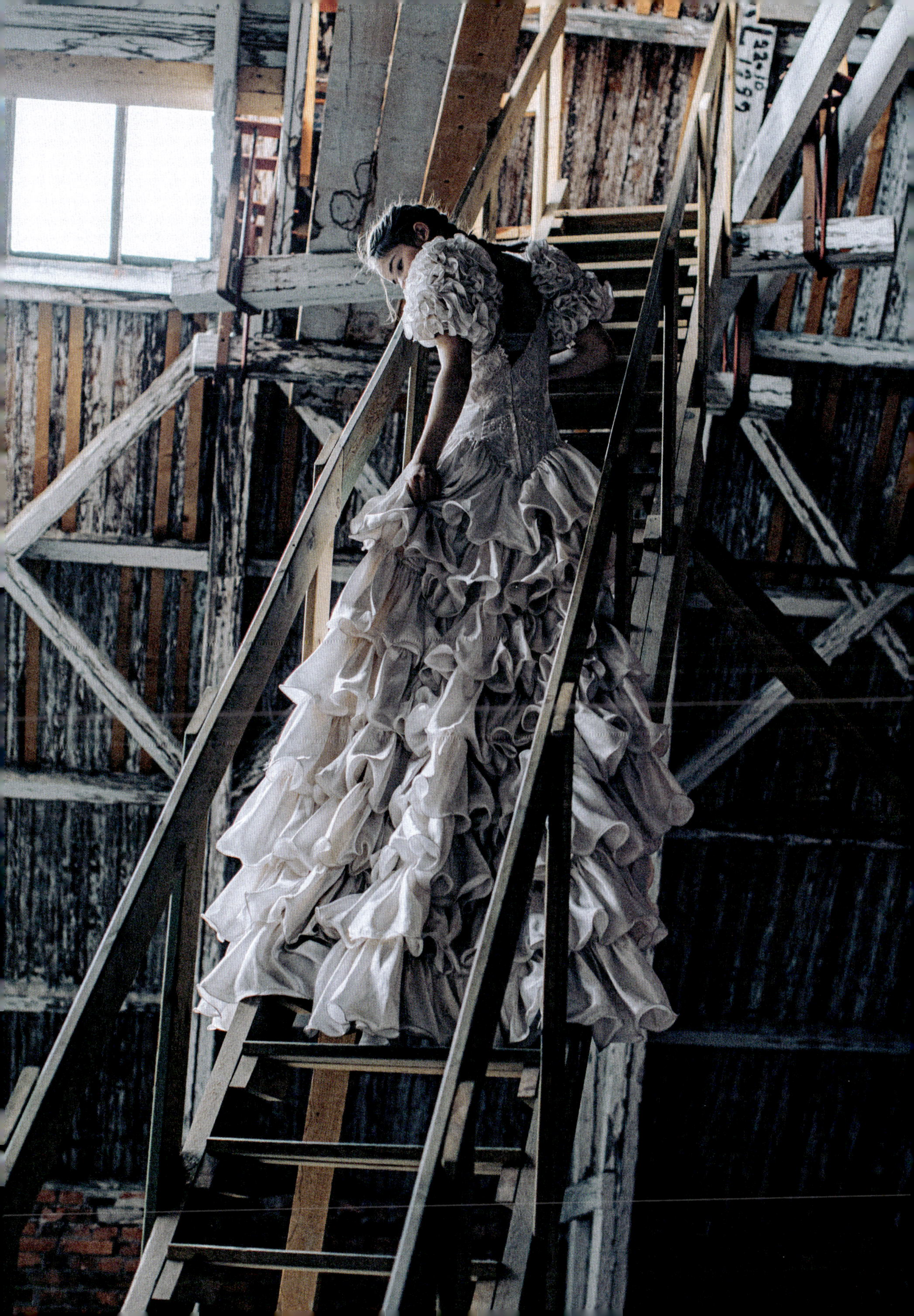

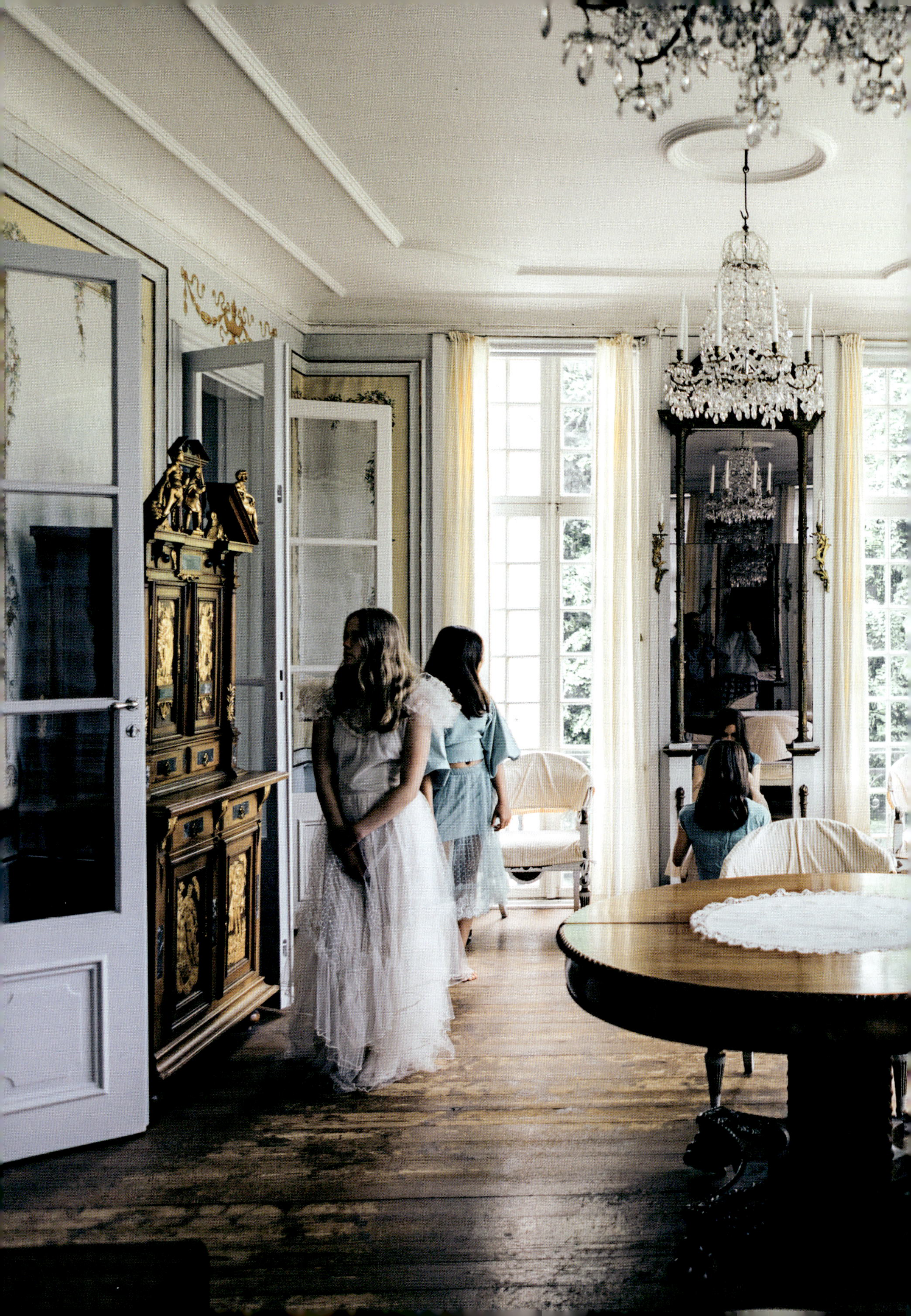

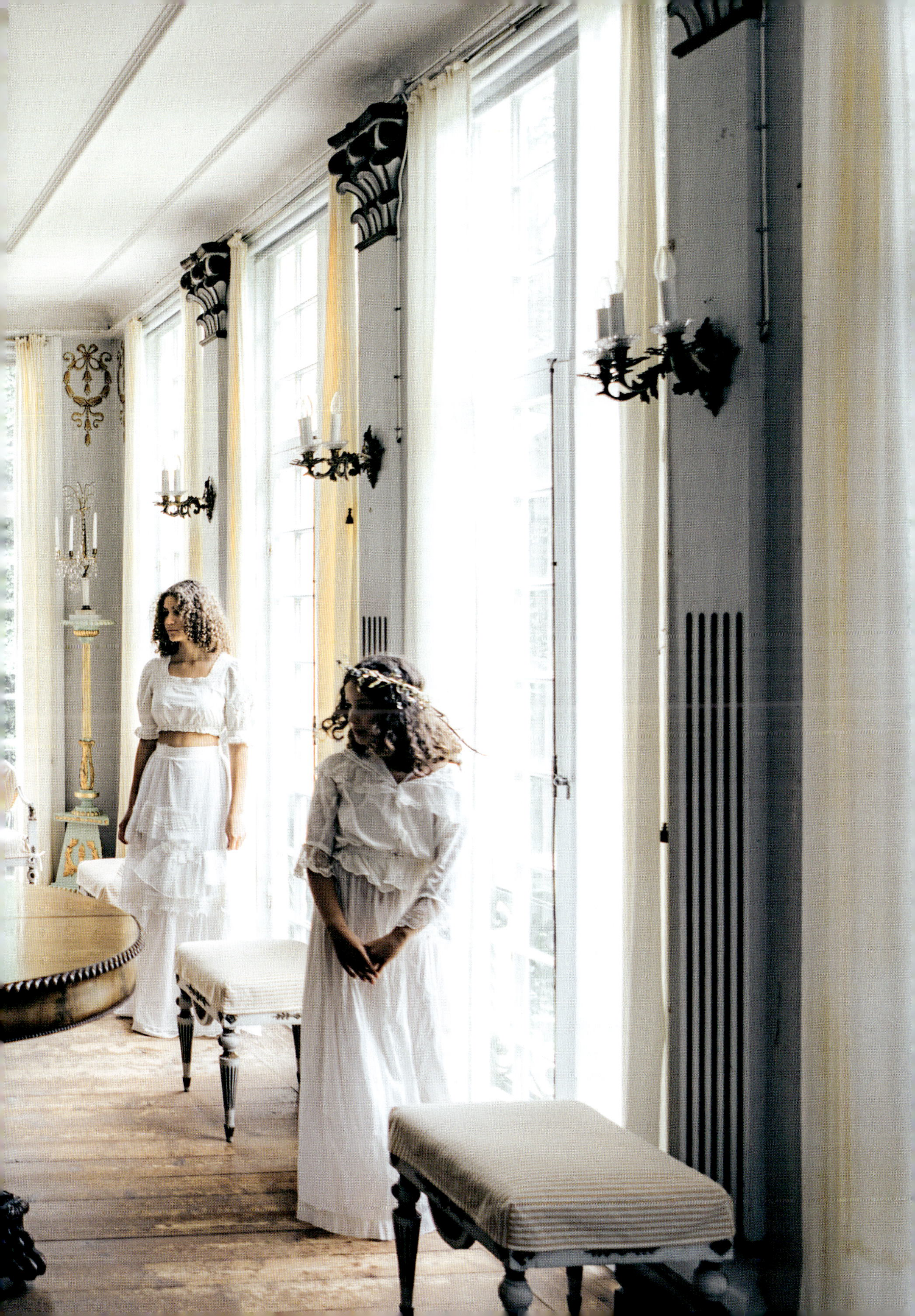

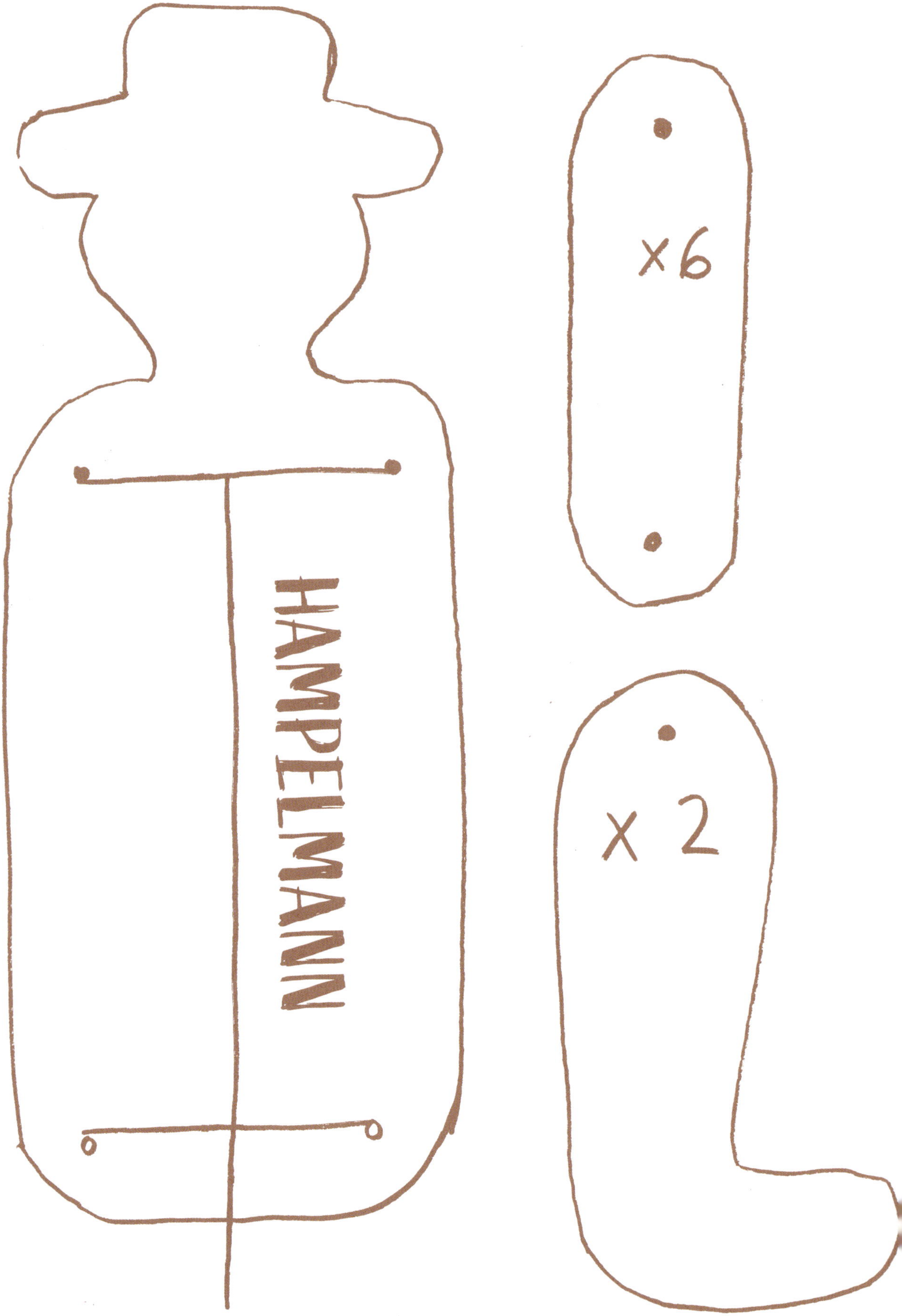
HAMPELMANN
x6
x 2

SCHNEEWOLKE

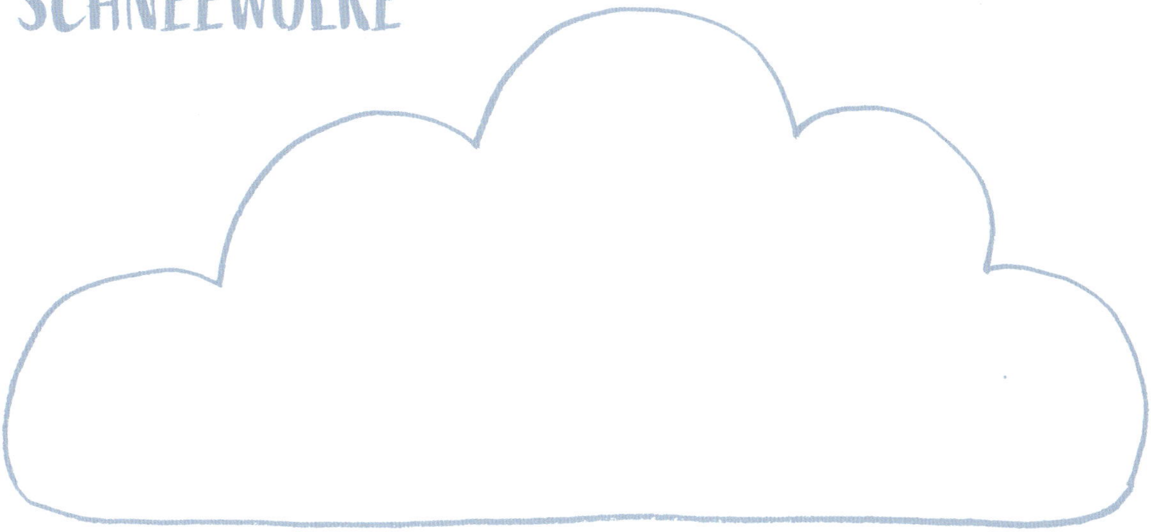

HAARKRANZ

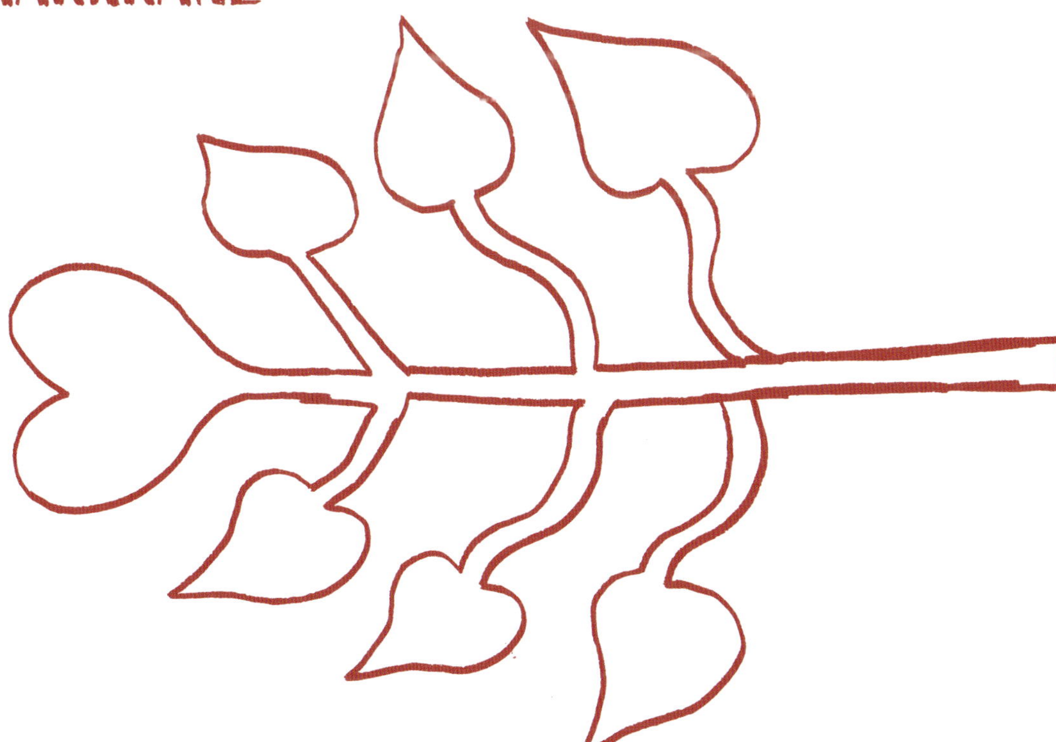

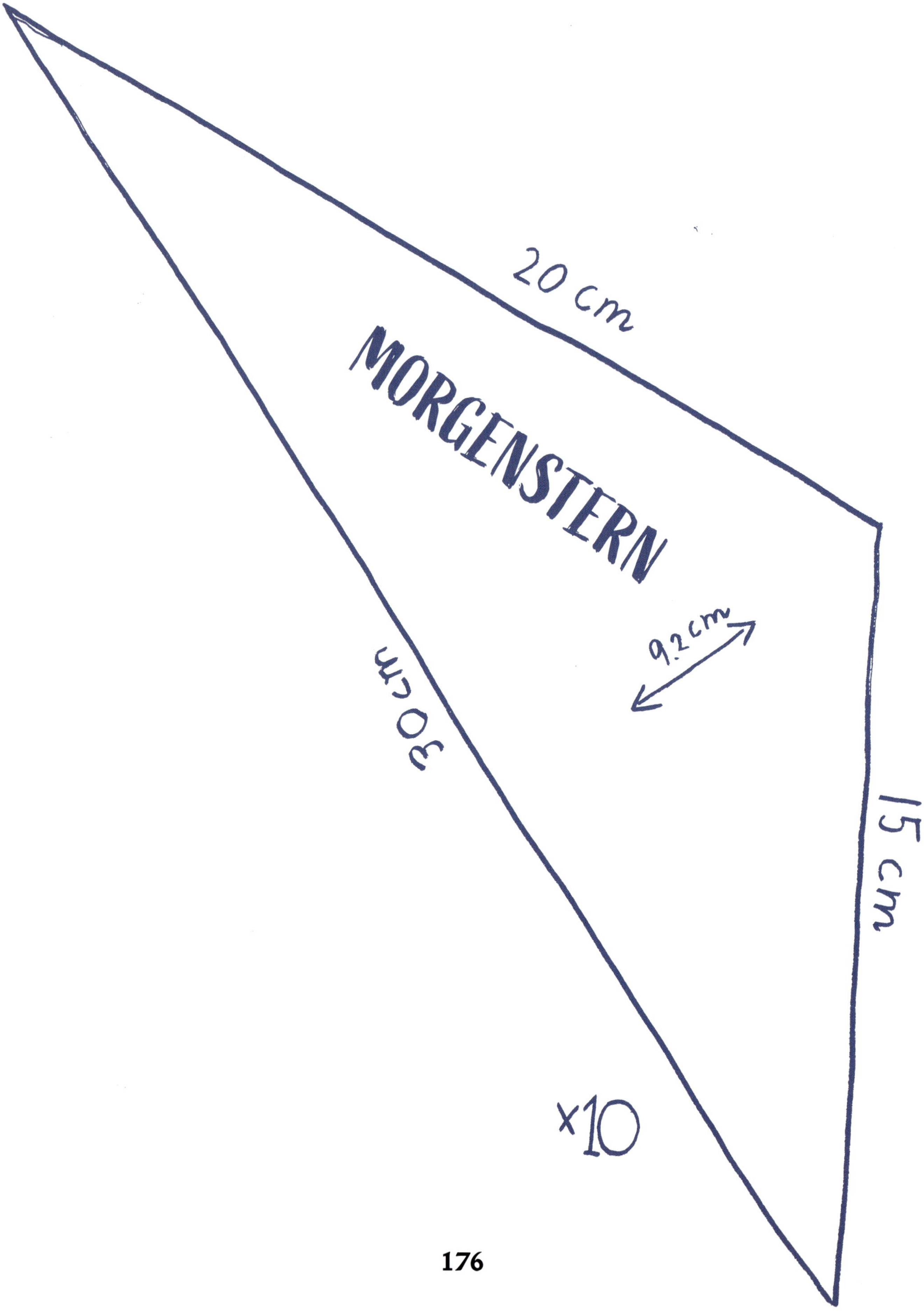

MORGENSTERN
20 cm
30 cm
15 cm
9,2 cm
x10

ADVENTSSTERN

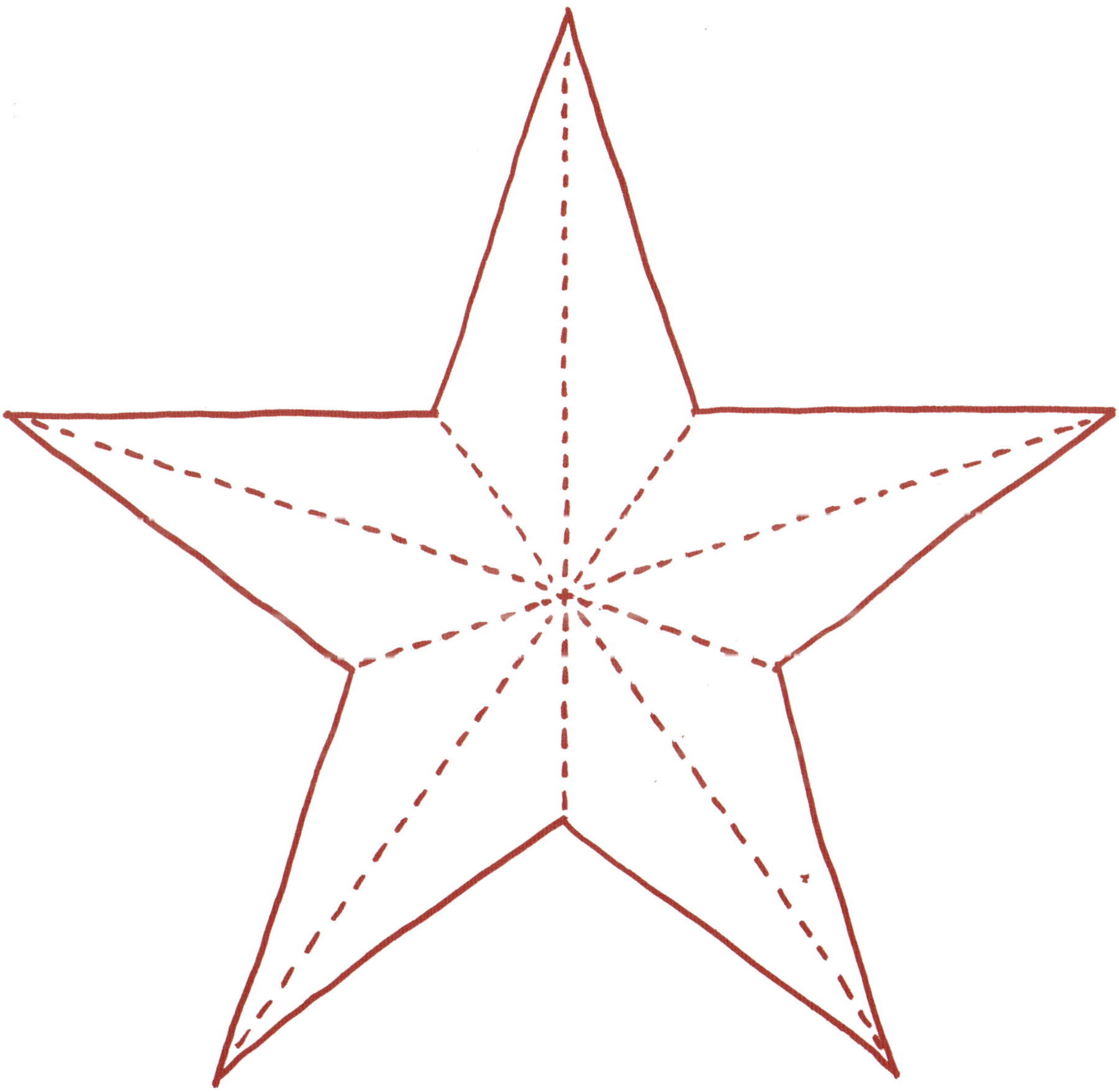

WEIHNACHTSSTERN

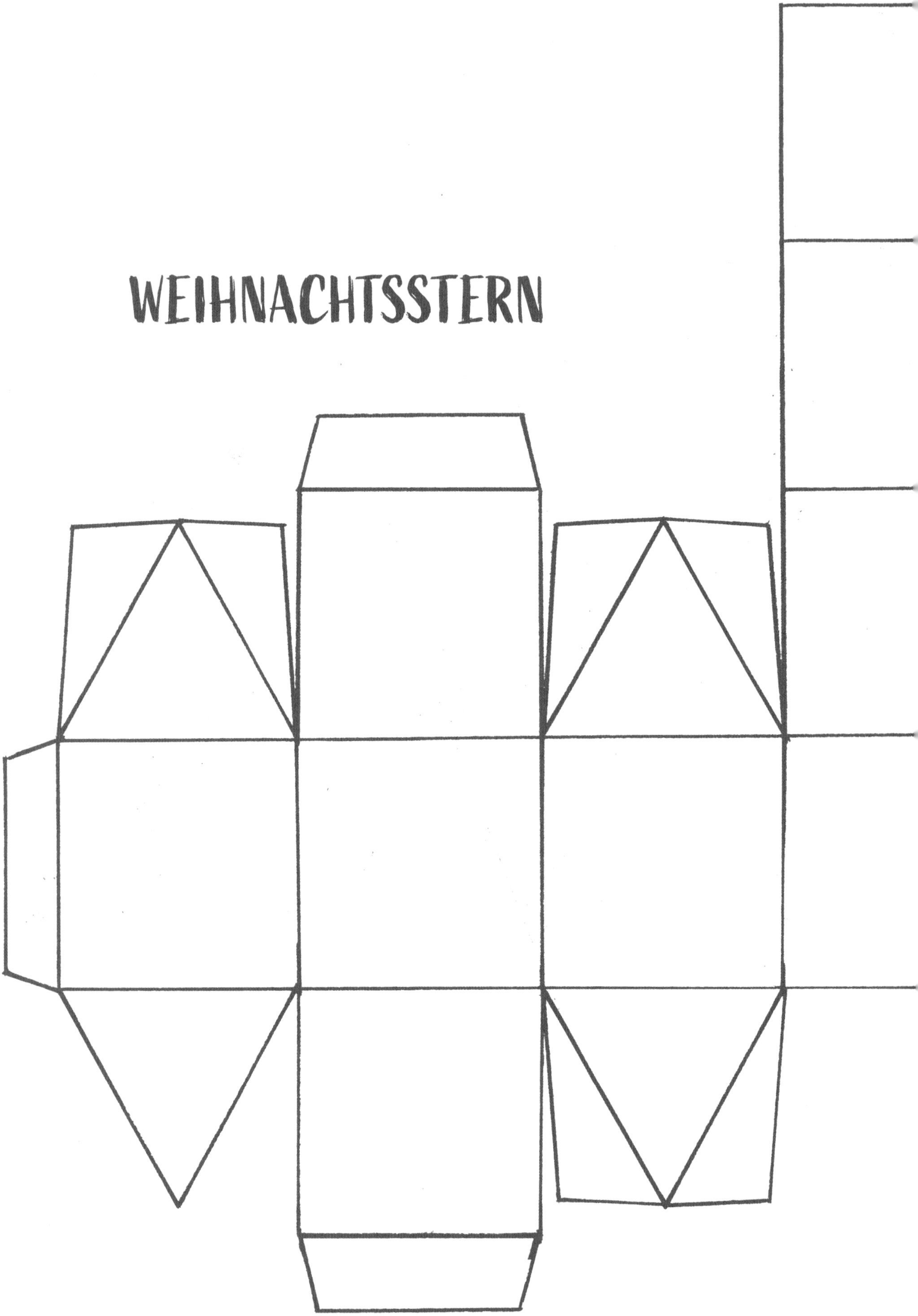

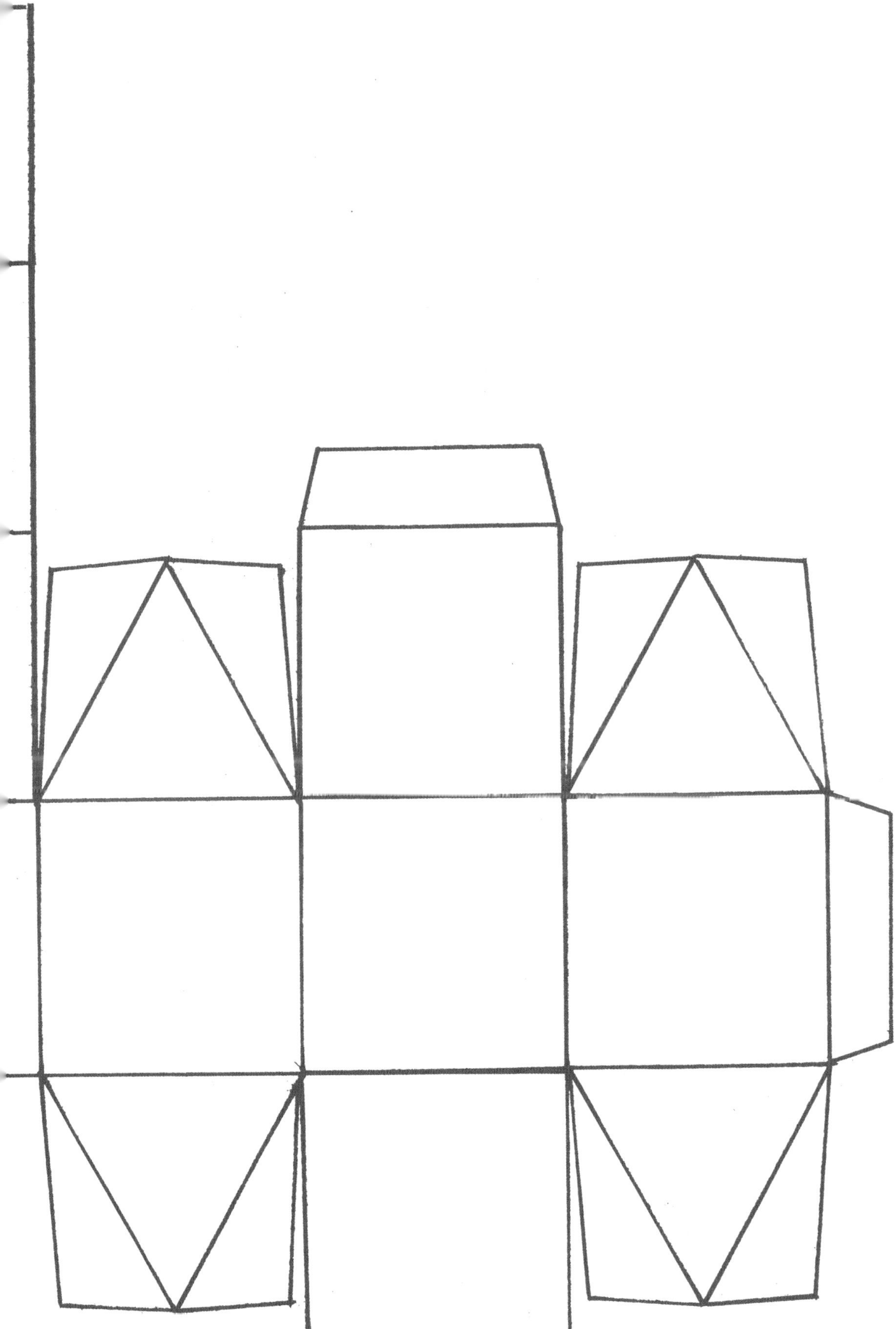

WEIHNACHTSSTERN

FORTSETZUNG

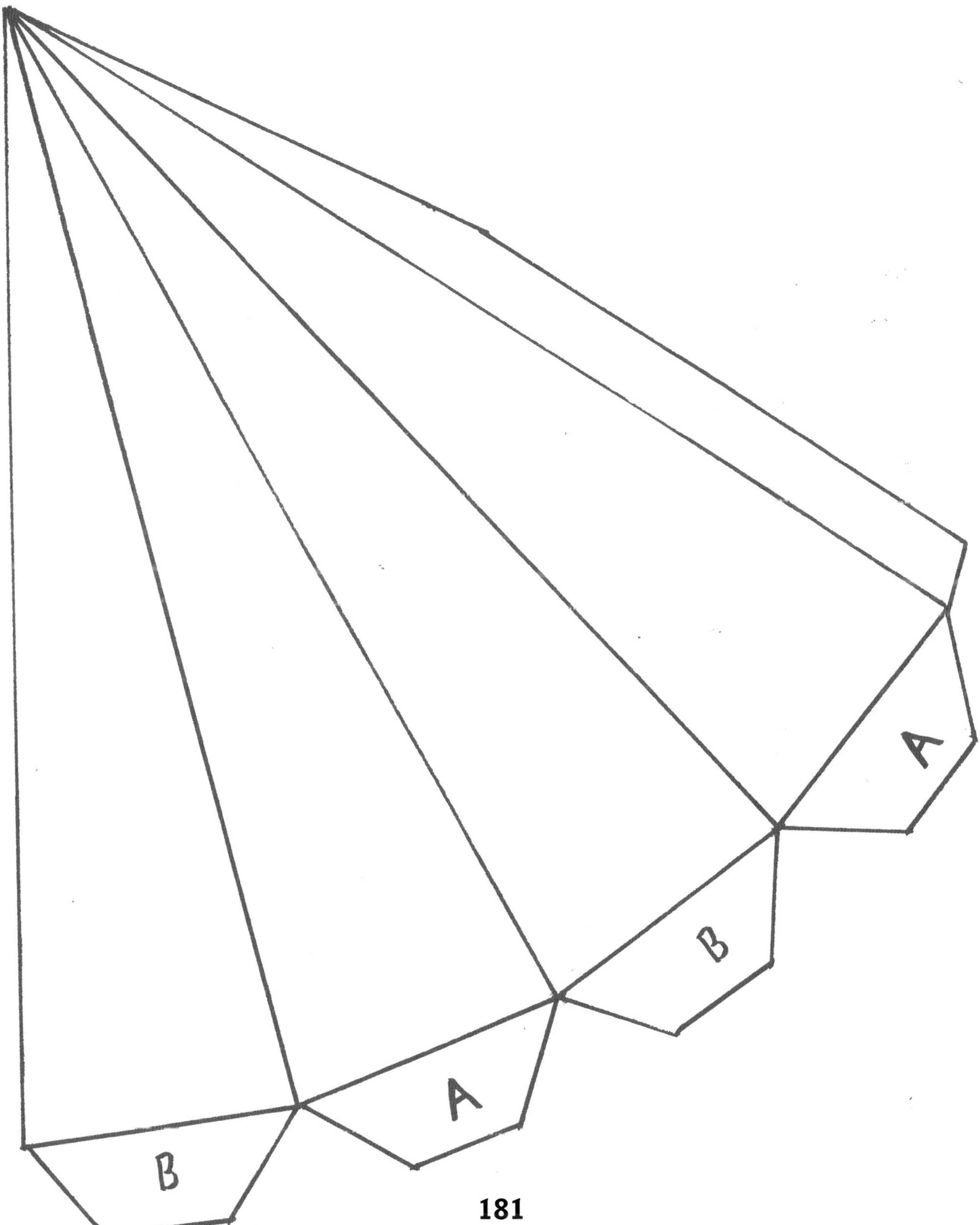
A
B
A
B

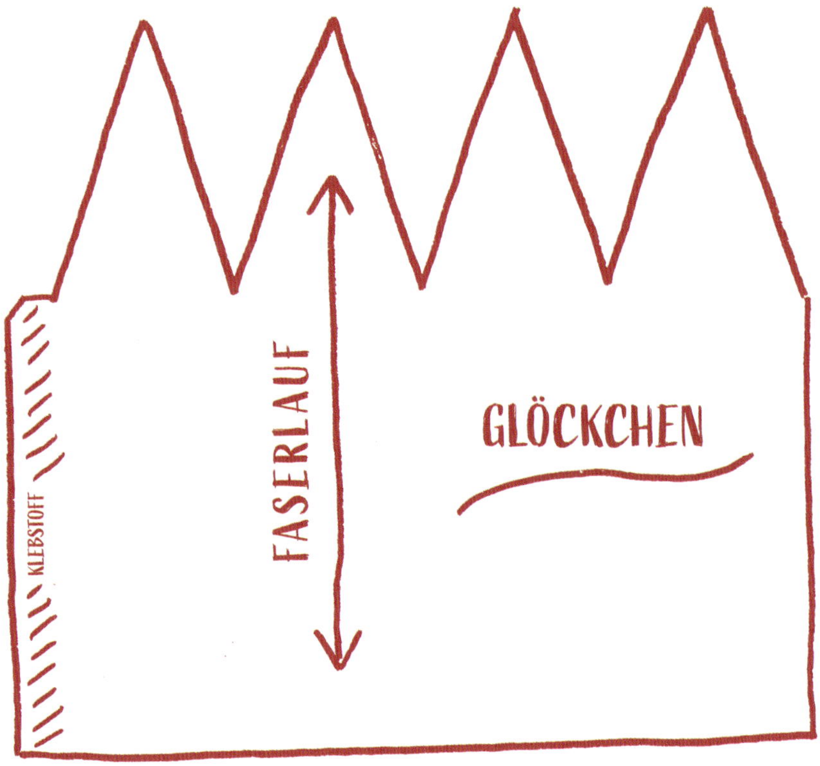
KLEBSTOFF
FASERLAUF
GLÖCKCHEN

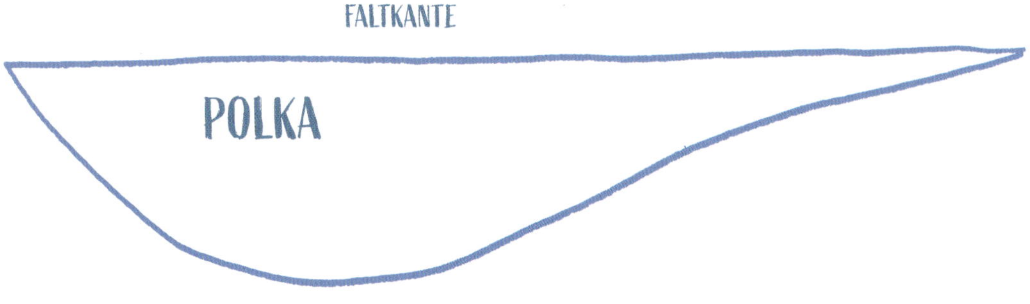
FALTKANTE
POLKA

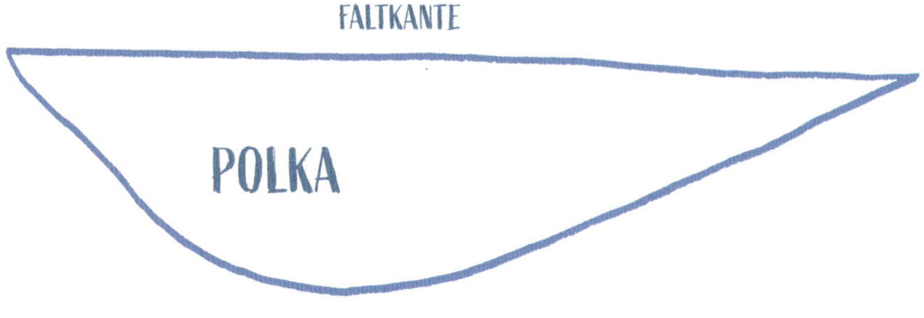
FALTKANTE
POLKA

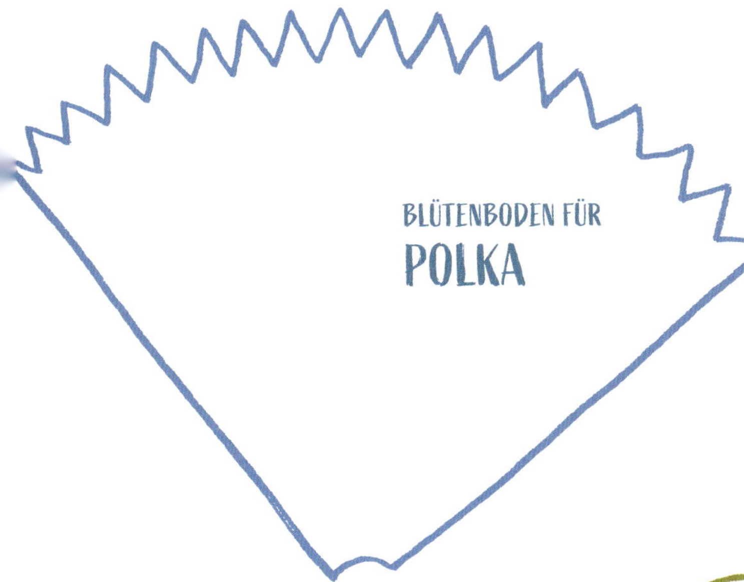

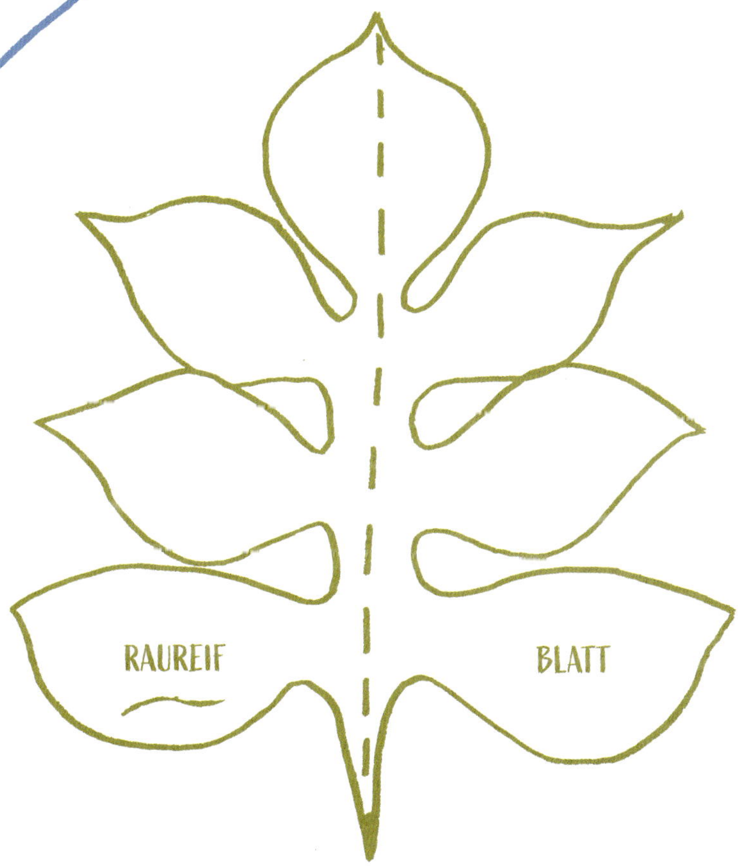

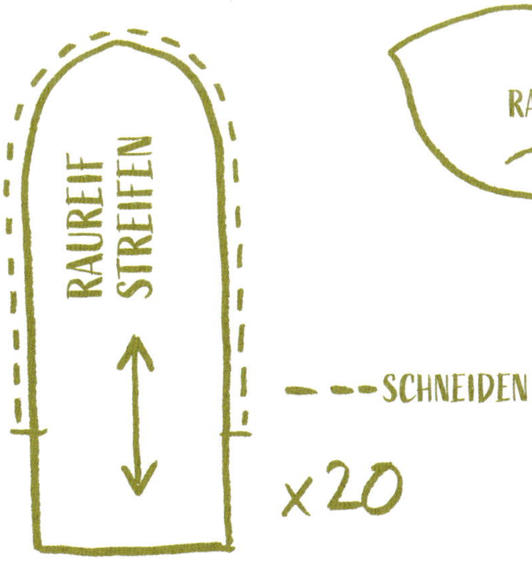

STREIFEN 20 BLÄTTER UND MEHR

STERNSCHNUPPE

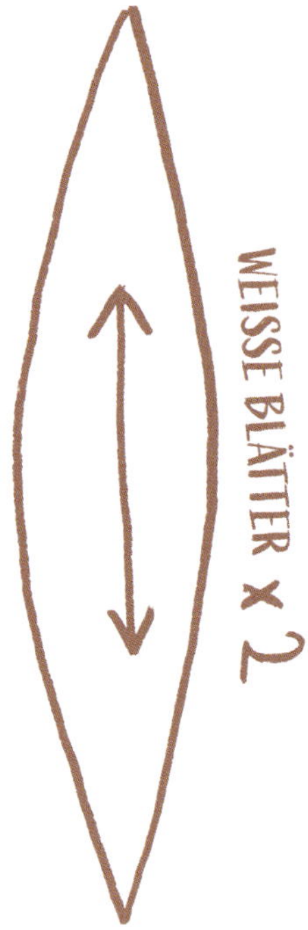

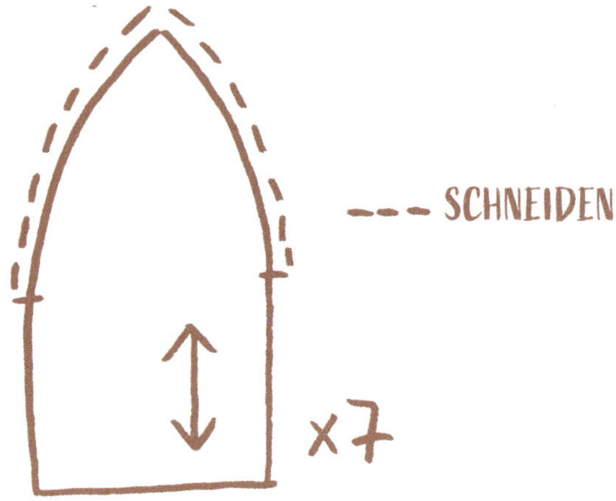

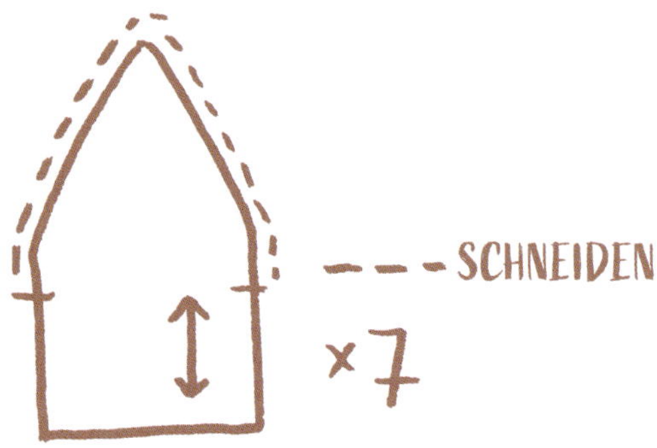

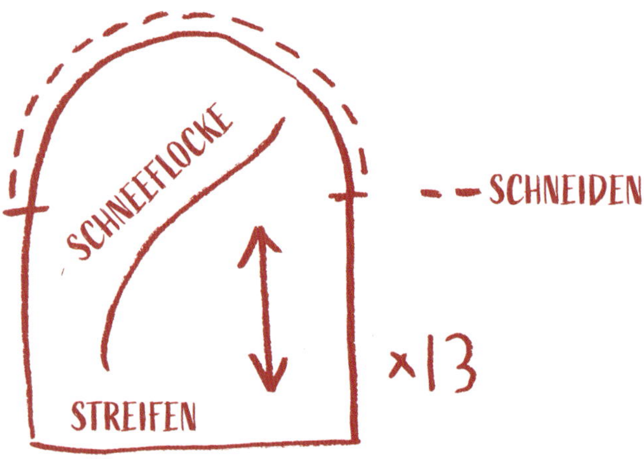

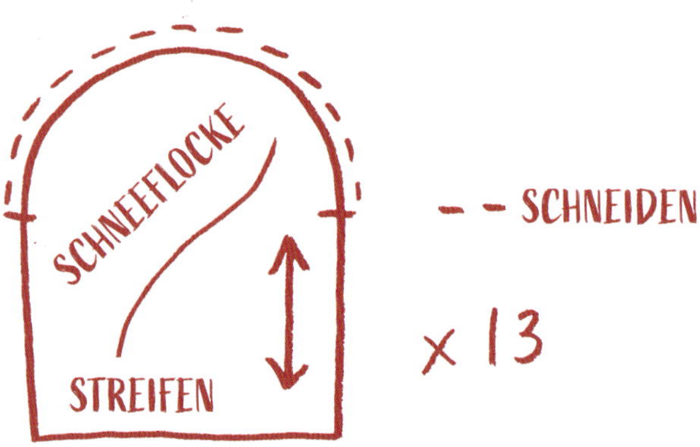

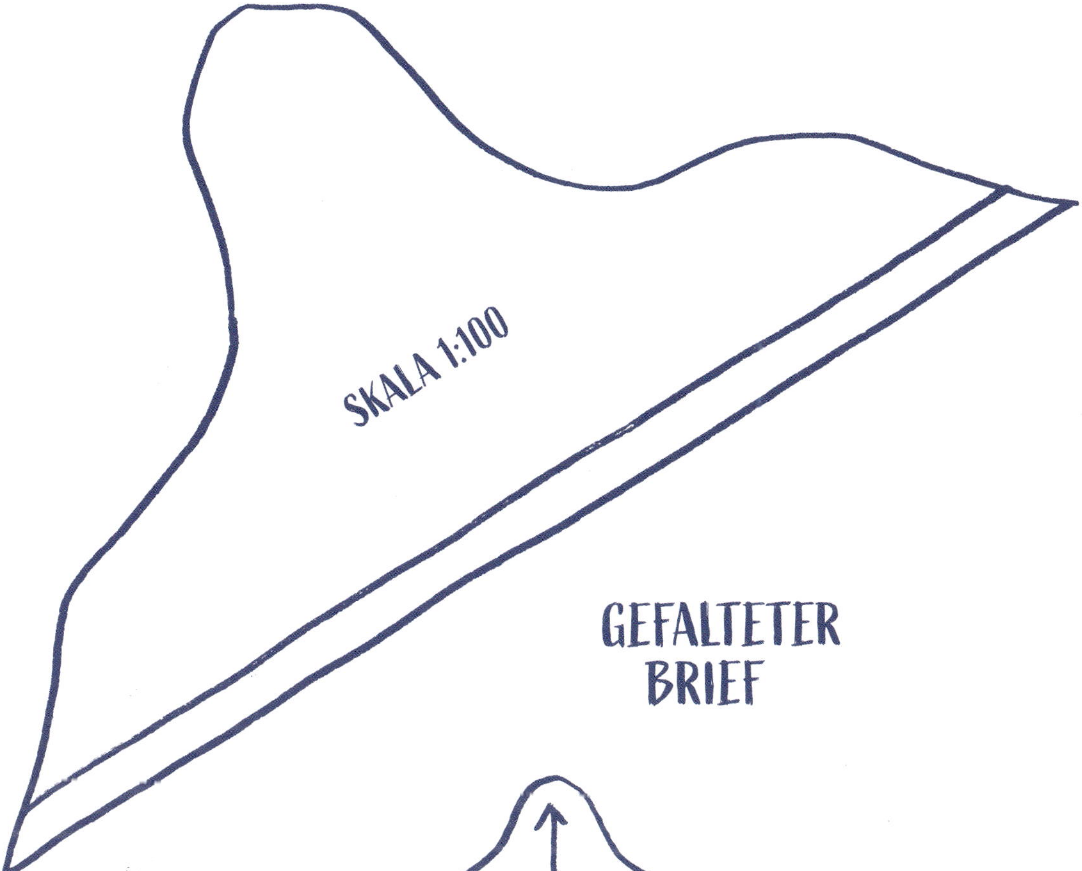

GEFALTETER BRIEF

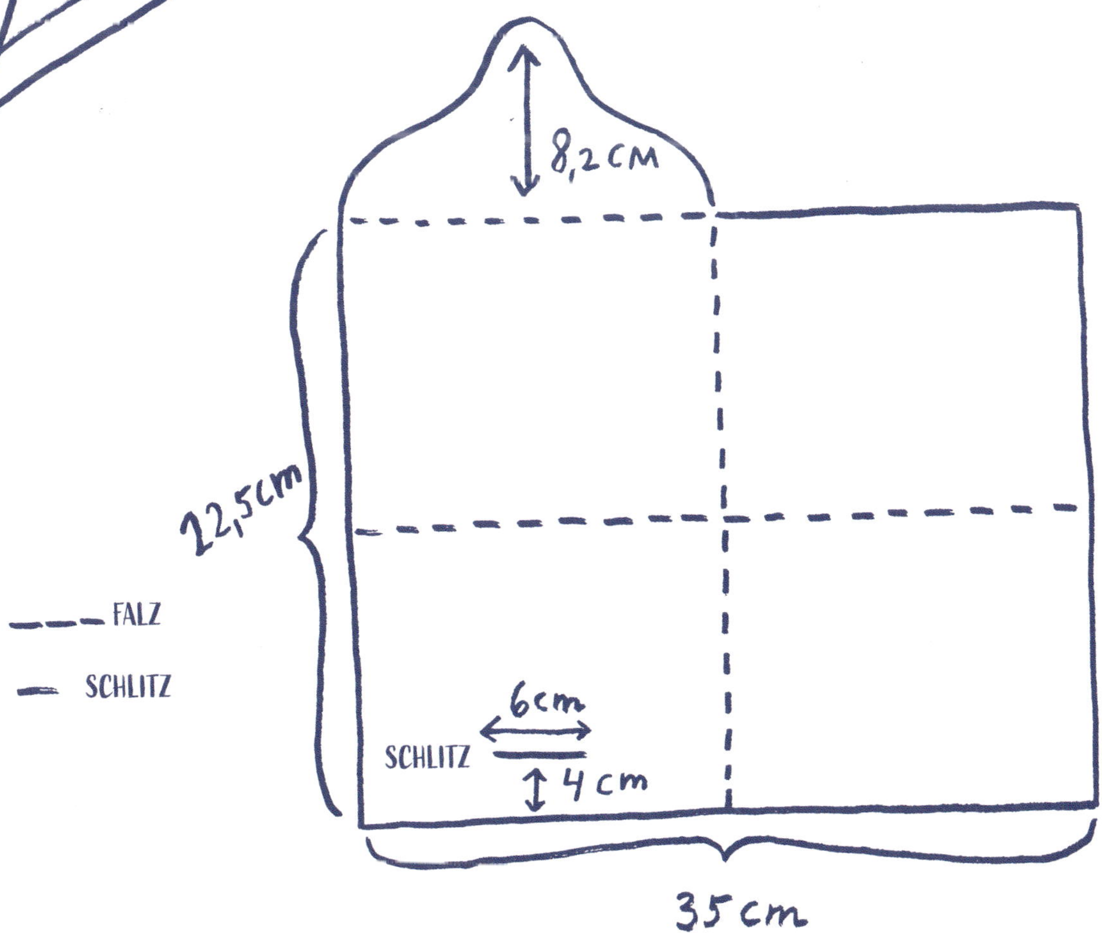

MOBILE & HAARSCHMUCK

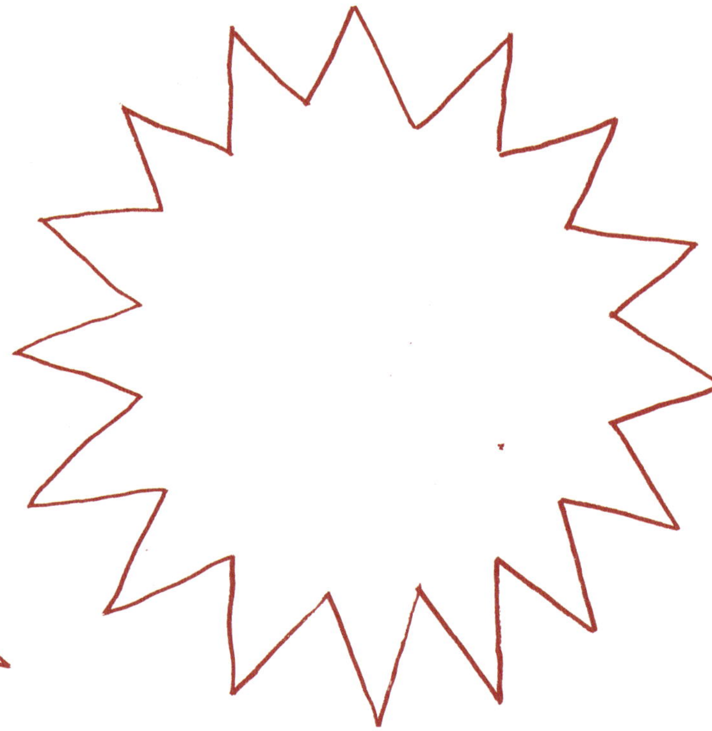

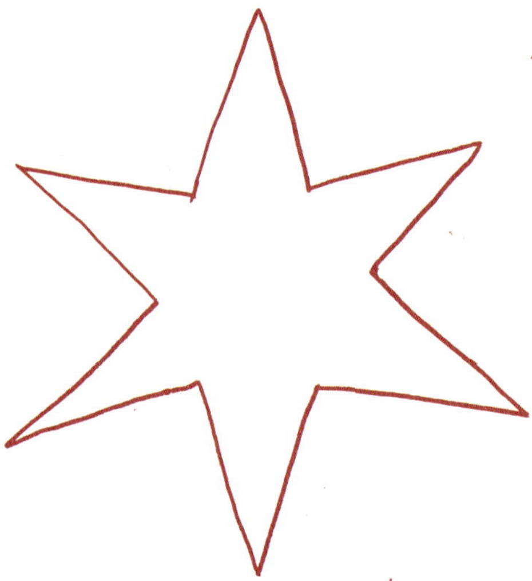

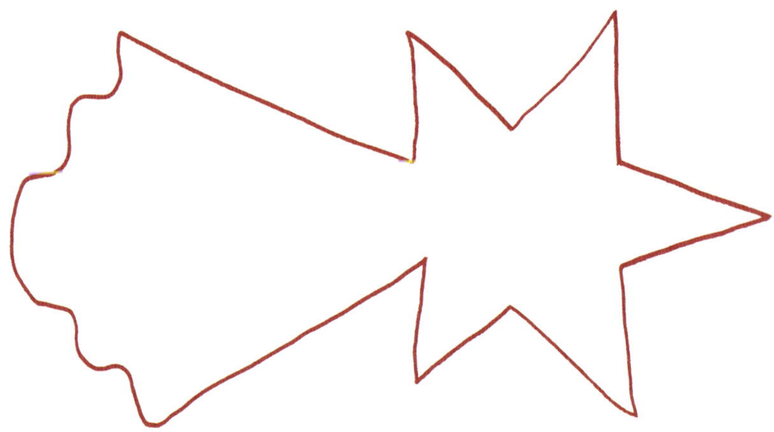

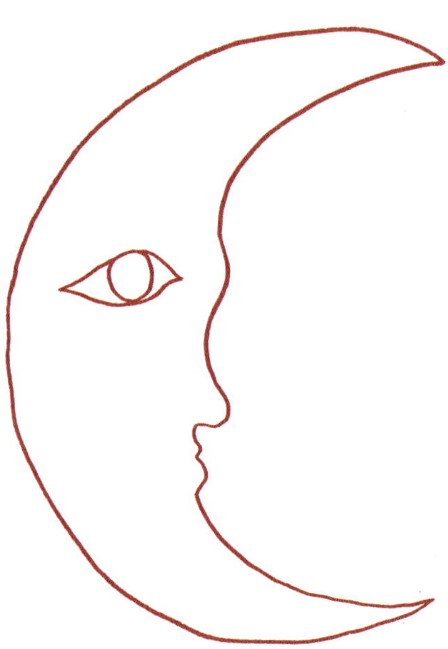

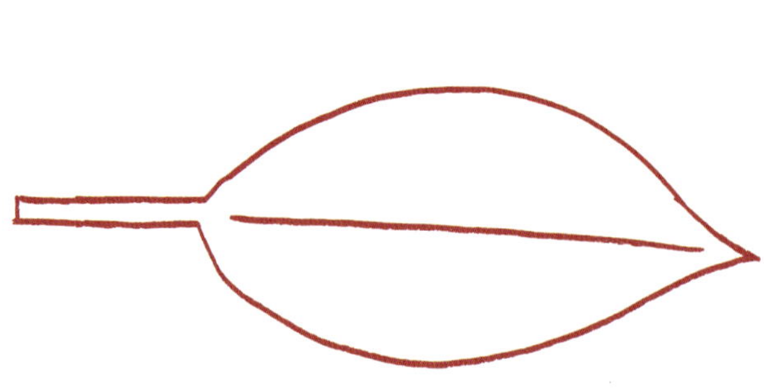

VÖGEL

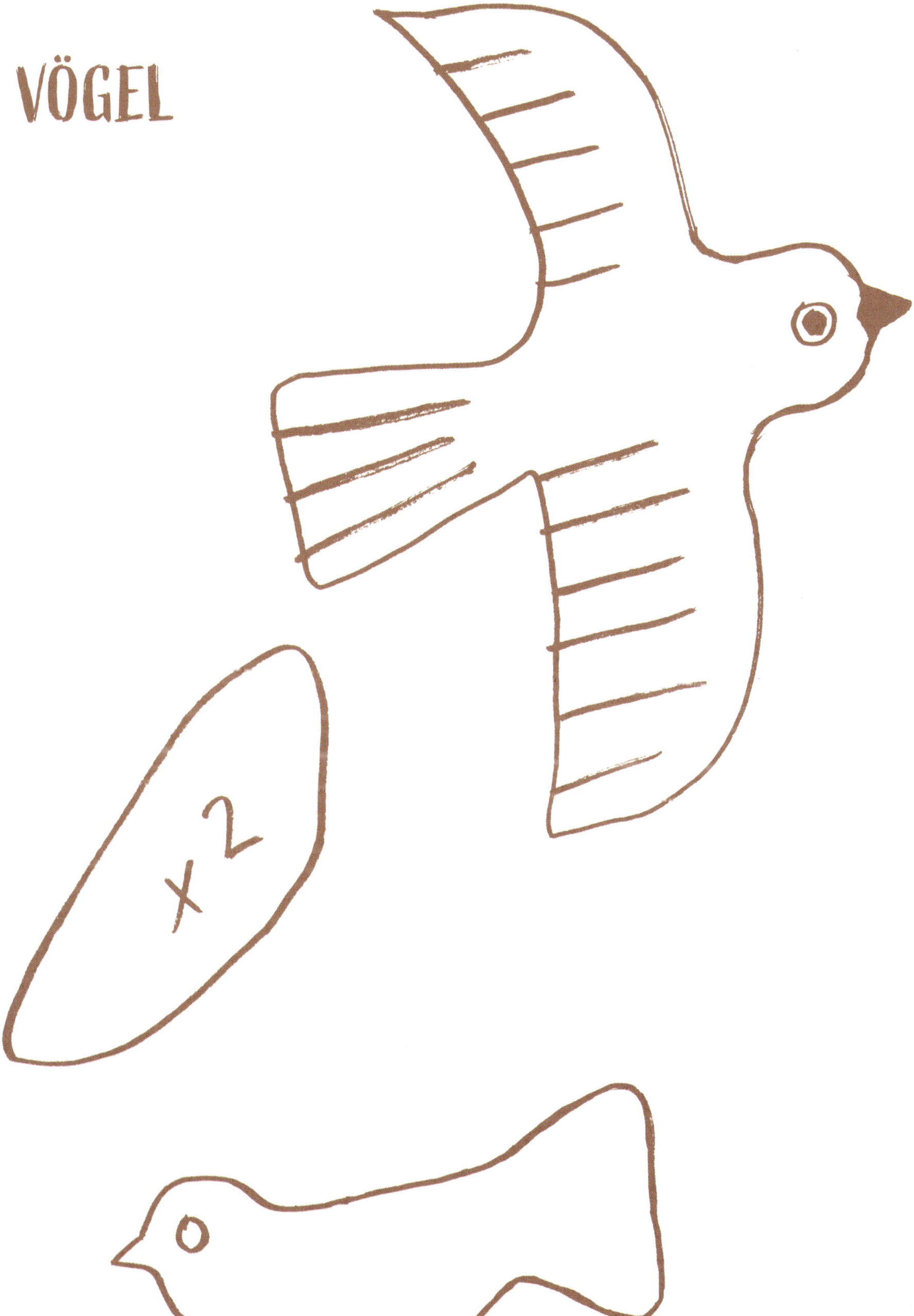

SPITZTÜTEN

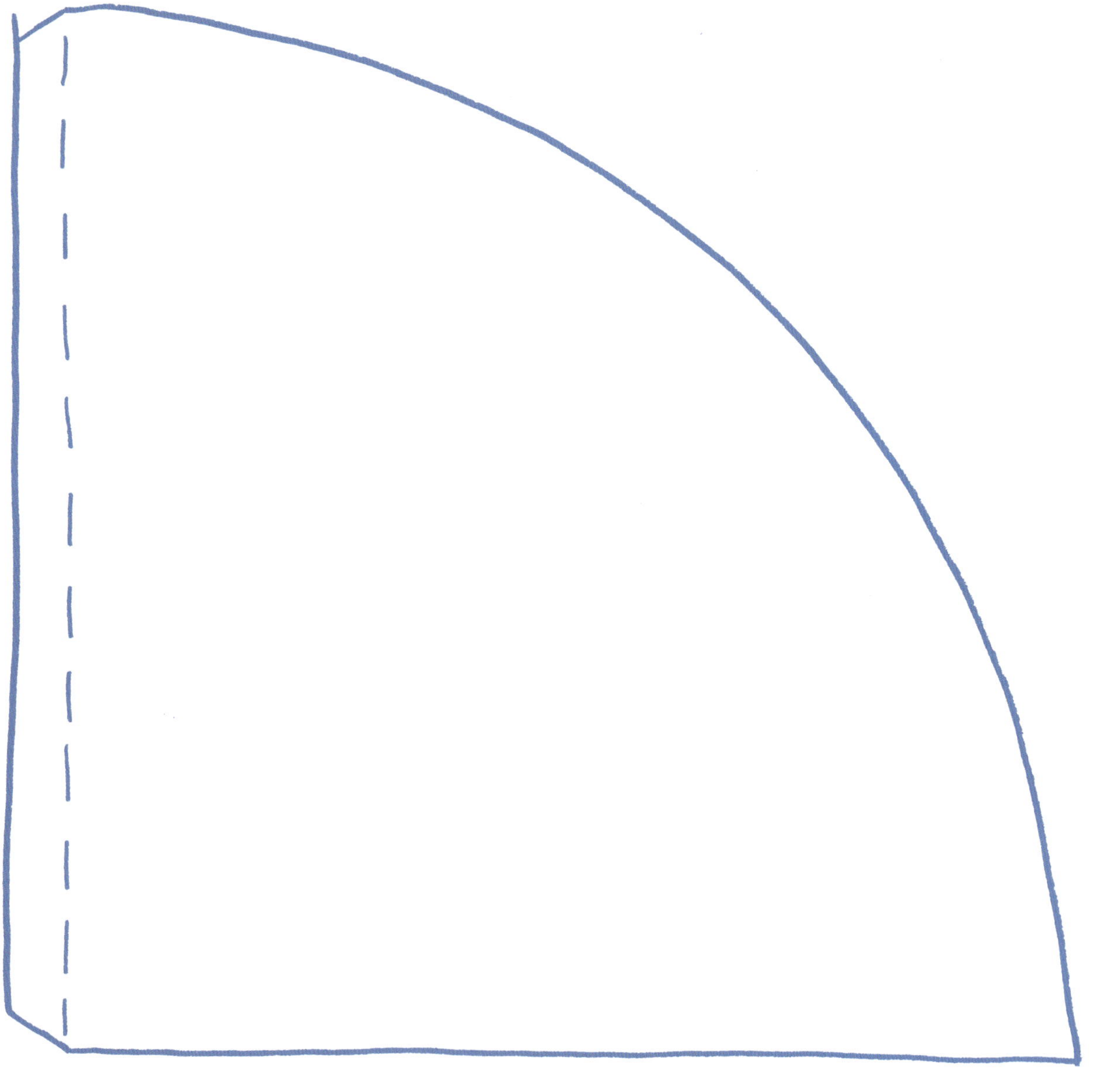

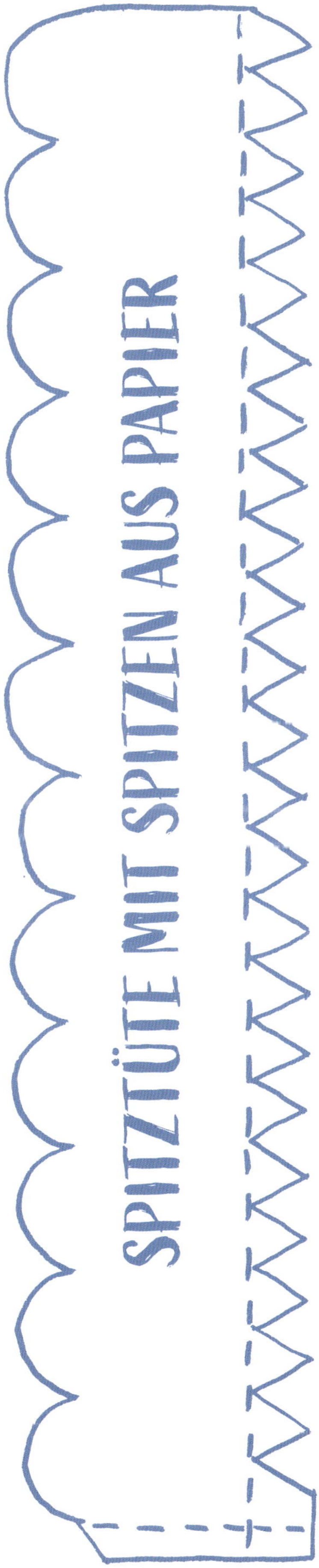

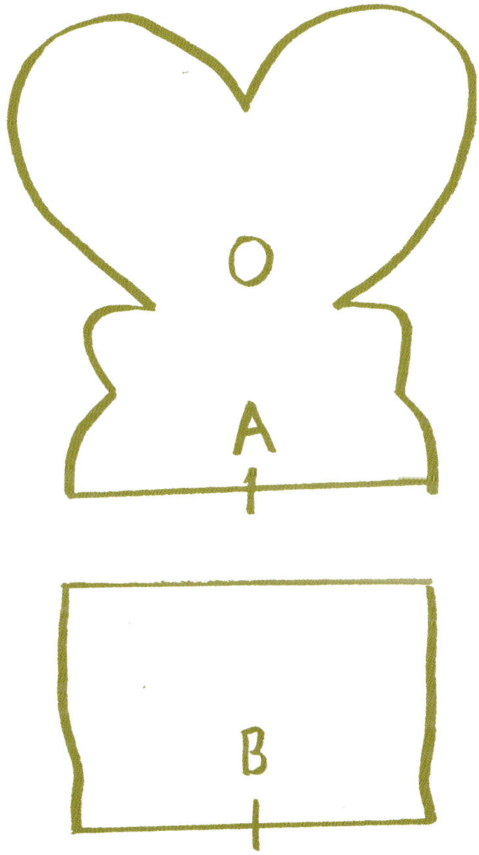

DIESE TEILE OBEN AUF DIE TÜTE KLEBEN

WEBHERZ

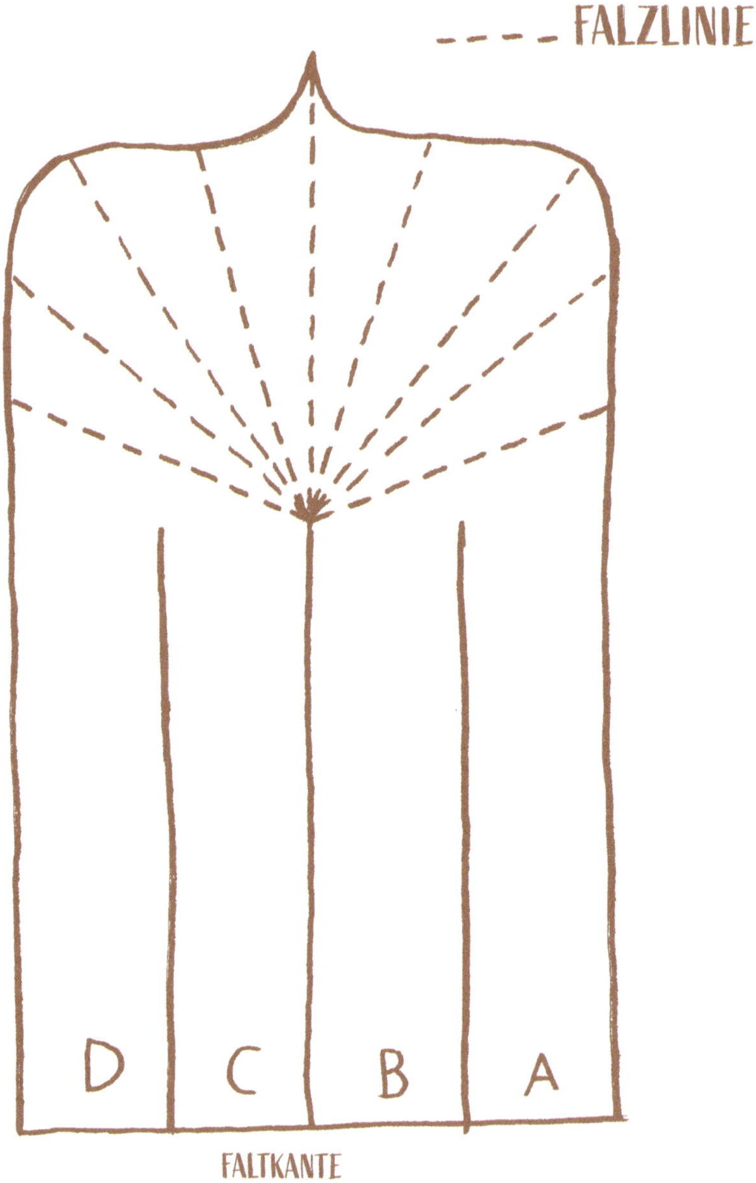

Danke!

Kristo. Ohne dich wäre alles anders, im negativen Sinn. Du bist der klügste Mensch, den ich kenne. Ich liebe dich.

Liv, Viggo, Charlie & Nomi. Meine geliebten Kinder. Ihr seid die Kinder meiner Träume. Ich habe mich neben euch, mit euch weiterentwickelt. Eure Sicht auf die Welt ist meine beste Inspiration. In allem, was ich tue, sind die Spuren eurer Gegenwart zu erkennen.

Mama & Papa, ich vermisse euch so sehr. Ich werde nie in Worte fassen können, welch großes Maß an Geborgenheit mir zuteilwurde. Ich habe euch nie für selbstverständlich betrachtet, ihr werdet immer meine Vorbilder sein.

Maja – ohne deine Kunstwerke hätten diese Seiten nicht einen solchen Glanz bekommen, du bist eine Magierin.

Louise – du bist brillant und so wertvoll, schon beim kleinsten Leerzeichen verlasse ich mich voll auf dich.

William – du hast alles eingefangen und gesammelt, was ich mir gewünscht habe.

Örjan Jakobsson – weil du meine Kostümsammlung in etwas Märchenhaftes verwandelt hast. Du bist so gut!

Nygårdsanna – weil ich eure schönen Kleider im Moment verewigen durfte.

Alle, die ich getroffen habe – für die guten Geschichten und die Ehre, dem Nordischen Museum mit seinen Herrenhäusern Svindersvik und Julita Gård Leben einhauchen zu dürfen.

Danke an alle Kinder, dieses Buch ist für euch! Meine eigenen Kinder und Estrid, Svea, Isa, Leo, Alisha, Naumi, Aiyana, Evy, Lilly, Frej, Winnie, Lykke, Ava und Gaston. Ihr seid hell leuchtende Sterne und die Welt gehört euch!

Originalausgabe unter dem Titel *Hidden Winter: Kreativitet och inspiration för vintern* erschienen bei: Bookmark Förlag, Stockholm 2022

Grafik: Viggo Vusir, William Andersson
Illustrationen: Maja Sten
Für die deutsche Ausgabe:
Verantwortlich: Svenja Wiglinghaus
Übersetzung: Britta Bettendorf
Produktmanagement, Lektorat und Satz: Verlags-Service Dietmar Schmitz GmbH
Umschlaggestaltung: Andreas Kersten
Herstellung: Julia Hegele
Printed in Poland by CGS Printing

★ ★ ★ ★ ★

Sind Sie mit diesem Titel zufrieden? Dann würden wir uns über Ihre Weiterempfehlung freuen. Erzählen Sie es im Freundeskreis, berichten Sie Ihrem Buchhändler oder bewerten Sie beim Onlinekauf.
Und wenn Sie Kritik, Korrekturen oder Aktualisierungen haben, freuen wir uns über Ihre Nachricht an Christophorus Verlag, Postfach 40 02 09, D-80702 München oder per E-Mail an lektorat@verlagshaus.de.

Unser komplettes Programm finden Sie unter

www.christophorus-verlag.de

Die Deutsche Nationalbibliothek verzeichnet diese Publikation in der Deutschen Nationalbibliografie; detaillierte bibliografische Daten sind im Internet über https://www.dnb.de/ abrufbar.

Infanteriestraße 11a
80797 München

ISBN 978-3-8388-3896-0

Besuchen Sie uns im Internet:
www.christophorus-verlag.de
und www.selbstgemacht.de